BUDDHA

금강대학교 불교문화연구소
금강인문총서 5

석가와 미륵의 경쟁담

대표저자 심 재 관

MAITREYA

씨아이알

이 책은 2007년 한국정부(교육과학기술부)의 재원에 의하여
한국연구재단의 지원을 받아서 간행된 출판물입니다.
(NRF-2007-361-AM0046)

머리말

이 책은 2011년 6월 금강대학교 불교문화연구소가 개최했던 학술 대회의 각 발표자들이 발표문을 다시 수정하여 발간한 것이다. 당시의 대회는 그동안 불교계에서 거의 다루어 오지 않았던 '석가와 미륵의 대립' 이라는 특정한 아시아의 종교적 민담을 주제로 선택했다. 불교의 관점에서는 다소 낯선 주제였지만 이미 민속학이나 국문학, 기타 지역 학자들 사이에서는 오래 동안 연구가 무르익은 주제였기 때문에, 이 논의를 불교학의 관점에서 재고찰할 수 있는 계기를 촉발시키고, 다양한 분야의 연구자들이 논의를 성숙시키자는 취지에서 대회를 개최했다. 특히 석가와 미륵의 경쟁담은 동북아시아 일대에 널리 퍼져 있기 때문에 가능하면 그 경쟁담을 다루어 왔던 지역의 전문가들을 통해 담론이 갖는 지역적 특수성을 먼저 조명하고자 했다.

'석가와 미륵의 경쟁'이라는 주제는 '석가와 미륵'이라는 두 신적 인물이 이 세계를 차지하기 위해서 서로 대립하고 경쟁한다는 이야기로서, 불교의 관점에서는 사실 불가능하고 가당치 않은 내용이지만, 오랫동안 아시아의 민간 신화 또는 무속 신화에서는 구전을 통해 널리 회자되어 왔다. 이 이야기는 한국 본토와 제주도를 비롯해, 몽고와 중국, 일본, 류큐 열도, 시베리아 등지에 광범위하게 퍼져 있으며 오랫동안 한국과 일본의 학자들이 다양한 분야에서 연구를 지속해 왔던 주제이기도 하다.

국내외 종교학이나 문학 연구자들이 이 민담의 기원과 의미에 대해 연구해 온 바는 다수 있지만, 아직까지 왜 이 주제가 이토록 넓은 지역에 유포되었으며, 왜 하필 석가와 미륵이라는 인물 설정이 필요했는가에 대해서는 뾰족한 대답을 얻기 힘들었다. 여전히 이러한 의문들은 이 학술대회를 통해서 해결되지 않은 채 연구자들에게 남아 있을지 모른다.

석가와 미륵이 각각 초월적 존재로서 등장하여 창조에 간여할 뿐만 아니라 창조된 세계의 주도권을 놓고 서로 경쟁한다는 설정 자체가 불교적 관점에서는 매우 낯설며, 아울러 충격적이기도 하다. 불교의 경전적 근거나 교리적 순리를 고려해 보았을 때 이러한 설정이 불가능하기 때문이다. 신화나 전설이라 할지라도 이것은 확실히 불교적인 창안의 테마가 아니다. 그럼에도 불구하고 이 석가-미륵의 경쟁담은 특히 동북아시아의 광범위한 지역에 널리 퍼져 있으며 오랫동안 구전을 통해 전승되었고 한반도에 남아 있는 중요한 창조 신화의 일단을 보여주고 있다.

이러한 점을 고려할 때 이 경쟁담에 대한 논의는 다음과 같은 지점에서 시작될 것이다. 즉, 불교와 인접해 있었던 종교나 그 매개 집단이 불교적 소재들을 차용하여 제작한 새로운 이념의 표방이라는 점이다. 그것은 새로운 종교 집단의 등장이거나 어떤 갈등의 표현일 수도 있다. 아마도 이 주제 속에는 '불교의 아시아적 전개 과정'에서 나타나는 '불교와 토착신앙 간의 대립', 또는 '미륵 신앙과 민간 수용의 융합'이라는 세부 주제가 숨어 있을 것이란 추측도 가능할 것이다. 물론 역사적 맥락을 떠나서 신화 자체가 가지고 있는 상징적인 논의도 함께 개진될 것이다.

사실 이 주제에 대한 연구는 광범위한 분야와 지역의 전문가들이 함께 참여해야 주제의 실마리를 잡을 수 있을 것이다. 그러나 특별히 불교학자들이 이 문제에 대답하거나, 또는 이 주제를 함께 토론한 경우는 없었다. 금강대 불교문화연구소가 획기적으로 이 주제만을 놓고 학술 대회를 열었던 것도 이러한 이유 때문이었다.

국내의 경우, 그간 불교계 밖에서 이 석가-미륵의 경쟁담이 거듭 연구되었지만 주로 민속학계나 국문학계에서 다루어졌으며 창조 신화의 분석적 맥락이나 한국 무가의 특성을 짚는 선에서 주도되어 왔다. 그렇지만 이 경쟁담이 광범위한 아시아 지역에 퍼져 있었던 사실만으로도 동일한 주제에 대한 비교연구나, 각 지역의 종교사에 대한 이해를 토대로 작성된 연구는 극히 드물었다고 말할 수 있다. 이 같은 연구의 일방적 집중으로 그간 이 주제를 다양한 연구자들이 다루어 왔음에도 불구하고, 더 깊은 진척의 가능성은 보이지 않았다.

이러한 연구의 정체를 타개할 목적하에 이 책에서는 각 지역 전문가들이 지역별로 전승되어 온 석가-미륵 경쟁 화소를 정확히 소개하거나 번역하기로 하고, 새롭고 조명되어야 할 지역의 자료들(예컨대 중국 청대의 미륵 신앙의 변형에 관한 부분)을 새로이 발굴하는데 일차적인 역점을 두었다. 또한 기존에 주목받지 못했던 몽골과 중국 지역의 석가-미륵 경쟁담을 새롭게 분석하며 기존의 학문적 성과와 차별성을 만들어 주었다. 여기에 이 경쟁담의 신화적 논리를 종합적으로 분석하거나, 민담의 비교론적 차원에서 논의함으로써 개개인의 결실을 의미 있게 융화시킬 수 있었다.

비록 여기에 모인 논의들이 이 경쟁담에 대한 최후의 결론이라고는 할 수 없어도, 차후에 더 진전된 논의를 위해 반드시 고려해야 할 지역적 논의의 최전선이라는 점에서는 의심할 바가 없다.

필자들을 대신해서
심재관

머리말

미륵과 석가의 맞섬과 어울림의 의미 7
조현설(서울대)

오키나와 미륵 · 석가 경쟁담의 실제 50
정진희(아주대)

창세신화, 미륵의 귀환을 꿈꾸다 87
김선자(연세대)

몽골 창세신화의 "꽃 피우기 경쟁" 화소 검토 144
이평래(한국외대)

불전문학에 나타난 석가와 미륵의 對照的 인물설정에 관하여 184
심재관(상지대)

「彌勒과 釋迦의 對決」 神話素의 世界的 分布와 變異 203
김헌선(경기대)

떠다니는 창세의 주역신들 243
박종성(한국방통대)

한국

미륵과 석가의 맞섬과 어울림의 의미

조현설(서울대)

1. 문제 제기

한국 무속신화는 다양한 신격과 그 유래에 대해 이야기하고 있다. 창세신 미륵과 석가, 혹은 천지왕과 대별왕·소별왕 형제, 성주신 황우양씨, 일월의 신 궁산이와 부인, 오구신 바리데기, 운명의 신 가문장아기, 세경신 자청비, 삼신할미 맹진국 따님애기 등이 그 주인공들이다. 그런데 이 신화 자료들을 읽으면 읽을수록 그 이면에 어떤 공통분모가 깔려 있다는 느낌을 지울 수가 없다. 이 공통분모를 레비스트로스 신화학의 성과를 빌려와 '구조'라고 부를 수도 있고, 프로이트나 융의 심리학적 관점을 빌려와 '무의식'이라고 부를 수도 있을 것이다. 한국 무속신화의 구조 혹은 무의식을 규명하려면 무속신화 전체를 대상으로 삼아 체계를 분석할 필요가 있으리라고 생각한다.

그렇다면 한국 무속신화의 체계에 대한 분석을 어디서 어떻게 시작하는 것이 바람직할까? 필자는 그 단초를 창세신화로부터 열어가는 것이

가장 적절하리라고 생각한다. 왜냐하면 창세신화는 한 집단의 신화체계가 지닌 우주관의 기초를 가장 잘 구현하고 있는 신화 형식이기 때문이다. 더구나 우리의 창세신화는 중국이나 인도-유럽의 전통과 달리 기록이 아니라 무가 안에 구전되어 오고 있기 때문에 창세신화에 대한 분석이 곧 무속신화에 대한 분석이기 때문이다. 무속신화로 여전히 전승되고 있는 창세신화의 구조를 먼저 규명하고 이를 무속신화 전체로 확장하여 적용하는 과정이 제주도를 포함한 한국 무속신화의 체계에 대한 분석의 경로가 될 수 있으리라는 것이다.

한국의 창조신화를 보여 주는 텍스트는 적지 않다. 지금까지 보고된 바에 따르면 한반도 지역에서 전승되던 김쌍돌이본 <창세가>, 전명수본 <창세가>, 강춘옥본 <셍굿>, 정운학본 <삼태자풀이>, 이종만본 <시루말> 등의 판본들이 있고, 제주도 지역에서 전승되던 문창헌이 필사한 <초감제본>과 <천지왕본>, 박봉춘본 <초감제>, <천지왕본풀이>, 김두원이 필사한 <초감제>, <천지왕본>, 고대중본 <천지도업>, 강일생본 <베포도업침>, 정주병본 <베포도업침·천지왕본풀이>, 이무생본 <천지왕본>, 강제길본 <오등본향>, 고창학본 <초감제>, 강태욱본 <초감제>, 김병효본 <초감제> 등의 판본들이 있다.

그런데 이들 텍스트 가운데 그간 가장 주목을 받아왔고, 가장 중요한 자료가 민속학자 손진태 선생이 1923년 함경남도 함흥군 운전면 본궁리의 큰 무당이었던 김쌍돌이로부터 채록하여 1930년에 출간한 『조선신가유편』(향토문화사)에 보고한 <창세가>이다. 이 텍스트에 대해서는 일찍이 김헌선이 "이 자료는 최초로 채록된 자료라는 점에서만 중요하게 여겨지는 것은 아니다. 오히려 이 신화 자료에 함축된 창세신화소가 풍부하고도 다양해서 창세신화의 범례로 간주되기 때문에 귀중한 자료로 평가된다."[1]라고 언급한 바 있다. 그의 평가대로 이 자료는 천지개벽으로부터 시작하여 일월성신과 물불의 기원, 인류의 창조와 인세차지경쟁 등 창조 신화의 중요한 화소들을 짧은 노래 속에 잘 갖추고 있는 신화이다.

이 자료의 중요성과 대표성은 한강 이북, 그리고 동해안 지역의 관련 무가들과 비교할 때 더욱 선명해진다. 평안북도 강계 지역의 전명수 본 <창세가>는 김쌍돌이 본 <창세가>와 대단히 유사하나 천지개벽 화소가 자세하지 않고, 인간창조 화소는 보이지 않는다. 함경남도 함흥의 강춘옥 본 <셍굿>은 창조형이 아니라 자생형 창세신화여서 김쌍돌이 본과는 구별될 뿐만 아니라 중국신화나 세계관의 영향이 두드러진 자료여서 대표성이 약하다. 평양의 정운학 본 <삼태자풀이>는 미륵에 의한 창세 화소 없이 바로 미륵과 석가의 내기로 들어가기 때문에 창세신화 자료로 충분하지 않다. 그 외 동해안에서 전승되는 박용녀나 최음전이 구연한 <당금애기>에도 미륵과 석가의 경쟁 화소가 수용되어 있어 이 화소의 파급력을 확인할 수 있지만 <당금애기> 자체는 창세신화와는 거리가 있다. 이상의 간단한 비교를 통해 우리는 김쌍돌이 본 <창세가>의 대표성과 중요성을 재확인할 수 있다.

그런데 필자의 관점에서 추가하고 싶은 김쌍돌이 본 <창세가>의 중요성이 하나 더 있다. 앞서 한국 무속신화의 구조를 창세신화를 통해 해명할 필요가 있다는 지적을 해둔 바 있는데 이 텍스트야말로 한국 무속신화 체계를 가늠할 수 있는 기본 구조를 내장하고 있다는 점, 이 점이 무엇보다 중요하다는 것이다. <창세가>의 내적 구조는 그간의 연구에서 크게 주목되지 않은 측면인데 필자는 이 텍스트가 지닌 '어울림의 구조'가 한국 무속신화를 조율하는 무의식일 뿐만 아니라 신화를 넘어 문화 전반에 내재되어 있는 문화적 무의식을 압축하고 있다고 생각한다. 따라서 이 텍

1) 김헌선, 『한국의 창세신화』, 길벗, 1994, p.228.

스트의 구조를 해명하면 이 텍스트가 더 잘 해석될 뿐만 아니라 다른 무속신화들을 두루 해석할 수 있는 척도를 확보할 수 있을 것으로 본다. 김쌍돌이 본 <창세가>의 진정한 자료적 가치가 여기에 있다고 보는 것이다.

그간 한국 창세신화에 대해서는 많은 연구가 이뤄졌고, 김쌍돌이 본 <창세가>에 대해서도 적지 않은 관심이 투여된 바 있다.[2] 그러나 여전히 해결되지 않고 있는 난제들이 남아 있다고 생각한다. 이들 난제의 성채 가장 깊은 곳에 '미륵과 석가의 다툼'이 있다. 왜 미륵과 석가라는 이름을 지닌 신들이 무가 속에서 인간세상을 차지하기 위해 다투는가? 나아가 무리 가운데서 일어나 육식을 거부한 두 중[僧]의 정체는 무엇이고, 그들이 바위와 소나무로 변신하는 이유는 무엇인가? 또 미륵과 석가의 경쟁화소가 담긴 창세신화는, 현재까지 알려진 바에 따르면 한반도 북부 지역에서만이 아니라 몽골 부랴트족이나 할호족, 중국의 산시 성, 류큐(일본 오키나와) 본섬과 그 주변 지역의 여러 섬들[奄美諸島, 아미미 제도]에서도 전승되고 있는데 그 이유는 무엇이고, 그 신화사적 맥락은 어떤 것인가? 이런 물음들에 대해 그간 논의가 없지 않았지만 아직도 우리는 문제 해결에 이르지 못하고 있다.

<창세가>와 관련된 일련의 난제들을 일거에 해소할 신화학은 아마도

---

2) 서대석, 「창세시조신화의 의미와 변이」, 『구비문학』4, 한국정신문화연구원 어문학연구실, 1980.
김헌선, 「한국과 유구의 창세신화 비교연구-미륵과 석가의 대결 신화소를 중심으로」, 『고전문학연구』21집, 한국고전문학회, 2002.
심재관, 「석가·미륵 투쟁신화와 힌두신화의 한 유형-비교론적 관점에서-」, 『비교민속학』33집, 2007.
오세정, 「<창세가>의 원형적 상상력의 구조와 의미체계」, 『구비문학연구』20집, 한국구비문학회, 2005.
오세정, 「한국 창세신화의 전통과 의미체계-<창세가><대홍수와 목도령><대홍수와 남매>를 대상으로」, 『한국문학이론과 비평』39집, 한국문학이론과 비평학회, 2006.

불가능할지 모른다. 그러나 이 난제들을 더 적절하게 해결할 수 있는 방법은 지속적으로 모색되어야 한다고 본다. 이와 관련하여 필자가 여기서 제안하려는 것은 <창세가>의 서사를 조직하는 구성의 원리(구조)를 규명하고, 그 원리 안에 내재된 신화적 인식을 발견하는 방법이다. 일찍이 레비스트로스가 천명한 바대로 신화는 한 사회의 내적인 작용 방식을 드러내고, 그 사회의 신앙, 관습의 존재 이유를 밝히는 데 도움을 주고, 무엇보다 신화는 여러 세기 동안에 걸쳐 변화하지 않은 채로 남아 있고, 또 그렇게 널리 퍼져 있는 인간 정신의 작동 방식을 발견하는 것을 가능하게 해주기 때문이다.[3] 김쌍돌이 본 <창세가>를 중심으로 한국 창세신화에 작동하고 있는 정신의 작동 방식을 밝힐 수 있다면 그 방식을 통해 <창세가>를 해석하고, 나아가 무속신화를 향유했던 한국인들의 정신, 그리고 그 정신이 이룩했던 한국 문화의 한 양상을 해명할 수도 있으리라고 생각한다.

2. 미륵과 석가의 경쟁에 대한 관점들과 다른 경로의 모색

주지하듯이 <창세가>의 창세신은 미륵님이다. 미륵님은 태초에 천지가 생성될 때 천지와 더불어 탄생한 존재로 서로 붙어 떨어지지 않는 천지를 구리기둥을 세워 열어젖힌 신이다. 미륵님은 인도신화의 푸루샤(Purusa), 북구 게르만신화의 이미르(Ymir), 바빌로니아의 티아마트(Tiamat), 중국신화의 판꾸[반고, 盤古]와 비견되는 이른바 우주 거인의 계열에 속하는 창조신이다. 거인 미륵님이 일월성신을 만들고 칡옷을 짓고 물과 불의 근원을 찾고 인간을 만드는 일련의 창조활동을 수행한다. <창

3) Lévi-strauss, *The Naked Man(Mythologiques, Vol 4)*, Univ. of Chicago Press, 1990, p.627.

세가>의 미륵은 말로 천지만물을 창조하지도 않고, 자신의 사체로 천지만물을 생성하지도 않는다. 미륵은 기둥을 세우고 일월을 떼어내고 옷을 짓는 등 몸을 움직여 노동하듯이 천지만물을 창조하는 신이다. 이렇게 미륵님이 창조한 세계는 태평한 세계이다. 태초의 낙원에 대한 인식과 기대가 미륵의 창조 안에 표현되어 있다.

이렇게 일차 창조가 마무리된 뒤 태평 세상에 갑자기 석가님이 등장하여 인세의 치리권을 놓고 미륵님과 경쟁한다. 동해에 금병·은병을 늘어뜨려 끊어지지 않게 하기, 여름에 강물을 얼게 하기, 자면서 무릎에 꽃 피우기 등 세 차례의 경쟁을 치르는데 이 경쟁이 <창세가>가 말하는 창세의 두 번째 단계라고 할 수 있을 것이다. 물론 김쌍돌이 본에는 석가님의 창세신적 성격이 분명하게 나타나 있지 않다. 하지만 석가님이 미륵님이 가져간 해와 달을 다시 찾아오는 모습을 형상화하고 있는 전명수 본 <창세가>나 석가님이 먹다가 수중[水中]에 뿌린 고기가 세상 모든 고기(짐승)의 기원이 되었다고 하는 강춘옥 본 <셍굿>을 참조하면 석가님 또한 창세신이 아니라고 할 수 없다. 말하자면 한국 무속신화의 미륵님과 석가님은 각각 첫 단계와 둘째 단계의 창조를 담당하고 있는 태초의 창조신 커플(dual creator)인 셈이다.

그런데 문제는 이들의 이름이다. 미륵과 석가는 불교의 깨달은 자(붓다)이거나 보살이지만 불자들에 의해, 혹은 무속에서 신으로 모셔지고 있으므로 신격을 지니고 있다고 해도 좋을 것이다. 왜 무속의 신화에, 또 불교 이전부터 존재했으리라고 추정되는 창세신화에 불교의 신격이 창조자로 등장하는지 의문이 아닐 수 없다. 또 이들은 왜 한강이남 혹은 제주도 지역의 무속신화에는 등장하지 않고 함경도나 평안도, 그리고 그 연속선상에 있는 동해안 무속신화에만 나타나는가 하는 의문도 제기될 수 있다. 나아가 앞서 언급한 바 있듯이 미륵과 석가의 경쟁담은 불교가 전파

되었던 몽골, 중국, 일본의 류큐(오키나와)와 아마미 제도에서도 발견되었는데 그 의미는 무엇인가 하는 동아시아 차원의 의문도 있다. 첫째 의문은 <창세가>를 접하는 사람이라면 누구나 제기할 수 있는 것이고, 둘째·셋째 의문은 무속신화 연구자들이 제기할 만한 것이다. 이 의문들이 먼저 풀려야 <창세가>의 내적 구조에 대한 접근도 더 용이해질 수 있으리라고 생각한다.

이 흥미로운 문제를 풀기 위해 여러 연구자들이 나섰는데 선편을 잡은 쪽은 일본 연구자들이었다. 오바야시 다료우[大林太良], 야마시타 킨이치[山下欣一], 요다 치요꼬[依田千百子], 다바타 히로꼬[田畑博子] 등의 일본학자들은 오바야시 다료우[4]의 초기 언급 이래 주로 북전불교의 영향이라는 맥락에서 이 문제를 다루고 있다. 그 가운데 요다 치요꼬가 모든 화소를 대비하는 꼼꼼한 비교 연구를 수행했는데 그 결론에서 "한국의 꽃피우기 경쟁 모티프는 확실히 불교설화, 그것도 필시 북전불교의 설화일 것"이라고 확언한 바 있고, 나아가 두 신에 의해 우주가 평행창조되는 토착신화의 토양 위에 구조가 유사하고 더 흥미로운 불교설화가 들어와 기존의 신화를 대체했을 가능성이 높다고 추론하고 있다.[5] 다바타 히로꼬 또한 오키나와[沖繩]와 한국의 미륵설화를 비교하면서 미륵과 석가의 이야기는 제주도보다는 한반도의 표류민을 통해 수용되었으리라고 추정했다.[6] 북전불교의 영향에 의한 토착신화의 대체라는 일본학자들의 관점은 대체로 수긍할 만하나 대체가 어떤 메커니즘으로 이뤄졌는지, 그 결과 발생한 신화학적 의미가 어떤 것이었는지에 대해서는 더 진전된 논

---

4) 大林太良, 「ミルクポトケとサクポトケ」, 『伊波普猷全集 月報 9』, 東京: 平凡社, 1975.
5) 依田千百子, 「神々の競争-朝鮮の創世神話とその構造」, 『東アジアの創世神話』, 弘文堂, 1989, p.143.
6) 田畑博子, 「ミクロ信仰, 沖繩と韓國のミクロ說話の比較硏究」, 『沖繩文化硏究 29』, 法政大學 沖繩文化硏究所, 2003.

의를 보여 주었다고 판단하기 어렵다.

국내 연구자들의 경우 이 문제에 대한 직간접적인 여러 논의[7]가 있었지만 일본 쪽 연구자들의 시각과 먼 데 있는 것 같지 않다. 근래 이런 부분을 비판하면서 자료와 이론의 양면에서 기존의 논의를 넘어서야 한다고 주장한 이가 김헌선이다. 그는 한국과 류큐신화를 비교하면서 이 문제에 대해 다음과 같이 단계설을 주장했다.

> 몇 단계에 걸쳐서 미륵과 석가의 대결 신화소가 변천되었을 가능성이 있다. 처음에는 미륵과 석가라는 명칭이 사용되지 않고 전 세계에 자발적으로 두 신의 대결에 의해서 이 세상을 창조하거나 창조된 세상을 차지하는 신화소가 있을 가능성이 있다. 다음으로 특정한 신격의 명칭인 미륵과 석가가 사용되면서 둘이 꽃피우기 경쟁을 하는 신화소가 등장하고 이것에 의해서 대체되는 단계가 있었을 것이다. 세 번째는 미륵과 석가의 대결 신화소가 다시 하위의 요소로 작동하면서 특정한 지역에 동질성을 확보하면서 변형되는 단계이다. 네 번째는 미륵과 석가의 명칭이 사라지고 갖가지 신화에 맞춰서 독자적인 신화소로 작동하여 토착적인 신화로 변형되는 과정이 있을 수 있다.[8]

각 단계에 붙인 이름은 1) '평행창조의 신화소' 단계, 2) '미륵과 석가의 창조 신화소' 단계, 3) '미륵과 석가의 대결 신화소' 단계, 4) '꽃피우기 경쟁의 신화소' 단계이다. 그는 이를 통해 특정 민족의 신화소와 문명권의 신화소의 관계에 대한 일반 이론을 전개하려는 시도[9]를 보여 주었다.

---

7) 박종성, 「한국 창세신화와 일본신화」, 『한국 창세서사시 연구』, 태학사, 1994.
편무영, 「생불화를 통해 본 무불습합론」, 『비교민속학』13집, 비교민속학회, 1996.

8) 김헌선, 앞의 논문, p.297.

9) 참고삼아 관련 대목을 인용하면 "네 단계 신화소 변이는 특정 지역과 민족에게 보편적으로

인도고전학자인 심재관은 이런 논의를 바탕으로 미륵과 석가의 투쟁을 힌두신화와 연결시켜 좀 더 진전된 논의를 펼친 바 있다. 그는 "(1) 석가·미륵의 관계는 특히 자따까 문학형식 속에서 빈번히 친족이나 형제, 군신 등의 관계로 나타나 협력, 대조, 비교 등의 관계를 맺으며 나타난다. (2) 자따까 문학형식은 아시아의 여러 지역에 유포되고 있었으며, 따라서 석가와 미륵이라는 두 캐릭터(또는 그 둘의 관계)는 자따까의 유포에 따라 지역문학의 재생산에 차용되었다. (3) 불교의 자따까에서 힌두교의 라마야나 주제를 완전히 변형시킨 것처럼, 불교가 아닌 타종교의 영향하에 석가·미륵의 관계도 불교에서 묘사하고 있는 것과는 달리 변형될 수 있다."라고 했다. 그러면서 "아시아 일대에서 발견되는 석가·미륵의 경쟁관계는 불교와는 다른 종교적 집단을 상상할 수밖에 없다. 그 종교적 집단의 정체성을 무엇이라 단정하기는 어렵지만, 불교와 대등한 경쟁관계에 있거나 불교 신앙집단에 쉽게 융화할 수 없었던 신앙체였다고 생각된다. 이것은 어쩌면 불교의 세력으로 말미암아 정신적 변방으로 몰려난 무속종교의 흔적일 수도 있다."라고 추정했다.[10] 필자도 이미 "샤머니즘의 불교에 대한 적대감이 게재되어 있다."라고 언급한 바 있다.[11]

이런 일련의 연구를 통해 학계는 미륵과 석가의 창조와 갈등의 진상에 점차 육박해 들어가고 있는 것으로 보인다. 그런데 단계설의 경우 심재관이 "두 신의 대결에 의한 창조신화가 단계가 있었다는 전제에는 동의할 수 없다"[12]고 지적했듯이 선뜻 수긍하기 어렵다. 필자로서는 2단계

존재하던 시기의 신화소가 문명권 신화소에 의해 충격을 받아 보편적 신화소로 대치되고, 보편적 신화소가 한정적인 지역에서 유사성을 가지고 다시금 분리되고, 이러한 신화소가 다른 신화로 변형되어 가는 토착화 단계가 있다고 말할 수 있다."(김헌선, 앞의 논문, pp.301~302)

10) 심재관, 앞의 논문, p.144.

11) 조현설, 『우리 신화의 수수께끼』, 한겨레출판, 2006, p.94.

가 있었다고 인정하기 어렵고, 4단계 역시 3단계와 분리해서 논의하기 쉽지 않다는 판단을 하고 있다. 또 3단계인 석가와 미륵의 대결 신화소가 '한국이나 몽골에서 고려 말에 유포되었을 가능성이 높다'[13]고 본 부분도 재론을 요한다. 이 문제에 대해서는 이미 요다 치요꼬가 '신라 말기까지 소급될 가능성을 충분하다'[14]는 견해를 제출한 바 있으므로 재검토가 필요하다는 것이다. 심재관의 경우 자따까 형식에서 미륵과 석가의 대립의 연원을 탐색하여 의미 있는 결과에 이르렀으나 "미륵과 석가의 갈등과 경쟁만을 강조한 나머지 불교에서 이름만을 빌려와 만들어진 미륵-티타니즘(Maitreya Titanism)을 보여 주는 것이 아닐까."라고 조심스럽게 추론하고 있는 부분은 재고가 필요하다. 경쟁과 갈등만이 아니라 그 이상의 문제를 <창세가>는 다루고 있다고 보기 때문이다.

<창세가>에 표현되어 있는 미륵과 석가의 내기를 꼼꼼히 살펴보면 드러난 갈등과 경쟁의 이면에 갈등과 경쟁 이상의 의미가 함축되어 있다는 것을 감지할 수 있다. 이 점은 '두 신의 평행창조'라는 '원형'으로 소급하는 관점을 통해서는 잘 드러나지 않는 부분이다. 그리고 두 신의 잘 드러나지 않는 '그 관계'는 표면에 드러나 있는 경쟁과 갈등에도 불구하고 인도-이란 계통의 신화에서 볼 수 있는 영원하고도 근원적 투쟁과는 성격이 다른 갈등 관계이다. <창세가>의 갈등 안에는 이미 화해의 계기가 내포되어 있다. 패배 안에 새로운 생성이 있다는 패러독스가 미륵과 석가의 대결 속에는 내재되어 있다. 필자는 그 이면에 내재된 것을 대칭성 혹은 대칭성의 욕망이라고 생각한다. 이를 좀 더 풀어 쓰면 '어울림' 혹은 '어울리기'라고 부를 수 있을 것이다. 그리고 이런 대칭성의 욕망이, 미륵과

12) 심재관, 앞의 논문, p.147.
13) 김헌선, 앞의 논문, p.301.
14) 依田千百子, p.147.

석가의 내기를 신화소로 간직하고 있는 일련의 동아시아 텍스트들 가운데 김쌍돌이 본 <창세가>에 잘 구현되어 있다는 것이 필자의 기본적인 입론이다. 이 입론이 미륵과 석가의 경쟁에 관한 다른 해석의 길로 우리를 인도할 것이다.

3. 미륵-석가의 맞섬과 어울림, 그리고 그 의미

김쌍돌이 본 <창세가>에서 미륵과 석가는 미륵이 창조한 인간세상의 지배권을 두고 내기를 시도한다. 그리고 그 내기의 마지막 종목, 이들의 내기에서 텍스트가 달라져도 반드시 등장하는 핵심적인 모티프인 '자면서 꽃피우기' 내기에서 속임수를 쓴 석가가 승리를 하고, 그 결과 이 세상은 석가의 차지가 된다. 이 태초의 사기꾼 석가가 이 세상을 다스리기 때문에 인간세상이 디스토피아가 되었다는 것이 이 태초의 내기가 표현하고 있는 신화적 인식이다. 신화는 사물의 현존을 설명하려는 강한 욕구를 지니고 있는데 이 <창세가> 역시 악한 세계의 현존을 태초의 악을 통해 설명하려고 한다.

그런데 <창세가>는 내기에서 진 미륵이 세상을 떠나고, 이긴 석가가 인세를 다스리는 장면으로 마무리되지 않는다. 대단히 납득하기 어려운 장면, 그래서인지 그간의 연구에서 충분히 해명되지 않은 장면이 뒤따른다.

너 歲月이 될나치면,
三千중에 一千居士 나너니라.
歲月이 그런즉 末世가 된다.
그리든 三日만에,
三千중에 一千居士 나와서,

彌勒님이 그적에 逃亡하야,

석가님이 중이랑 다리고 차자 써나와서,

山中에 드러나니 노루 사슴이 잇소아,

그 노루를 잡아내여,

그 고기를 三十 关을 씨워서,

此山中 老木을 썩거내여,

그 고기를 구어먹어리.

三千중 中에 둘이 이러나며,

고기를 싸에 써저트리고,

나는 聖人이 되겟다고,

그 고기를 먹지 안이하니,

그 중 둘이 죽어 山마다 바우되고,

山마다 솔나무 되고,

지금 人間들이 三四月 當進하면,

새앵미 녹음에,

关煎노리, 花煎노리.[15)]

미륵이 석가의 세월은 말세가 되리라고 예언한 후 인세로부터 도망치자 석가의 세월이 되었는데 그때 석가를 따르던 삼천의 무리 가운데 두 사람이 육식을 거부하고 성인이 되겠다고 선언한다. 그리고 그들은 죽어서 산마다 있는 바위와 소나무가 된다. <창세가>를 따라 읽어가다 보면 이 느닷없는 변형으로 인해, 미륵과 석가의 다툼 이상의 혼란을 경험하게 된다. 더구나 노루를 잡아먹는 석가의 형상은 괴이하기까지 하다. "내용

---

15) 孫晉泰,『朝鮮神歌遺篇』, 東京: 鄕土文化社, 1930.

은 김쌍돌이 자신도 자세히 알지 못한 것"[16]이라고 보고한 손진태의 해설이 충분히 납득할 만하다.

이 변형에 관한 그간의 가장 유력한 해석은 오세정에 의해 이루어졌는데 그는 "바위와 소나무로 변신한 두 중이 '성인'이 되겠다고 천명한 것은 이러한 유한적 존재가 아닌 무한적 존재, 자연적 존재가 되겠다는 의미로 해석할 수 있다."[17]라고 했다. 석가의 화식(火食)을 근거로 자연(自然)과 인위(人爲)를 나누고 두 중이 화식을 거부한 것은 석가로 상징되는 인위적 질서를 거부한 것이며 따라서 "두 중의 행위는 주어진 존재론적 조건과 상황으로부터 탈주하려는 욕망"[18]의 표현이라고 해석했다. 신화의 일반적인 사유방식에 기초한 납득할 만한 해석이라고 생각한다. 오세정 자신이 해석의 준거로 삼은 레비스트로스가 만약 <창세가>를 읽었다면 이와 비슷한 결론에 이르렀을 것이다. 그러나 자연과 인위의 대립, 질서와 무질서의 대립이라는 시각만으로는 인위를 상징하는 석가의 무리 가운데서 왜 두 중과 같은 존재들이 돌출했는지 설명하기 어렵다. 더구나 강춘옥 본 <셍굿>의 다음과 같은 대목을 보면 석가가 반드시 인위를 상징하는 신격인 것은 아니다.

"서인님이요 우리 괴기 아이 먹겠소. 서인질 하다가 부체님 되겠습니다." 아이 먹으니 석가님이 그것도 다 당신이 잡숫고 지튼 것으로 한번 물어 水中에다 뿌리시니 굵은 괴기 자잔 괴기 모든 괴기 근본이 되어 건너갑니다. 또 한번 물어 옥항에다 뿌리시니 나는 짐승 청제비 구제비 두루미 날아나오,

---

16) 손진태, 위의 책, p.22.

17) 오세정,「<창세가>의 원형적 상상력의 구조와 의미체계」,『구비문학연구』20집, 한국구비문학회, 2005, pp.364~365.

18) 오세정,「한국 창세신화의 전통과 의미체계-<창세가><대홍수와 목도령><대홍수와 남매>를 대상으로」,『한국문학이론과 비평』39집, 한국문학이론과 비평학회, 2006, p.168.

또 한번 물어 팔만 삼천에 뿌리시니 게는 짐승 뛰는 짐승 노루 사슴 범 넉대 돼 갔읍니다.[19)]

석가가 사슴을 잡아 고기를 구워 먹자고 하자 두 중이 거부하는 대목은 김쌍돌이 본과 다르지 않다. 그러나 두 중이 거부하는 고기를 석가가 혼자 다 먹고 물과 하늘에 뿌려 온갖 짐승을 만드는 대목은 아주 다르다. 김쌍돌이 본에는 없는 '동물기원화소'이다. 이 화소는 석가가 서천국을 가서 미륵이 숨긴 일월을 가져올 때 다시 반복된다. 석가가 약수 삼천리 강을 물고기 다리로 건너가자 바위가 절을 한다. 그래서 바위한테 정체를 물었더니 이렇게 대답한다.

서인님이 어제 간 것 같아도 신선한 날이 인간 백년이 됐읍니다. 서인님은 괴기 잔등에 건니고 우리 건니자 하니 아즉 나무 한 상재 두 상재 괴기 아니 먹고 서인이 됐다가 부처님이 되겠다 해서 우리 괴기 잔등에 건넬라 하는데 괴기가 오락 흩어저서 강 이를 못 건네고 즘성이가 솔씨를 물어 던지고 덤불을 물어 던지서 이렇게 큰 바우가 됐읍니다. 발을 띠지 못하고 있읍니다.[20)]

성인님 석가는 일월을 되찾고, 바위가 된 두 상좌 가운데 한 상좌에게는 남두칠성을, 다른 상좌에게는 북두칠성을 차지하라고 신직을 부여한다. 두 중이 바위가 되는 과정은 다소 차이가 있어도 바위로 변형되는 점은 동일한데 강춘옥 본에는 김쌍돌이 본에는 없는 석가의 신직 부여 과정이 덧붙어 있다. 전체적으로 보면 김쌍돌이 본에 비해 강춘옥 본에는 석

19) 김헌선, 앞의 책, p.256.
20) 김헌선, 앞의 책, p.259.

가의 창세신적 형상이 분명히 나타나 있다. 이렇게 본다면 석가 역시 미륵과는 성격이 다르기는 하지만 태초의 창세신이고, 따라서 석가가 인위를 상징하는 신이라고 단정하기 어렵다. 그렇다면 미륵과 석가를 어떻게 해석해야 하고, 그 연장선상에 있는 두 중의 정체는 어떻게 해명해야 하는가? 이 의문을 풀기 위해서는 김쌍돌이 본 <창세가>의 먼저 순차적 서사구조를 분석해 볼 필요가 있다고 생각한다.

앞서 언급한 대로 <창세가>의 창세신은 미륵이다. 미륵은 천지의 생성과 더불어 탄생하여 천지를 열어 고정시키고, 일월성신을 만들고 인간을 창조한다. 이 창조과정에 석가의 존재는 없다. 이렇게 본다면 <창세가>가 말하는 창조는 단독 신인 미륵에 의해 이뤄진 것이다. 그런데 미륵이 만들고 다스리던 세상은 태평세였는데 갑자기 석가가 어디선가 나타나면서 대립 국면이 조성된다. 여기까지만 보면 미륵과 석가의 대립이 분명하다. 그리고 이들의 대립은 '천상과 지상의 대립'[21]으로 이해할 만한 개연성이 있다. 게다가 금병줄·은병줄(넋병)을 달아 내리고, 강물을 얼리고, 꽃을 피우는 일련의 경쟁에서 석가가 계속 패배하는 것을 보면 석가의 창세신적 능력은 의심을 사기에 충분하다. 그러나 앞서 언급한 대로 석가는 창세과정에 개입한다. 동물을 창조할 뿐만 아니라 북두칠성·남두칠성의 신직을 주고(강춘옥 본), 수미산에 가서 미륵의 행위와 유사하게 '놋쟁반에 달을 내고 금쟁반에 해를 내여' 온다(전명수 본). 이런 행위들이 창조와 무관하다고 할 수 없다. 더구나 <천지왕본>(김두원 필사)을 비롯한 다수 제주 무속신화에서 석가와 미륵에 대응되는 인물인 소별왕과 대별왕은 창세신 천지왕의 쌍둥이 아들로 창세 과정에 참여한다.

그렇다면 여기서 관점을 전환해 볼 필요가 있다. 김쌍돌이 본 <창세

---

21) 오세정, 앞의 논문(2006), p.164.

가> 등에서 미륵이 태평세(太平世)에, 석가가 말세(末世)에 대응되며 양자는 대립관계를 지닌 것이 분명하지만 이 이항대립 상태가 원을 이등분하듯이 완전히 분절되어 있는 것은 아니라는 관점을 상정해 보자는 것이다. 제주 무속신화에서 보듯이 두 신이 쌍둥이이고, 경쟁의 결과인 승패에 따라 각각 이승과 저승을 다스리는 신으로 좌정한다는 점을 염두에 둔다면 이승과 저승이 다른 공간이면서도 서로 소통하는 관계에 있듯이[22], 쌍둥이가 둘이면서도 하나이듯이, 각각 선악(혹은 호오)을 분유(分有)한 듯이 보이는 미륵과 석가의 관계도 서로 대립하면서 서로가 서로를 포함하는 관계, 곧 상보적 관계일 수 있다는 시각이 그것이다.

이는 음양(陰陽)의 양극으로 구성된 태극(太極)의 운동 원리와 대단히 유사한 관계이다. 태극은 음양으로 양분되지만 음 안에 양이, 양 안에 음이 포함되어 있는 관계이다. 도교의 아이콘인 태극문양이 그 점을 선명하게 보여 준다. 사실 태극기의 태극 문양도 지름을 그어 이등분하면 하나의 극 안에 다른 극이 포함되어 있어 차이가 없지만 양 안에 음을 음 안에 양을 작은 원으로 표현한 도교의 태극 문양이 그 점을 시각적으로 더 분명히 드러낸다.[23] 질베르 뒤랑과 같은 프랑스 신화학자도 이미 자각한 바 있듯이 '태극에서는 대칭적으로 맞서고 있는 각각의 형상이 다른 쪽의

---

22) 민요 '상여소리'에 나오는 '황천길이 멀다더니 대문 밖이 황천일세'에 드러나는 저승에 대한 인식이 이승과 저승의 관계에 대한 우리의 보편적 문화 감각을 정확히 대변하고 있다고 생각한다. 이승과 저승은 대문의 안팎처럼 드나드는 공간, 문의 개폐에 따라 상시적 소통이 가능한 공간이다.

23) 이 도교의 아이콘에는 '대립-상보'의 항상적 운동성이 잘 드러나 있다. 그리고 전남 나주에서 발굴된 백제시대 목간의 태극문양을 보면 형태는 차이가 있지만 문양의 함의는 다르지 않다. 태극에 대한 인식이 우리 문화 내부에서 상당히 오랜 내력을 지니고 있었다는 사실을 확인할 수 있다.

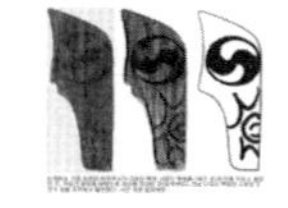

일부분을 포함하고 있는 것이다'.[24]

앞서 제기한 두 중의 육식 거부와 자연물 되기의 과정은 미륵과 석가의 이런 관계 속에서 살펴야 더 적절한 해명에 이를 수 있다. 석가의 최종적 승리가 확정된 후 인세는 석가가 차지하고 삼천의 중과 일천의 거사로 상징되는 무수한 불도(佛徒)들이 세상을 장악하는데 그 안에서 두 명의 이탈자가 나타난다. 이 이탈자들은, 다음 장에서 상론하겠지만, 현실 불교의 붓다를 상징한다는 점에서 현실의 불교와 정확히 역대응(逆對應) 되는데, 문제는 두 중이 석가의 무리였다가 이탈자가 된다는 점이다. 따라서 이들은 석가의 무리 가운데 있는 비(非)석가적 무리, 곧 석가 무리의 내재적 외부이다. 기표의 외현에 따라 미륵을 양, 석가를 음에 대응시킨다면 두 중은 음의 운동 내부에 존재하는 양의 요소들인 셈이다.

두 중을 음 안에 존재하는 양, 석가 안에 존재하는 미륵이라고 가정하는 것이 가능한 이유는 이들이 산마다 있는 소나무와 바위라는 자연물로 변형되기 때문이다. 김쌍돌이 본에서 두 중은 소나무나 바위로 변형되는 것으로 끝나지만 강춘옥 본 <셍굿>에서 두 중은 바위로 변한 뒤 서천국에 가서 해와 달을 하나씩 떼어 돌아오는 석가에 의해 북두칠성과 남두칠성을 차지하는 신으로 다시 변형된다. 그런데 같은 이북 지역의 무속신화이고, 미륵과 석가의 경쟁 화소를 지니고 있는 정운학 본 <삼태자풀이>를 보면 북두칠성·남두칠성과 관련된 흥미로운 변이가 나타나므로 함께 검토할 필요가 있다.

미럭님이 할 일 없어 /해 달 잡아 /도롱 소매에다 /가두시고 /水火 잡아 /地下宮에 /가두시고 /하늘로서 /昇天을 했소 /그적에야 /미럭님에 /얼굴

---

24) 질베르 뒤랑, 진형준 옮김,『상상력의 과학과 철학』, 살림, 1997, p.92.

일랑 /해와 달이 /이상 가고(移徙가고?) /미력님에 /귀는 가서 /北斗七星 /이상 가고 /미력님에 /눈은 가서 /밝은 샛별 /이상 가고 /미력님에 /코는 가서 /삼태성에 /이상 가고 /미력님에 /입은 가서 /모에 담을 /이상 가고 /미력님에 /배는 가서 /청 하늘에 /이상 가고 /미력님에 /手足일랑 /이상 가고 /미력님에 /일신일랑 /지구뎅이 /이상 간다.[25)]

이 자료는 한국 창세신화 가운데 '사체화생신화소'를 지닌 유일한 무가로 알려져 있다. 미륵이 경쟁에서 패배한 후 해와 달을 소매에 넣고 승천을 하게 되는데 승천 이후 미륵의 신체기관들이 각각 천상의 일월성신으로 화생(化生)한다. 김쌍돌이 본에서는 둘씩 있던 일월을 하나씩 떼어 북두칠성·남두칠성으로 만들지만 이 무가에서는 '미력님의 귀가 북두칠성이 된다.'

변형관계에 있는 김쌍돌이 본, 강춘옥 본, 정운학 본을 비교해 보면 두 중과 바위(소나무), 북두칠성·남두칠성과 미륵·석가가 서로 복잡하게 얽혀 있는 상태를 풀 수 있는 실마리가 보인다. 세 각편 가운데 김쌍돌이 본과 강춘옥 본은 정운학 본에 비해 인접성이 강하다. 둘 다 함흥 지역의 무당이 구술한 각편이다. 따라서 석가의 무리 가운데 두 중이 육식을 거부하고 성인이 되겠다고 선언하는 육식거부 화소는 함흥지역본의 특징이라고 할 수 있다. 두 각편을 정운학 본과 비교해 보면 북두칠성을 매개로 강춘옥 본과 정운학 본이 연결된다. 그리고 강춘옥 본은 두 중(의 육식거부)과 바위를 매개로 김쌍돌이 본과 연결된다. 이런 연결의 맥락에서 보면 강춘옥 본은 김쌍돌이 본과 정운학 본의 매개고리일 수 있겠다는 추정이 가능하다(표 참조).

---

25) 김헌선, 앞의 책, pp.296~297.

화소 \ 각편	김쌍돌이 본	강춘옥 본	정운학 본
두 중의 바위(소나무) 되기	○	○	×
북두(남두)칠성 되기	×	○	○
구연자의 출신지역	함흥	함흥	평양

자, 이들의 관계를 통해서 문제를 정리해 보자. 앞에서 두 중은 석가의 무리에 속해 있던 비석가적 존재라고 했는데 이 비석가적 존재를 미륵, 곧 석가 안에 있는 미륵이라고 할 수 있다. 매개고리라고 한 강춘옥 본에서는 바위가 북두칠성·남두칠성이 되었고, 정운학 본에서는 미륵의 귀가 북두칠성이 되었다면 바위와 미륵은 같은 계열에 속하는 존재들이고, 따라서 양자는 서로 의미상 동질적인 존재일 수 있다고 생각한다. 더구나 바위와 소나무는 불변을 표상하는 자연물이어서 창세신 미륵의 형상을 대신하기에 가장 적절하다. 또 실제로 불교신앙이나 민간신앙에서 바위로 조각한 미륵상이나 자연 상태의 바위 자체를 미륵불로 모시고 있기 때문에 바위를 미륵 자체 혹은 상징물로 이해하는 데 무리가 없다.[26]

무가 텍스트 내부의 증거도 있다. 함흥에 인접한 홍원 출신 무당 지금철이 구연한 <오기풀이>에 다음과 같은 창이 보인다.

> 탈이로다 탈이로다 /인생 탈도 탈이오 /전생 탈도 탈이오 /명도 탈도 탈이오 /대탈광으 시절에 /사람이 나도 크게 나고 /짐승이 나도 크게 나고 /소탈광으 시절에느 /사람이 나도 잘게 나고 /짐승이 나도 잘게 나고 /대탈

26) <미륵불> <운악산 미륵바위>

광으 시절에는 옷이라고 입은 것이 /짓이는 석 자 세 치 /섶으느 석자라 / 소탈광으 시절에는 /옷이라고 입는 것이 /짓이느 세 치로다 /섶으느 닷 분 이요(-노래-)[27]

바리데기의 약물로 되살아난 모친이 갑작스레 사망하는 형식으로 마무리되는 것이 북한 지역 <바리데기> 무가의 유형적 특징인데 인용한 부분은 모친이 죽은 다음에 이어지는 노래 부분이다. 모친의 죽음으로 '오구 탈을 받는 법을 냈다'는 '말'을 한 다음에 불리는 대목인데 지금철 본에만 보인다.

여기서 '탈'은 명(命)이나 운수(運數)를 의미하는 말로 판단되는데 흥미로운 대목은 이 무가에서 노래하고 있는 '대탈광의 시절'과 '소탈광의 시절'이 각각 미륵과 석가의 치세와 대응된다는 것이다. 대탈광의 시대의 거인성이 <창세가>에 묘사된 창세신 미륵의 거인성과 상통하기 때문이다. 창(唱) 뒤에 대탈광의 시절에는 흰 까마귀가 삼신산 불로초를 먹고 검은 까마귀가 되었고, 소나무가 불로초를 먹고 사시사철 검푸르다는 사설이 이어지고 있는 점도 대탈광의 시대를 태평세, 곧 미륵이 다스리던 시대로 인식하게 한다. 그런데 여기에 불로초를 먹어 사철 푸른 소나무가 등장한다. 같은 지역의 무가 <오기풀이>에 등장하는 소나무와 미륵의 관계는 <창세가>의 소나무와 중의 관계를 소나무와 미륵의 관계의 변형으로 읽어도 좋다는 실마리를 던져 준다. 무가 텍스트 내부에 존재하는 문화적 무의식이 제공하는 단서라고 생각한다.

여기서 문제를 더 확장하면 다음 대목의 바위(소나무)와 미륵의 관계로 이어진다. 곧 "지금 人間들이 三四月 當進하면 /새앵미 녹음에 /笑煎노리, 花煎노리."라고 진술되는 <창세가>의 마지막 대목이 던지는 의문이다.

---

27) 김진영·홍태한 편, 『바리공주전집1』, 민속원, 1997, p.106.

<창세가>의 진술에 따르면 두 중이 바위와 소나무가 되었는데 3, 4월 봄이 되면 상향미(尙饗米)나 노구메를 가지고 산천에 나아가 화전놀이를 한다는 식이다. 비약이 있는 것처럼 보이기도 하지만 진술의 문맥을 무시해도 좋을 이유가 없다면 이 진술이 여성들의 화전놀이와 바위, 소나무가 무관치 않다는 점을 암시하고 있다고 읽어도 무리가 없을 것이다. 화전놀이는 봄에 부녀자들이 즐기는 놀이지만 이 놀이와 무속의 굿, 혹은 불교의 재(齋)는 관계가 있었던 것으로 보인다. 지금도 사찰을 중심으로 화전놀이의 전통이 이어지고 있고, 평안북도 강계의 무당 전명수가 구연한 <성인놀이푸념>에도 "사월파일 곳전놀이//기름재미 무재미로//받아먹게 둘레보내고"[28]와 같은 구절이 나오는 것을 통해서 짐작할 수 있다. 다시 말하면 부녀자들이 화전놀이를 하면서 함께 바위에 재를 지냈던 민속이 있었고, 그것이 무가의 사설로 정착되었다는 해석이 가능해진다.

그렇다면 부녀자들이 모시던 바위의 정체는 무엇인가? 그 바위란 다름 아닌 한반도 도처에 산재해 있는 미륵바위가 아닐 수 없다. 고려시대에 조성된 거대한 은진미륵과 같은 사찰의 미륵불을 상정해도 좋을 것이다. <창세가>의 두 중이 바위로 변형되었다는 것은 바로 미륵불이 되었다는 뜻이다. 형식적으로는 미륵이 석가와의 경쟁에서 져서 인세를 떠났지만 완전히 떠난 것이 아니라 미륵불의 형상으로 지상에 존재한다는 말이다. 그렇다면 구연본에 따라 미륵과 함께 존재하기도 하고 부재하기도 하는 소나무의 정체는 또 무엇인가? 소나무는 <오기풀이>의 '불로초를 먹은 소나무'에서 알 수 있듯이 자연의 무한한 지속성을 상징하는 사물이고, 그런 의미에서 바위의 등가물, 다시 말해 바위와 은유적 관계에 있는 사물이겠지만 동시에 '미륵바위와 어울려 있는 소나무'일 수 있다. 유사

---

28) 손진태, 앞의 책 참조.

화소를 공유하고 있는 강춘옥 본 <셍굿>이나 정운학 본 <삼태자풀이>를 보면 두 중이 다 바위로 변형되고, 소나무는 등장하지 않는다. 등가물이기는 하지만 그래도 미륵을 상징하는 바위가 핵심이고 소나무는 바위를 장식하는 존재로 인식되고 있었다는 뜻이다.

이상의 논의를 통해, 김쌍돌이 본 <창세가>의 미륵과 석가의 경쟁담을 중심으로 한 세계의 창조과정에 표현되어 있는 신화적 세계인식은, 단순히 석가가 속임수를 써서 경쟁에서 이겼기 때문에 이 세상이 사악한 것이 가득한 말세가 되었다는 담론의 표면적 의미가 전부가 아니라는 점을 확인할 수 있었다. 담론의 표층보다는 서사의 심층에 흐르고 있는, 논리적으로는 잘 납득이 되지 않는 문화적 무의식이 더 긴요한 국면이라는 것이다. 이 문화적 무의식이 빚은 미륵-석가의 이항대립적 구조, 나아가 순차적 서사구조에서 확인되는 신화의 논리가 더 긴요하다고 보는 것이다. 그것은 바로 세계와 인류를 창조한 미륵이 다스리던 최초의 세상은 태평천국이었지만 이미 그 내부에 말세의 요소가 동시에 존재하고 있었으며 그 비(非)미륵적 요소에 의해 말세로의 구조적 전환이 이뤄졌으나 말세의 근원인 석가의 내부에 이미 있는 비(非)석가적 요소에 의해 언젠가는 태평세로의 구조적 전환이 이뤄질 것이라는 음양론적 세계인식, 또는 양자의 지속적인 대립이 아니라 영속적인 균형(어울림)을 지향하는 신화적 세계인식이다. 균형을 지속적으로 욕망하는 이런 무의식이 미륵과 석가의 경쟁과 석가와 두 중의 대립이라는 연속적 서사를 낳은 원동력이었다고 보는 것이다.

4. 맞섬과 어울림의 신화적 연원과 변형들

지금까지 서사 구조에 대한 분석을 통해 석가와 미륵의 관계가 단순한 대립관계가 아니라는 점이 드러난 셈이다. 그렇다면 앞서 언급한 바대로 김쌍돌이 본 <창세가>의 미륵과 석가는 불교의 신불을 무속에서 수용한 것인데 미륵과 석가의 관계가 단순한 대립을 넘어 어울림을 지향하고 있다면 1) 불교와 무속의 관계를 어떻게 봐야 하는가, 그 관계의 맥락에서 2) <창세가>가 형성된 시기를 어떻게 봐야 하는가, 나아가 3) 어울림이라는 신화적 사유의 원천은 어디인가, 또 '미륵과 석가의 경쟁 신화소'는 동아시아 여러 지역에서 전승되고 있는데 4) 지역적 차이는 무엇이며 그 차이에서 드러나는 <창세가>의 특이성은 무엇인가, 이런 몇 가지 의문이 제기될 수 있을 것이다.

먼저 최초의 창조자인 '미륵의 정체'를 통해 의문을 해결할 단서를 찾아보는 것이 적절하리라고 본다. 주지하듯이 미륵은 불교의 미래불로 미륵삼부경(彌勒三部經)[29]을 통해 그 정체를 알 수 있다. 미륵삼부경에 따르면 미륵은 인도의 바라나시국 브라만 집안에서 태어나 석가모니불의 교화를 받으며 수도하였고, 미래에 성불하리라는 수기(授記)를 받은 뒤 도솔천에 올라가 현재 천인(天人)들을 위해 설법하고 있다고 한다. 그러다가 석가모니불이 입멸한 뒤 56억 7천만 년이 되는 때에 다시 사바세계에 출현하여 용화수(龍華樹) 아래에서 성불하고, 3회의 설법으로 모든 중생을 교화하는데 성불하기 전에는 미륵보살이라 불리고 성불한 뒤에는 미륵불이라고 한다. 이런 이유로 미륵은 미래불로 인식되고 있는 것이다.

여기서 『미륵하생경(彌勒下生經)』의 '미륵출생예정담'을 잠시 살펴보자.

---

29) 彌勒三部經은 南朝 宋의 저거경성(沮渠京聲)이 455년 번역한 『佛說觀彌勒菩薩上生兜率天經』(약칭, 미륵상생경), 돈황 출신 월지족 계통의 축법호(竺法護, 241~313년)가 308년에 번역한『佛說觀彌勒菩薩下生兜率天經』(미륵하생경), 龜玆(Kucha) 출신의 역경사 구마라습(鳩摩羅什, 344~413)이 408년에 번역한 『佛說彌勒大成佛經』(미륵성불경)을 이르는 말이다.

그때 양거대왕에게는 수범마라는 대신이 있는데, 그 둘은 어려서부터 서로 친하고, 특히 서로를 존중하고 믿는 사이니라. 수범마는 모습이 단정하고, 알맞은 키에 몸은 뚱뚱하거나 마르지 않았으며, 희거나 검지도 않으니, 지나치게 늙어 보이거나 젊어 보이지 않는다.

수범마에게는 범마월이라는 아내가 있는데, 옥녀들 중에도 몹시 뛰어나게 아름다운 하늘임금의 왕비 같으니라. 이 여인의 입에서는 우발라 꽃향기가 나오고, 몸에선 전단향이 퍼지며, 여자가 갖추어야 할 마흔네 가지 훌륭한 태도를 지녀, 질병이나 산란한 생각이 없느니라.

미륵보살이 그때 도솔천에 있으면서 수범마 내외가 늙지도 젊지도 않은 것을 보고 그들을 부모로 삼아 범마월 부인의 몸에서 태어날 것이다.

내가 오른쪽 옆구리에서 태어난 것 같이, 미륵보살도 그 어머니의 오른쪽 옆구리로 나올 것이다. 그러고 나면 도솔천의 하늘은 미륵보살이 사바세계에 내려가 탄생한 경사를 노래하고 찬탄하느니라. 수범마는 아들의 이름을 미륵이라고 할 것이다.

미륵보살은 32상과 80종 호를 갖추었고 몸은 황금빛으로 빛나리라. 또 그때 사람들은 수명이 아주 길어 병을 앓는 일이 전혀 없이 8만 4천 세를 살며, 여자들은 5백 세가 되어 시집가게 될 것이다.[30)]

석가모니불이 기원정사에서 500명의 비구와 앉아 있을 때 아난이 미륵의 출현과 교화에 대해서 묻자 석가는 양거왕의 신하 수범마와 범마월을 부모로 선택하여 어머니의 옆구리로 태어나리라는 예언을 준다. 그런데 양거왕이 다스리는 어떤 나라에 대해 대단히 홍미롭게 묘사하고 있다. 그 나라에는 백성들 사이에 아무 차별이 없고, 대소변을 보려고 하면 땅

30) 경전연구모임 엮음, 『미륵상생경·미륵하생경·미륵대성불경』, 불교시대사, 1991, pp.44~45.

이 저절로 열렸다가 보고 나면 닫히고, 껍질도 없는 찹쌀이 저절로 달리는데 지극히 향기로우며 먹으면 병에 걸리지 않는다. 온갖 금은보화가 땅에 흩어져 있으나 거들떠보는 사람이 없고 수명이 길어져 8만 4,000년을 산다는 것이다. 말하자면 낙원이 도래하리라는 것이고 그 낙원에 미륵이 출현하여 성불한 다음 무수한 중생을 깨달음으로 이끈다는 것이다. 불교가 상상한 낙원의 이미지가 미륵보살에 투사되어 있다.

그런데 이런 미륵하생에 대한 신앙이 삼국시대에 한반도에 전래된다. 미륵하생신앙은 <태안마애삼존불>이나 <서산마애삼존불>에서 확인할 수 있듯이 백제에서 먼저 일어났고 신라의 경우 백제로부터 하생한 미륵을 모셔오는 형식으로 미륵하생신앙을 수용한 것으로 보인다.[31] 그리고 신라를 중심으로 보면 중고시대에 미륵하생신앙이 유행하다가[32] 중대에 이르러 미륵상생신앙으로 전환되었고, 중대 말부터 진표(眞表)에 의해 미륵신앙이 백제와 고구려

---

31) 최완수,『한국 불상의 원류를 찾아서 2』, 대원사, 2007, pp.20~26.

32) 『삼국유사』 '勒仙花未尸郎眞慈師'條를 통해 우리는 6세기 진흥왕 대에 신라에 미륵신앙이 수용되어 화랑도와 결합된 내력을 짐작할 수 있다. (及眞智王代. 有興輪寺僧眞慈.[一作貞慈也.] 每就堂主彌勒像前發原誓言. 願我大聖化作花郎. 出現於世. 我常親近晬容. 奉以ㅁ周旋. 其誠懇至禱之情. 日益彌篤. 一夕夢有僧謂曰. 汝往熊川[今公州.]水源寺. 得見彌勒仙花也. 慈覺而驚喜. 尋其寺, 行十日程. 一步一禮. 及到其寺. 門外有一郎. 濃纖不爽. 盼倩而迎. 引入小門. 邀致賓軒. 慈且本且揖曰. 郎君素昧平昔. 何見待殷勤如此. 郎曰. 我亦京師人也. 兒師高蹈遠屈. 勞來之爾. 俄而出門. 不知所在. 慈謂偶爾. 不甚異之. 但與寺僧敘曩昔之夢與來之之意. 且曰暫寓下榻. 欲待彌勒仙花何如. 寺僧欺其情蕩然. 而見其懃恪. 乃曰. 此去南隣有千山. 自古賢哲寓止. 多有冥感. 盍歸彼居. 慈從之. 至於山下. 山靈變老人出迎曰. 到此奚爲. 答曰. 願見彌勒仙花爾. 老人曰. 向於水源寺之門外. 已見彌勒仙花. 更來何求. 慈聞卽驚汗. 驟還本寺. 居月餘. 眞智王聞之. 徵詔問其由. 曰郎旣自稱京師人. 聖不虛言. 盍覓城中乎. 慈奉宸旨. 會徒衆. 遍於閭閻間物色求之. 有一小郎子. 斷紅齊具. 眉彩秀麗. 靈妙寺之東北路傍樹下. 婆娑而遊. 慈迓之驚曰. 此彌勒仙花也. 乃就而問曰. 郎家何在. 願聞芳氏. 郎答曰. 我名未尸. 兒孩時爺孃俱歿. 未知何姓. 於是肩輿而入見於王. 王敬愛之. 奉爲國仙. 其和睦子弟. 禮義風教. 不類於常. 風流耀世幾七年. 忽亡所在. 慈哀懷殆甚. 然飮沐慈澤. 呢承淸化. 能自悔改. 精修爲道. 晩年亦不知所終.)

의 유민들 사이에 널리 전해졌으며 이를 그의 제자들이 이어받아 전교하면서 하대까지 계속 이어졌다는 것이 사학계의 일반적 인식이다.[33)]

그간의 사학계의 연구결과를 참조하면 미륵하생신앙과 관련하여 진표의 존재를 특히 주목할 필요가 있다고 생각한다. 진표는 『삼국유사』4 의해(義解) 편 진표전간(眞表傳簡) 조에서 알 수 있듯이 신라 중대에 활동했던 인물로, 경덕왕 11년(752)에 미륵불을 친견하고 점찰경(占察經)과 간자(簡子) 189개를 받았다는 데서 알 수 있듯이 미륵신앙을 폈는데 "주로 옛 백제와 고구려 지역의 하층 농민들을 포함한 농민들로부터 환영받았"[34)]다고 한다. 그런데 진표의 미륵신앙은 진표에서 끝난 것이 아니라 여러 제자를 통해 신라 말까지 지속되었다. 조인성은 그 제자들 가운데 특히 석충(釋沖)과 의정(義靜)을 주목하고 있다. 신라 말 대덕 석충이 태조 왕건에게 진표율사의 가사 한 벌과 간자 189개를 바쳤다는 『삼국유사』의 기록을 통해 진표의 의발을 전수받은 석충이 진표의 미륵신앙을 대표할 수 있는 신라 말의 인물 중의 한 사람이라는 것이고, 914년에 출가한 혜거(惠居)가 3년 뒤 금산사에서 의정율사에게 구족계를 받았다는 혜거의 비문 자료를 통해, 의정 또한 석충에 비견되는 인물이라는 것이다.[35)] 왜냐하면 진표 역시 금산사의 승려였고, 의정도 진표처럼 율사라는 신분으로 불리었기 때문이다.

그런데 진표에서 그의 제자들로 이어지는 신라의 미륵하생신앙이 <창세가>의 미륵과 관련하여 주목되는 이유는, 진표의 미륵신앙과 관련을 맺었던 후삼국의 지배자들 가운데 궁예의 활동지역이 명주를 중심으로

---

33) 곽승훈, 「신라 해대 후기 미륵하생신앙의 성행과 그 의의」, 『한국사상사학』15집, 한국사상사학회, 2000, p.59.

34) 조인성, 「미륵신앙과 신라사회-진표의 미륵신앙과 신라말 농민봉기와의 관련성을 중심으로」, 『진단학보』82집, 진단학회, 1996, p.41.

35) 조인성, 위의 논문, pp.40~45.

포교했던 진표의 활동 지역과 겹치고, 미륵과 석가의 경쟁담이 수용되어 있는 창세신화가 주로 한강 이북 지역의 무당들에게서 전승되는 무가이기 때문이다. 주지하듯이 궁예는 일찍이 승려였고, 스스로를 하생한 미륵불이라고 주장하면서 강론을 폈으며, 미륵관심법(彌勒觀心法)이라는 의식을 통치의 수단으로 삼았던 인물이다. 궁예는 자신의 치세가 미륵불이 하생한 용화세계(龍華世界)임을 내세우면서 미륵하생신앙에 기대고 있던 당대 백성들의 기대를 끌어 모았던 것이다.

이를 통해 우리는 미륵하생신앙이 신라 하대에 특히 성행하여 하층민들, 특히 옛 백제나 고구려 등지의 주변부 백성들에게 크게 지지를 얻었다는 사실을 확인할 수 있다. 미륵이 창조한 세상이 태평세였다는 <창세가>의 인식은 이런 신라 하대의 미륵신앙과 결코 무관치 않다고 생각한다. 나아가 진표와 그의 제자들이 활동했던 시대에, 무속이 크게 성행했던 함흥이나 평양 등지에서 포용성을 큰 특징으로 하는 무속신앙이 미륵하생신앙을 포용하여 '태평세의 창조자 미륵'이라는 형상을 무가 속에 창안했으리라는 추정을 충분히 해볼 수 있을 것이다.

하지만 문제는 여전히 남는다. 미륵하생신앙의 유행이 <창세가>에 표현되어 있는 미륵의 이미지는 설명할 수는 있지만 속임수로 인간세상을 차지하는 석가의 형상은 도저히 설명할 수는 없기 때문이다. 불교 내부에서는 어디에서도 사기꾼 이미지의 석가를 만나기 어려운 것이 사실이다. 그래서 창세신화 자료를 정리해 내면서 석가를 두고 김헌선은 "무가에서 본디 불교적 의미를 떠나 미륵과 대결하는 신격"[36)]이라고 주석을 달았는지도 모르겠다. 그러나 석가가 본래의 불교적 의미를 지니지 않은 것은 분명하지만 불교적 의미를 완전히 떠난 존재로 <창세가>에 등장한 것도

36) 김헌선, 앞의 책, p.239.

아니라는 점을 아울러 따져 볼 필요가 있다고 본다. 문제의 연원을 탐색하기 위해서는 먼저 미륵과 석가의 본향인 인도로 가서 불교 이전의 원시종교인 힌두교를 만나야 한다.

미륵과 석가에 대응되는 힌두신화의 신격으로 미트라와 바루나를 상정할 수 있다. 둘 가운데 바루나는 세계와 신들과 인간들을 지배하는 지상의 신으로 베다에 묘사되어 있다.[37] 그에 비해 "미트라는 베다에서 부차적으로 취급되고 있지만 평화적이며, 인정 있고, 법률가이며 사제로서의 성격을 구현한다는 측면에서, 바루나와 지배자로서의 속성을 공유하고 있다."[38] 이 바루나와 미트라의 관계가 힌두신화에서 단순하지 않고, 바루나에 비해 미트라의 역할이 미약한 것이 사실이지만 종교사가 엘리아데에 따르면 "종교적 활동과 사유에 있어 그(미트라-필자 주)의 중요성은 그와 대립적인 동시에 보완적인 바루나와 함께 기도의 대상이 될 때에 분명하게 드러난다. 미트라-바루나라고 하는 이항도식binôme은 이미 고대부터 신의 지배권을 나타내는 최고의 표현으로서 중요한 역할을 수행해 왔고, 훨씬 후대에 와서는 모든 형태의 대립적인 쌍, 또는 대립적인 동시에 보완적인 쌍을 지시하는 예시적 표현으로 사용되었다."[39]라고 한다.[40]

이런 힌두교의 미트라-바루나의 이항관계는 불교에서 미륵-석가의 이항관계로 재현된다. 불교는 힌두교(브라만교)에 대한 반발로 형성된 종교운동이지만 제도화되는 과정에서 다양한 이전의 전통적 신들이 불교적 맥락에서 재생되는데 미륵도 그런 경우이다. 미륵, 곧 산스크리트 어 마

---

37) 미르치아 엘리아데, 이용주 옮김, 『세계종교사상사1』, 이학사, 2005, p.306.

38) 엘리아데, 위의 책, p.312.

39) 엘리아데, 위의 책, p.312.

40) 미트라-바루나의 이항도식에 대해서는 이미 뒤메질이 그의 1948년에 출간한 저서 *Mitra-Varuna* (Georges Dumézil, *Mitra-Varuna*, New York: Zone Books, 1988.)에서 자세히 논의한 바 있다. 엘리아데는 뒤메질의 논의에 기대고 있다.

이트레야(Maitreya)는 미트라(Mitra)에서 온 말로 불교에서는 자비를 상징하여 자씨보살(慈氏菩薩)로 번역되기도 한 존재인데 미트라가 본래부터 지니고 있던 평화와 인정이라는 속성을 그대로 지닌 신이 된다. 석가모니의 경우 스스로 깨달은 존재(붓다)로 힌두교를 부정한 인물이어서 바루나의 재현이라고 바로 말하기는 어렵다. 그렇지만 후대 불교에서 비로자나불(毘盧舍那佛, Vairocana)에 대한 신앙이 생겨나는데 이 비로자나불은 바로 힌두교의 지상신인 바루나의 변형이다. 그리고 이 비로자나불은 석가모니불의 한 모습, 곧 법신불(法身佛)로 인식되었다. 석가모니를 바루나와 연관시켜 이해할 수 있는 단서가 여기에 있다. 이런 이유로 우리는 힌두교의 미트라-바루나 쌍이 불교의 미륵-석가로 재현되었다고 보는 것이다.

미트라-바루나의 이항관계가 애정·연민·협력·양해를 상징하는 미트라와 단죄·처벌·규정·엄격함을 상징하는 바루나로 이루어져 서로 대조되면서도 상보적인 국면을 보여 주고 있다면 미륵-석가의 이항관계는 불교에서 미래불과 현세불 사이의 대조와 상보로 나타난다. 다시 말하면 이들의 이항관계에는 대조와 대비, 그리고 상보적 균형은 나타나지만 선악의 대결 형식은 나타나지 않는다는 것이다. 이런 난제에 도전한 심재관은 그래서 석가모니에 관한 전승을 모아놓은 자따까[本生譚]를 뒤졌다. 그 결과 "자따까類에 등장하는 석가와 미륵의 관계는 그들이 함께 등장했던 과거생을 묘사하는 가운데 여러 형태로 나타나는데 주로 형과 동생, 군주와 백성, 도반(道伴), 부인과 남편 등의 관계"[41]로 다양하게 나타나기 때문에 미륵과 석가가 대립관계로 묘사되는 자료는 없지만 대결관계로 전환될 가능성이 있다고 보았다. 또 고대 이란신화와 인도신화에서 선악

41) 심재관, 앞의 논문, p.137.

을 상징하는 두 대립 신격들이 서로 역전된 것, 곧 이란신화의 아후라(ahura, 善)가 인도신화의 아수라(asura, 惡)로, 다이와(daiwa, 惡)가 데바(deva, 善)으로 역전되어 나타나는 사례를 통해 고대 이란종교와 고대 인도종교 집단 사이의 대립관계를 읽어낼 수 있으며 이를 통해 석가·미륵의 관계를 협력과 친연(親緣)관계로 놓았던 불교의 경우와 달리, 석가와 미륵의 관계를 갈등과 경쟁의 관계로 설정한 무속종교를 상정할 수 있다[42]는 다른 가능성도 타진한 바 있다.

이런 가능성과 관련하여 시사하는 바가 적지 않은 사례가 불교에는 없지만 힌두교에는 있다. 그것은 붓다 이후 힌두교에서 붓다를 비슈누의 화신으로 담론화한 이야기가 창안되었다는 사실이다. 인도학자 조지 미셸에 따르면 비슈누가 악마들을 속이기 위해 거짓된 형상으로 나타난 존재가 붓다인데 불교도들이 그것에 현혹되었다는 것이다. 말하자면 불도들은 허상을 믿고 따랐다는 것인데 이는 불교도들의 신앙에 흠집을 내기 위한 힌두교의 전략이었다는 것이다.[43] 이 같은 힌두교의 담론의 실재는, 불교 내부에서는 석가를 부정적인 존재로 폄하하는 담론이 생성될 수 없고 실제로도 없지만 불교와 대립적인 종교에서는 얼마든지 부정적인 석가의 형상이 창조될 수 있다는 가능성을 열어 주기에 충분하다. 그러나 가능성은 가능성이다. 가능성이 현실화되기 위해서는 어떤 조건이 필요하다. 이 조건이 충분하지 않았던 탓인지 인도 혹은 불교 내부에서는 미륵과 석가의 경쟁담이 생성되지 않았다. 그렇다면 부정적인 석가, 사기꾼 석가의 형상을 어디에서 찾아야 하는가?

이 의문을 풀기 위해서는 다른 경로를 고려해 볼 필요가 있다. 그것은 몽골을 경유하는 경로이다. 몽골이 적절한 해결의 경로가 될 수 있는 것

---

42) 심재관, 앞의 논문, p.146.

43) 조지 미셸, 심재관 옮김, 『힌두사원, 그 의미와 형태에 대한 입문서』, 대숲바람, 2010, p.48.

은 몽골 역시 불전불교의 영향 안에 있었을 뿐만 아니라 미륵과 석가의 경쟁담이 등장하는 자료와 불교 신격 이전의 신들의 창조와 경쟁의 서사가 존속되어 있는 자료들이 공존하기 때문이다.

태초에 이 세상에는 공기와 물 두 가지만 있었다. 하늘에 있던 오치르바니 보르항(금강불)이 한번은 아래를 바라보고 물 대신 대지를 만들었으면 좋겠다고 생각했다. 그러나 누군가 도와줄 친구가 필요했다. 그리하여 동무가 될 만한 친구를 찾아 헤매다가 차강 슈헤르트를 동무로 택했다. 그들은 물가까이 이르러 바다 한가운데 있는 큰 거북이 한 마리를 발견했다. 오치르바니가 차강 슈헤르트에게 말했다.

"네가 물밑으로 들어가 그놈을 물 위이로 끌고 와 거꾸로 뒤집어 놓으면 나는 그 녀석의 배 위에 앉아 있겠다. 그동안 너는 바다 밑으로 들어가 흙을 가져와라. 그러나 너는 늘 나를 생각하며 가거라. 그러면 모든 것이 생각한 대로 될 것이다."

차강 슈헤르트는 바다 밑바닥에 이르러 진흙탕에서 흙을 집으려고 했지만 그때마다 단단하고 이상한 물체에 부딪혔다. 그는 생각했다.

"내가 얻으려고 한 것이 아니다. 오치르바니가 가져오라고 한 것이다."

그 순간 한손 가득히 진흙이 쥐어졌다. 차강 슈헤르트가 가져온 흙을 거북 위에 놓자, 대지가 생겨났다. 둘은 그 위에 앉아 쉬다가 깜박 잠이 들었다. 그전까지 잠을 자거나 휴식한다는 것을 알지 못했다. 그때 숄마스가 땅위에 내려왔다. 그러나 두 사람이 누워 있는 곳 말고는 빈자리가 없었다. 숄마스는 둘을 잠자는 채로 대지와 함께 물속에 던져 버리려고 했지만 그 순간 물이 사라지고 말았다. 숄마스는 할 수 없이 오치르바니와 차강 슈헤르트를 대지의 끝으로 끌고 가서 물속에 던져 버리기 위해, 그들을 움켜쥐고 달렸다. 그러나 아무리 달려도 물은 보이지 않았다. 지친 숄마스는 결국 두 보르항을 벌판에 내팽개쳐 버렸다.

숄마스가 가고 난 뒤 오치르바니가 잠에서 깨어나 친구를 깨웠다.

"추트구르(유령)가 우리 둘을 물속에 처넣어 죽이려고 했는데, 대지가 우리를 구해 주었다."

둘은 생명을 구해 준 대지를 위해 생명체를 만들어 주기로 했다. 그렇게 하여 진흙으로 사람을 만들고, 생명을 넣어 줄 차례가 되었다. (중략)

그러고 나서 오치르바니가 차강 슈헤르트에게 말했다.

"이제 사람과 동물의 지도자가 필요하다. 그러나 너는 지도자가 될 자격이 없다."

그러자 차강 슈헤르트가 투덜거리며 대답했다.

"내가 없으면 너는 아무 일도 할 수 없어."

이윽고 둘 사이에 말다툼이 시작되고 결국 틀어잡고 싸우게 되었다. 둘 사이의 싸움이 끝나지 않자 오치르바니가 차강 슈헤르트에게 제안했다.

"자, 이러지 말고 우리 둘이서 그릇에 물을 붓고 누구의 그릇에서 꽃이 피어나는가를 보고, 그 쪽이 이 세상의 주인 노릇을 하도록 하자!"

사실 이렇게 둘 사이를 갈라놓고 분란을 일으킨 것은 추트구르였다. 그렇게 앉아 있는데, 오치르바니의 그릇에서 먼저 꽃이 피어났다. 한쪽 눈만 뜬 채 이 광경을 몰래 보고 있던 차강 슈헤르트는 오치르바니의 꽃을 자기 그릇에 몰래 옮겨 놓았다. 이 사실을 알게 된 오치르바니는 차강 슈헤르트에게 말했다.

"이 세상 사람들은 서로가 서로를 속이는 사기꾼, 거짓말쟁이가 될 것이다."

그리고 오치르바니는 하늘로 올라가버렸다.[44]

인용된 자료는 몽골의 구전신화인데 천지의 창조와 인간과 동물의 창조, 그리고 인세차지경쟁에 대해 이야기하고 있다. 물론 이 창세신화는

---

44) 체렌소드놈, 이평래 옮김, 『몽골민간신화』, 대원사, 2001, pp.30~33.

한반도의 <창세가> 유형의 창세신화와 창조과정에 거리가 있다. 그러나 이 자료에서 우리가 주목해야 할 부분은 두 창세신이 협력을 통해 세계를 만든 다음 그 세계의 주도권을 놓고 경쟁하는데 그 경쟁과정에 꽃피우기 내기와 같은 화소가 개입되어 있다는 대목이다.

그런데 이 몽골창세신화에 대한 센덴자빈 돌람의 논의가 대단히 흥미롭다. 그는 "알타이 우주 기원 신화에서는 최초의 창조자인 천신으로 윌겐(Ülgen)과 그의 협력자로 에를릭이 등장한다. 여기서 에를릭은 땅 밑 지하 세계의 주인이다. 이에 관한 할하의 이본에는 우주의 창조자인 오치르마니가, 땅 밑의 에를릭이 아니라 하늘 위에서 차간 슈쿠트라는 협력자를 선택하는 것으로 되어 있다."[45]라고 지적하고 있다. 할하, 곧 몽골의 이본에는 약간의 불교적 변이가 있다는 것이다. 체렌소드놈은 오치르바니가 금강불을 의미하고, 차간 슈헤르트가 티베트 불교의 도가르[흰 일산(日傘)]을 가진 자로 이해하고 있기 때문이다. 그러나 돌람은 오치르바니가 사실 몽골의 신화적 영웅인 우흐데이 메르겐이고, 차간 슈헤르트도 차간 숑고드, 곧 '잠수하는 흰 새'일 가능성이 있다고 말하고 있다. 요컨대 불교식 변형이 발생하고 있는 몽골의 창세신화의 본래 면모는 알타이 이본이 보여 주듯이 두 창조신이 함께 세계(대지와 인간)를 만들었지만 그 세계를 서로 차지하려고 싸우다가 내기를 통해 주도권을 결정한다는 것이다. 말하자면 오바야시 다료우 등의 일본 연구자들이 제기했던 평행창조신화의 본래 모습을 '윌겐-에를릭'이 등장하는 알타이 이본에서 찾을 수 있다는 것이다.

이런 맥락에서 본다면 사기꾼 석가의 기원을 반드시 불교적 맥락에서 찾을 필요가 없지 않을까 하는 생각이 든다. 오히려 알타이신화의 에를릭, 할하신화의 차간 슈헤르트와 같은 창조신이 <창세가>의 석가 이전의

45) 센덴자빈 돌람, 이평래 옮김,『몽골신화의 형상』, 태학사, pp.2007, pp.202~203.

창조신일 수 있지 않을까? 주지하듯이 제주도 창세신화의 미륵-석가에 해당하는 신격은 대별왕-소별왕 짝이다. 그런데 이들은 아버지 천지왕을 도와 해와 달을 활로 쏘아 하나씩만 남기고 떨어뜨리는 창조자의 역할을 수행한다. 그리고 미륵-석가처럼 인세차지경쟁을 벌인다. 몽골신화의 메르겐 역시 명사수이고 활로 거북을 쏘아 대지를 만들거나 해를 쏘아 조정하는 창조를 수행한다. 제주도 무속신화가 한반도 지역의 무속신화보다 더 오래된 모습을 지니고 있다고 한다면, 그리고 그 제주도신화가 알타이계통의 신화와 유사한 성격을 보여 주고 있다면 한반도 북부 지역의 미륵-석가에 의한 창세신화도 같은 맥락에서 이해해야 하는 것이 바람직하다고 생각한다. 따라서 <창세가>에 보이는 특징적인 화소인 '꽃피우기 경쟁' 역시, 일본 학자들이 추정했던 불교설화의 맥락을 반드시 고려할 필요는 없을 것이다. 꽃피우기를 창조신의 능력을 보여 주는 알타이계 신화의 일반적인 화소로 생각해 볼 필요도 있다는 뜻이다.

그러나 그렇다고 하더라도 기존의 창세신화의 신격들이 불교의 영향에 의해 불교의 신격들로 대체되었다고 하더라도 왜 석가가 악역을 담당하게 되었는가 하는 의문은 여전히 남는다. 이 문제는 아무래도 불교에 의한 무속의 주변화에서 풀 수밖에 없을 것이라고 생각한다. 『삼국유사』의 '신주(神呪)'편 등에 있는 몇 설화에서 확인할 수 있듯이 무속의 신들은 불교 앞에 굴복하고, 불교에 포섭된다. 그리고 그 과정에서 제의의 주도권을 상실한다. 신라 하대에 열렬히 수용되었던 미륵하생신앙을 포용하여 불교와의 화해를 꾀했다고 하더라도 주도권을 상실한 무당 집단의 불교에 대한 불신과 불만이 없지 않았을 것이다.[46] 이런 불만에서 비롯된

46) 이런 불만은 북한 지역 무가에 직접적으로 노출되어 있는데 북한 지역 바리데기 유형이 좋은 사례이다. 지금철 본 등을 보면 딸의 구약여행을 통해 되살아난 모친이 딸이 죽자 삼일제를 지내러 가는데 중간에 중이 나타나 제사음식을 가로채고는 재를 구경하러 절로

힌두교의 반불교 전략을 앞에서 이미 확인한 바 있다. 티베트의 경우도 7세기 송 깜뽀가 인도로부터 불교를 받아들인 이후 왕권을 둘러싸고 불교와 고유의 샤머니즘인 뵌뽀(bonpo) 사이에서 피를 흘리는 몇 차례의 권력투쟁이 있었고 최종적으로 불교가 승리한 이후 불교의 뵌뽀화와 뵌뽀의 불교화가 이루어지기는 했지만 그 과정에서 뵌뽀가 가졌을 상실감은 대단한 것이었고, 이를 염두에 둔다면 그들의 불교에 대한 불신은 상당했을 것이다. 이런 티베트의 불교가 청장고원 일대로 퍼져나갔고, 티베트 불교는 몽골제국이 형성된 후 몽골의 대표 종교가 된다. 인도, 티베트, 몽골, 신라에서 실재했던 무불 사이의 역사적 주도권 경쟁을 고려한다면 주도권을 상실한 무속 쪽의 불교에 대한 불신과 불만을 부정할 수 없을 것이다. 필자는 이 부정의식이 몽골과 한반도의 창세신화에 반영되어 불교의 영향 이후 기존 창세신화의 두 신을 불교의 신격으로 대체하면서 석가에게 악역을 부여했을 가능성이 높다고 본다.

그런데 여기서 더 살펴야 할 것은 몽골 창세신화와 한국 창세신화의 미륵-석가 경쟁담에 보이는 차이이다. 몽골 자료들에는 미륵이 창조한 최초의 세계가 낙원이라는 의식이 보이지 않고, 미륵의 피세(避世) 이후의 서사들도 보이지 않는다. 더구나 어떤 이본에는 미륵과 석가의 위치가 바뀌어 있어[47] 미륵과 석가의 불교적 구별의식도 희미하다. 다시 말하면 몽골의 이본들에는 미륵-석가 짝이 보여 주는 대조적이면서도 상보적 성격이 분명하지 않으며 상보성보다는 대립과 분리가 강조되어 있다는 것이다. 그에 비해 김쌍돌이 본 <창세가> 등은 대립하지만 대립하면서도 상보적인

오라고 하는데 모친은 절에 갔다가 오히려 3년 묵은 보리 그릇에 엎어져 죽거나, 뜨물통에 버린 찌꺼기를 긁어 먹다가 엎어져 죽는다. 중의 뜻을 추수했다고 비명횡사하는 모친의 모습 속에는 무속의 불교에 대한 강한 적대감이 반영되어 있다고 보지 않을 수 없다.

47) 체렌소드놈, 앞의 책, p.30.

성격을 미륵의 피세 이후의 서사를 통해 잘 보여 주고 있으며 미륵하생신앙 또한 깊이 침윤되어 있다. 이 점을 어떻게 이해해야 할 것인가?

여기서 우리가 참조할 만한 자료가 중국에서 조사된 이본이다.[48] 산시성에서 조사된 자료에 따르면 옥황상제가 지상을 다스릴 신으로 미륵을 점지했는데 석가여래가 이의를 제기하여 두 신이 화분에 꽃피우기 경쟁을 한다. 이 경쟁에서 화분의 자리를 바꿔치기한 석가가 이겨 지상의 지배권을 석가가 차지했지만 그래도 미륵은 1년 중 하루를 다스리게 되었는데 그날이 바로 설날이라는 것이다. 그래서 사람들은 정월 초하루에 두 신이 교체되는 것을 기념하면서 좋은 음식과 옷을 입고 즐겁게 보낸다는 것이다. 이 자료는 민간 도교의 서사로 변형되어 두 신이 옥황의 수하에 배치되어 있고, 또 동시에 설날유래담으로 서사의 초점이 달라져 있다. 하지만 흥미로운 부분은 내기에 진 미륵이 지상에서 완전히 배제되지 않고 하루를 차지하고 있다고 한 결말이다. 이 결말이 두 신격의 대립과 동시에 어울림을 잘 표현하고 있기 때문이다.

조르주 뒤메질이나 부르스 링컨은 창조신화를 특정 종류의 이데올로기와 연관시켜 해석한 바 있다. 신화는 인간의 지닌 무의식적 사유의 층위를 드러낼 뿐만 아니라 특정한 이데올로기를 표현하기도 한다. 뒤메질이 인도-유럽의 신화를 통해 밝혀낸 3기능 체계, 곧 사제-전사-농경(혹은 목축)의 신격들은 해당 사회의 사회적 계급에 상응한다. 이런 관점에서 보면 산시 성에서 조사된 이본에는 도가적 이데올로기가 강하게 표현되어 있다고 말할 수 있다. 옥황상제가 두 신들의 상위에 배치되어 있는 것이 그것을 잘 보여 주는데 중요한 것은 그것이 아니다. 중요한 대목은

---

48) 김인희, 「한·중 거인신화 비교 연구1-거인신화의 생성배경을 중심으로」, 『한국민속학』32집, 한국민속학회, 2000에 소개되어 있는 자료 참조.

내기의 승패에 따라 두 신이 지상의 치리를 나눈다는 사실이다. 이는 음양의 상생상극의 운동과정을 반영하고 표현하는 것이다. 마치 김쌍돌이 본 <창세가>에서 미륵의 재현이라고 할 만한 두 중이 육식을 거부하고 지상의 바위와 소나무로 변형되는 것과 같은 이치이다. 석가가 세상을 다스리지만 그 가운데 하루는 미륵의 날이라는 것, 다시 말하면 미륵에 대한 기대가 사라지지 않고 석가의 내부에 있는 외부로 존재한다는 것을 중국 자료가 보여 주고 있는 것이다.

우리가 김쌍돌이 본 <창세가>를 대립, 대결만이 아니라 음양의 상생상극, 다시 말해 맞섬과 어울림의 관점에서 보고, 해석해야 하는 이유가 여기에 있다. <창세가>에는 미륵과 석가 이전에 두 신의 세계창조와 대결, 그리고 분리의 전통이 남아 있다. 몽골 쪽의 이본들을 통해 그 점을 확인할 수 있다. 그러나 동시에 두 신이 미륵과 석가로 대체되면서 미륵하생신앙의 요소들이 강화된 것이 <창세가> 유형의 이본들이다. 미륵하생에 대한 기대만이 반영된 것이 아니라 본래 미륵-석가의 짝이 보여 주는 불교신화의 요소, 그 기원에 있는 미트라-바루나 짝이 보여 주는 힌두신화의 이항관계와도 상관 관계가 있는 것이 한반도 북부 지역에 전승되고 있는 창세신화들이다. 요컨대 음양의 상극만이 아니라 상생을 통해서도 한반도 북부지역의 <창세가> 유형을 해석해야 더 적절한 해석에 이를 수 있다는 것이다.[49)]

5. 맺음말을 대신하여: 미륵-석가에서 대별왕-소별왕으로

한국 창세신화는 이 세상을 사기꾼 석가가 다스리고 있다고 말한다. 세상에 만연한 거짓말과 속임수가 태초의 신에게서 비롯되었다고 말한다. 따라서 이 '더럽고 축축한' 세상을 다시 깨끗하고 고운 세상으로 되돌리려면, 마치 영화 <터미네이터>에서 미래가, 과거인 현재의 시간으로 돌아와 과거를 바꾸려고 하듯이, 태초의 시공을 되돌아가 다시 내기를 해야 한다. 그러나 신화는 태초의 내기를 되돌릴 수는 없다고 말한다. 그보다는 미래를 기다리라고 이야기한다. 그것이 바로 한국의 창세신화가 불교의 미륵하생신앙을 빌려와 그려낸 미래불 미륵의 모습이다.

그런데 미륵하생신앙이 말하는 미륵은 도솔천에 올라간 후 57억 7,000만 년 뒤에 출현하는 존재이다. 언제 올지 알 수 없는 신이다. 그래서 중생들은 그 미륵을 사모하여 돌로 형상을 새겨 모시는 것이다. 우리의 창세신화는 바로 이런 미륵의 모습을, 미륵이 세상을 떠난 뒤 세상을 장악한 석가의 무리 가운데 석가의 육식, 화식을 거부한 두 중의 형상 속에 숨겨 놓았다. 두 중이 바위로 변신했다고 이야기함으로써 미륵바위의 현존을 설명한다. 우리나라 도처에 존재하는 미륵바위 혹은 미륵할미바위는 창세신화를 통해 그 기원의 공급받고 있다. 석가의 세상을 살아가는 중생들은 석가를 거부한 미륵바위 앞에서 위안을 얻고 희망을 보는 것이다.

바다 건너 제주에 가면 대별왕과 소별왕이 있다. 천지왕의 아들인 두 쌍둥이 신은 미륵과 석가처럼 인간세상을 차지하기 위해 경쟁을 벌인다. 그런데 이들의 이야기에는 이름이 보여 주듯이 불교적 요소가 거의 보이지 않는다. '자면서 꽃피우기' 신화소가 나타나고, 속아서 진 대별왕의 경

---

49)

전승지역\ 비교항목	경쟁자	경쟁의 목적	경쟁의 방법	경쟁의 결과(승리자)	승패 이후
몽골	오치르바니보르항/차강슈헤르트(마이다르보르항/식그무니보르항)	인간세상차지	꽃피우기	차강슈헤르트	속이는 세상에 대한 예언, 승천
중국	미륵불/여래불	인간세상 차지	꽃피우기	여래불	미륵은 설날 하루, 여래불은 364일 차지. 여래불 때문에 세상에 도둑이 있음
일본(오키나와)	미륵/석가	인간세상 차지	꽃피우기	석가	미륵이 용궁으로 감. 석가 때문에 거짓말, 도둑, 가난이 생겨남
한국	미륵/석가	인간세상 차지	-금은병 드리우기 -강물 얼리기 -자면서 꽃피우기	석가	미륵의 말세에 대한 예언과 잠적 석가의 무리 가운데 두 중이 육식을 거부하고 바위, 소나무로 변신

고, 즉 아우가 다스리는 인간세상에는 살인, 역적과 도둑이 많고, 불륜이 많으리라는 경고를 주지만 화식(火食)을 하는 석가, 바위로 변신하는 중 등의 화소는 보이지 않는다. 그 대신 대별왕과 소별왕이 각각 저승과 이승을 차지한다. 경쟁에서 패배한 대별왕이 승천하거나 실종되는 것이 아니라 저승의 지배권을 차지한다.

그런데 미륵-석가의 창세신화와 대별왕-소별왕의 창세신화를 비교해 보면 흥미로운 변형관계와 역설적 서사구조를 발견할 수 있다. <창세가>에서 미륵과 석가는 경쟁하여 승패를 나눈다. 미륵은 천지와 인간을 창조한 신이었지만 창조에 별 공(功)이 없는 석가에게 패한다. 석가는 첫 번째 창조 작업에서 주도권을 갖지 못한 신이었지만 인세차지 경쟁에서는 승리한다. 그러나 사태가 그것으로 종료된 것은 아니었다. 석가가 차지한 세상에서 석가를 따르는 무리 가운데 두 사람이 석가를 부정한다. 마치 미륵이 창조한 태평한 세계를 부정하고 석가가 나선 것처럼 두 중이 석가를 부정하고 성인이 되겠다고 나선다. 이 관계를 표로 정리해 보면 다음과 같다.

	창세(太平世)	인세차지 경쟁	경쟁 이후(末世)
미륵	+	-	-(+)
석가	-	+	+(-)

표가 분명하게 드러내듯이 창조자 미륵이 인세차지 경쟁에서 진다는 것은 분명 역설이다. 그는 천지를 개벽하고, 여름에 강물을 얼게 하고, 자면서 꽃을 피울 수 있는 능력을 지닌 창조자인데 석가의 속임수에 진다. 이런 결과는 자연의 이치와 어긋난 것, 아니 넘어선 것이다. 그래서 역설이다. 그러나 이 역설 안에 <창세가> 유형의 창세신화가 말하는 진

리가 숨어 있다. 그것은 속임수와 도둑질이 만연해 있는 현실을 설명하는 방법인 동시에 그런 현실 안에, 미륵이 창조한 태초의 시공, 곧 태평세가 이미 존재한다는 이야기이다. 다시 말하면 미륵 안에 석가가 있었듯이 석가 안에 미륵이 있다는 것이다. 이것이야말로 <창세가>가 이야기하는 역설이다.

이 한반도 북부 지역 창세신화의 역설적 서사구조가 제주도 창세신화에서는 다른 형식으로 변형된다. 같은 방식으로 두 대립항의 관계를 정리해 보면 다음과 같다.

	창세(일월조정)	인세차지 경쟁	경쟁 이후
대별왕	+	-	-(+)
소별왕	+	+	+(-)

제주도 창세신화에는 창세신에 의한 천지개벽이 두드러지게 나타나지 않는다. 천지왕(또는 옥황상제)이라는 최고신이 등장하기는 하지만 그의 창조행위는 보이지 않는다. 창조는 저절로 일어난다. 자시(子時)에 하늘이 열리고 축시(丑時)에 땅이 열리고 인시(寅時)에 사람이 생성된다는 이른바 자화론적 우주관에 따라 창조가 이뤄진다. 이렇게 이뤄진 우주에 해와 달이 둘이어서 인간의 삶이 곤고한데 이를 해결하기 위해 등장하는 존재가 대별왕·소별왕 형제이고, 둘은 함께 일월을 활로 쏘아 떨어뜨린다. 따라서 일월조정과정에 두 신은 대립하지 않는다. 이 점이 제주도신화의 다른 점이다.

경쟁 이후 두 신이 수행하는 역할에도 차이가 있다. 기호상으로는 음 안에 양이, 양 안에 음이 있는 동일 형식을 보이고 있지만 <창세가>에서 미륵은 분명하지 않은 장소로 떠나버리고 그 자리를 두 중, 곧 바위들이 대신한다. 미륵하생신앙의 관점이나 이 유형의 더 고형을 간직한 몽골신화의 관점에서 보면 미륵은 승천한 것이겠지만 <창세가> 내부에는 특정 공간이 제시되어 있지 않다. 그보다 <창세가>에서 더 강조하고 있는 것은 **시간**이다. 미륵의 태평세와 석가의 말세는 시간적 선후 관계를 지닌다. 그런데 <천지왕본풀이> 유형의 제주신화에서 대별왕과 소별왕은 저승과 이승을 각각 차지한다. 대별왕은 미래를 기약하며 지상을 떠나는 것이 아니라 저승으로 간다. 둘이 쌍둥이 형제이듯이 이승과 저승은 동시성을 지닌 쌍둥이 공간이다. 이처럼 제주의 창세신화는 시간보다는 **공간**에 주목한다.

이런 차이에도 불구하고 제주 창세신화에서도 역설은 반복된다. 대별왕의 발언에 따르면 패배자가 차지한 저승이 오히려 '밝고 청랑한 법'이 지배하는 공간이다. 이런 의미에서 대별왕이 다스리는 저승은 미륵이 창조한 태평세와 의미상 유사하다. 태평세는 지나간 시간이지만 저승은 같은 시간 안에 있는 다른 공간이다. 태평세는 지나간 시간이지만 석가를 거부한 두 중이 바위로 존재하는 한 이곳에 있는 시간이다. 그런 점에서 태평세는 저승과 이웃관계에 있다. 달리 말하면 양자는 환유관계라고 할 수 있을 것이다. 이런 식으로 대별왕-소별왕은 미륵-석가와 변형관계를 지닌다. 석가의 세상에서 석가를 거부한 두 중의 삶, 소별왕이 다스리는 이승의 곁에서 밝고 청랑한 법을 실현하는 대별왕, 이런 역설적 서사구조가 한국 무속신화 전반에 아로새겨져 있다.

참고문헌

강소전, 「<천지왕본풀이>의 의례적 기능과 신화적 의미」, 『耽羅文化』32호, 제주대 탐라문화연구소, 2008.

경전연구모임 엮음, 『미륵상생경·미륵하생경·미륵대성불경』, 불교시대사, 1991.

곽승훈, 「신라 해대 후기 미륵하생신앙의 성행과 그 의의」, 『한국사상사학』15집, 한국사상사학회, 2000.

김규현, 『티베트 역사산책』, 정신세계사, 2003.

김인희, 「한·중 거인신화 비교 연구1-거인신화의 생성배경을 중심으로」, 『한국민속학』32집, 한국민속학회, 2000.

김진영·홍태한 편, 『바리공주전집1』, 민속원, 1997.

김헌선, 「한국과 유구의 창세신화 비교연구-미륵과 석가의 대결 신화소를 중심으로」, 『고전문학연구』21집, 한국고전문학회, 2002.

김헌선, 『한국의 창세신화』, 길벗, 1994.

서대석, 「창세시조신화의 의미와 변이」, 『구비문학』4, 한국정신문화연구원 어문학연구실, 1980.

손진태, 『朝鮮神歌遺篇』, 동경: 향토문화사, 1930.

심재관, 「석가·미륵 투쟁신화와 힌두신화의 한 유형-비교론적 관점에서-」, 『비교민속학』33집, 2007.

오세정,「<창세가>의 원형적 상상력의 구조와 의미체계」, 『구비문학연구』20집, 한국구비문학회, 2005.

오세정, 「한국 창세신화의 전통과 의미체계-<창세가><대홍수와 목도령><대홍수와 남매>를 대상으로」, 『한국문학이론과 비평』39집, 한국문학이론과 비평학회, 2006.

조인성, 「미륵신앙과 신라사회-진표의 미륵신앙과 신라말 농민봉기와의 관련성을 중심으로」, 『진단학보』82집, 진단학회, 1996.

조현설, 『우리 신화의 수수께끼』, 한겨레출판, 2006.
미르치아 엘리아데, 이용주 옮김, 『세계종교사상사 1』, 이학사, 2005.
미르치아 엘리아데, 최종성·김재현 옮김, 『세계종교사상사 2』, 이학사, 2005.
비네이 랄, 박지숙 역, 『힌두교』, 김영사, 2005.
질베르 뒤랑, 진형준 옮김, 『상상력의 과학과 철학』, 살림, 1997.
센덴자빈 돌람, 이평래 옮김, 『몽골신화의 형상』, 태학사, 2007.
체렌소드놈, 이평래 옮김, 『몽골민간신화』, 대원사, 2001.
조지 미셸, 심재관 옮김, 『힌두사원, 그 의미와 형태에 대한 입문서』, 대숲바람, 2010.
최완수, 『한국 불상의 원류를 찾아서 1』, 대원사, 2002.
최완수, 『한국 불상의 원류를 찾아서 2』, 대원사, 2007.
최준식, 『무교: 권력에 밀린 한국인의 근본신앙』, 모시는사람들, 2009.
依田千百子, 「神タの競爭-朝鮮の創世神話とその構造」, 『東アジアの創世神話』, 弘文堂, 1989.
大林太良, 「ミルクポトケとサクポトケ」, 『伊波普猷全集 月報 9』, 東京: 平凡社, 1975.
田畑博子, 「ミクロ信仰, 沖縄と韓國のミクロ說話の比較硏究」, 『沖縄文化硏究 29』, 法政大學 沖縄文化硏究所, 2003.
石上善應, 「6-7세기 東亞細亞에 있어서 彌勒菩薩信仰의 동향-그 배경을 이루는 미륵경전의 원류」, 『마한·백제문화』16집, 원광대 마한백제문화연구소, 2004.
Burce Rincorn, *DEATH, WAR, AND SACRIFICE*, Chicago:The Univ. of Chicago Press, 1991.
Georges Dumézil, *Mitra-Varuna*, New York: Zone Books, 1988.
Lévi-strauss, 임봉길 옮김, 『신화학 1 날것과 익힌 것』, 한길사, 2005.
Lévi-strauss, 임봉길 옮김, 『신화학 2 꿀에서 재까지』, 한길사, 2008.
R.A. 슈타인, 안성두 옮김, 『티벳의 문화』, 무우수, 2004.

일본

오키나와 미륵·석가 경쟁담의 실제

정진희(아주대)

1. 머리말

일본 가고시마(鹿児島) 현의 요론도(與論島)[1]에는 다음과 같은 설화가 전승된다.

옛날, 미로쿠 호토케와 샤카 호토케가 세상을 차지하려는 싸움을 일으켜 어느 쪽도 양보하려 하지 않았다. 미로쿠 호토케가 말했다.

"잘 때 베개맡에 꽃병을 두고, 꽃병에 꽃이 빨리 피는 쪽이 세상을 차지하면 어떤가?"

그러기로 하고 두 사람은 각각 꽃병을 머리맡에 두고 잠이 들었다. 밤중에 샤카 호토케가 눈을 떠 보니, 자기 꽃병에는 아직 꽃이 피지 않았는데 미로쿠 호토케의 꽃병에는 꽃이 아름답게 피어 있었다. 샤카 호토케는 몰래

1) 요론도는 아마미 제도를 구성하는 섬 중의 하나로, 류큐·오키나와 문화권에 속한다.

자신의 꽃병을 미로쿠 호토케의 꽃병과 바꾸었다. 약속대로, 이 세상은 당당히 샤카의 세상이 되었다.

샤카 호토케에게 세상을 빼앗긴 미로쿠 호토케는 별 수 없이 인류와 금수, 곤충 등에 이르는 모든 것들에게 눈을 감으라고 하여 불씨를 숨기고, 용궁으로 가버렸다. 불이 없어져서 곤란해진 샤카 호토케는 인류, 금수, 곤충 등 살아있는 모든 것들을 모아놓고 미루쿠 호토케가 불씨를 숨긴 곳을 물었다. 모두들 모른다고 하는데 메뚜기가 앞으로 나왔다.

"제가 알고 있습니다."

샤카 호토케는 어서 말해 달라고 부탁했다.

"나는 날개로 눈을 가리고 있었지만, 내 진짜 눈은 겨드랑이에 있지요. 그래서 미로쿠 호토케가 돌과 나무에 불씨를 숨기는 것을 보았습니다."

샤카 호토케는 매우 기뻐하였다. 나무와 나무를 비벼서 불씨를 얻고, 돌과 돌을 부딪쳐서 불씨를 얻을 수 있게 된 것이다. 샤카 호토케는 메뚜기에게 말했다.

"잘 보았구나. 그 상으로 하나 일러두마. 네가 죽을 때에는 땅 위에서 죽어 개미 따위에게 먹히지 말거라. 나뭇가지, 풀잎 위에서 죽으렴."

이 세상에서 거짓말을 하거나 가난하거나 도둑질을 하는 사람이 나오는 것은 샤카 호토케가 미로쿠 호토케의 아름다운 꽃병을 훔쳐서 자신의 것으로 삼았기 때문이라고 한다. 한편, 미로쿠 호토케는 정직했기에 즐겁게 살았다고 한다.(『대계』 117-118면)

'미로쿠 호토케'와 '샤카 호토케', 즉 '미륵불'과 '석가불'이 누가 세상을 차지할 것인가를 두고 꽃피우기 내기를 하고, 석가불이 부정한 방법으로 내기에 이겨 절도나 가난 등 이 세상의 문제가 끊이지 않게 되었다는 위의 이야기는 한국의 신화 연구자들에게는 매우 낯이 익은 것이다. 미륵이 숨긴 불씨가 어떻게 다시 이 세상에 출현하게 되었는가를 밝히는 부분까지 포함하여, 이 이야기는 한국의 무속 창세신화에 나오는 미륵과 석가의 인세차지 경쟁담과 매우 닮아 있다.

야마시타 킨이치(山下欣一)는 일찍이 이 설화 유형을 '세상 차지 경쟁담(世を争う話)'이라 명명하고, 이것이 아마미 제도 키카이지마에서 미야코지마에 이르기까지 오키나와 지역에서 폭넓은 전승 분포를 보인다고 지적한 바 있다. 야마시타는 이 설화 유형이 불의 기원과 같은 창조신화적 요소가 있으며 특히 미야코지마의 자료는 창세신화적 요소가 농후하다고 보고, 이와 유사한 한국 무속신화와의 비교를 통해 한국과 류큐의 문화적 관련 양상 및 불교적 색채를 해명해야 할 향후의 연구 과제를 제시하였다.[2] 이후 이 설화 유형을 대상으로 한 요다 치호코(依田千百子), 김헌선 등의 연구는 야마시타의 선행 연구의 틀 안에서 이루어졌다고 볼 수 있을 것이다. 설화 유형은 '꽃피우기' 화소를 중심으로 하는 미륵과 석가의 경쟁담으로 특징지어졌고, 이 경쟁담의 창세신화적 요소가 천착의 대상이 되었다. 특히 요다는 이 유형은 '토착적인 2대신의 평행창조에 의한 우주 영역의 쟁탈'이라는 토착 전승이 특정 시기 불교의 영향을 받아 형성되었을 가능성이 높다고 봄으로써, 이 설화의 창세신화적 연원을 가정하였다.[3] 미륵과 석가의 대결을 '평행 창조' 신화소의 변천 양상으로 보는 시각은 김헌선에서 반복되면서, 미륵과 석가의 대결 신화소가 무속신화에 투입된 구체적 시기를 추론하는 데에까지 이르게 된다.[4] 애초에 미륵과 석가의 경쟁담을 '평행창조신화'라는 맥락에서 언급한 것[5]은 오바

---

2) 山下欣一, 「巫歌をめぐる問題」, 『東北アジア民族説話の比較研究』, 臼田甚五郎・崔仁鶴 編, 桜楓社, 1980.

3) 依田千百子, 「神神の競争」, 『東アジアの創世神話』,君島久子 編, 弘文堂, 1989.

4) 김헌선, 「韓國과 琉球의 創世神話 比較 硏究-彌勒과 釋迦의 對決 神話素를 중심으로」, 『고전문학연구』21, 2002, pp.297~302.

5) 大林太良, 「ミルクポトケとサクポトケ」, 『伊波普猷全集』月報9, 平凡社, 1975, p.3.

야시 다료였던 바, 오키나와의 미륵·석가 경쟁담에 대한 연구는 야마시타 킨이치와 오바야시 다료가 구축한 논의의 틀과 해석의 시각 안에서 변주되어 왔다고 할 수 있다.

이러한 설화 연구와는 별개로, 오키나와의 민속 의례와 예능에 등장하는 '미루쿠'에 대한 일련의 논의가 진행되어 오기도 했다. 오키나와의 미륵·석가 경쟁담의 주인공인 '미루쿠'는 오키나와 민간의 의례 및 전통 예능에 종종 등장하는, 커다란 '미루쿠 가면'이 특징적인 가면 의례 및 예능의 캐릭터이다. 그간의 연구는 설화의 '미루쿠'와 이러한 의례 및 예능의 '미루쿠'가 어떤 상관 관계에 놓여 있는지를 살피는 논의가 미미했음은 물론이고, 오키나와 지역의 미륵·석가 경쟁담의 실제적 면모를 상세히 드러내는 데 소홀했던 것으로 판단된다. 예컨대 야마시타의 연구에서는 야에야마 지역의 미륵·석가 경쟁담이 분석의 대상에서 제외되어 있고, 오키나와 지역은 문화권별로 언어와 문화가 상당히 다른 모습을 보임에도 불구하고 그러한 관점에서의 논의가 충분히 이루어지지 못했다.

따라서 본 발표는, 오키나와의 미륵·석가 경쟁담의 내적 구조나 논리, 여타 지역의 유사 설화들과의 비교에 천착하는 선행 연구와 논의의 시각을 달리하여, 미륵과 석가의 경쟁담이 '오키나와'라는 현실 속에서 어떤 모습으로 존재하는가에 주목하고자 한다. 현재 채록되어 있는 미륵·석가 경쟁담의 실제 양상을 문화권별로 확인하고, 그것이 오키나와의 미루쿠 신앙 및 의례, 예능과는 어떤 관련이 있는지를 살핀 다음, 오키나와의 미륵·석가 경쟁담을 구성하는 화소들의 설화적 위상과 의미를 '오키나와'라는 문화적 맥락 위에서 가늠해 보고자 한다. 미륵·석가 경쟁담을 오키나와라는 문맥 위에서 구체적으로 읽어내는 일은, 향후 비교 연구를 위한 기초적 작업이 될 수 있을 것이기 때문이다.

2. 문화권별 전승 현황과 특징

이른바 '류큐호'를 이루는 섬들은 크게 네 문화권으로 나뉜다. 현재는 가고시마 현에 속해 있으나 한때 류큐 왕국의 일부로 편입되었던 아마미 제도, 류큐 왕조의 수도였던 슈리가 위치한 오키나와 본섬과 주변 이도, 사키시마(先島)로 총칭되는 미야코 제도와 야에야마 제도가 그것이다. 현재 확인할 수 있는 채록 자료를 대상으로 살펴보면[6] 미륵과 석가의 경쟁담 역시 문화권별로 특징적 양상을 보인다고 판단되므로, 여기에서는 각 문화권에서 미륵과 석가의 경쟁담이 전승되는 실제적 양상을 확인하기로 한다.

(1) 설화 자료의 실제

1) 아마미 제도

아마미 제도의 미륵·석가 경쟁담으로 널리 알려져 있는 것은 서두에서 살핀 요론도 전승 자료와 같은 유형이다. 꽃피우기를 통한 미륵과 석가의 인세차지 경쟁, 미륵의 불씨 은폐와 곤충의 도움에 의한 석가의 불씨 찾기 등을 주요 사건으로 하는 이와 같은 설화 유형은 아마미오오시마에서도 발견된다고 보고된 바 있다.[7]

흥미로운 것은, 아마미 제도의 전승 자료 중에는 '꽃피우기' 화소의 경쟁 주체가 미륵과 석가가 아닌 다른 인물인 사례가 보인다는 것이다.

---

6) 여기에서 일차적인 자료로 살핀 것은 稲田浩二·小澤俊夫 編, 『日本昔話通觀』26, 同朋舍, 1983 및 遠藤庄治·福田晃·山下欣一, 『日本傳說大系-南島』, みずうみ書房, 1989이다. 이 글에서는 전자는 『통관』, 후자는 『대계』로 약한다.

7) 山下欣一, 앞의 책, p.167.

옛날, 세상이 시작될 때 어떤 신이 아마테라스 오오미가미 및 많은 신들과 함께 벌레를 만들고 물고기를 만들고 해서 점차 세상을 만들어 갔다. 인간을 만들어야겠다고 생각해서 점토로 인형을 많이 만들어 마당에서 말리고 있었다. 그런데 돌연 소나기가 내렸기에 서둘러 틀에 넣어 정리해야 하게 생겨서, 발을 구부리거나 팔을 꺾거나 해서 겨우 인형을 정리할 수 있었다. 그렇게 해서 인간이 생기긴 했지만, 누가 이들을 다스릴 것인가 하는 문제가 생겼다. 마른 나무를 꺾어와 그 나무에 꽃을 피우는 이가 다스리기로 했다. 아마테라스 오오미가미는 당연히 꽃이 자신의 가지에 필 거라고 생각해서 자버렸다. 그랬더니 옆에서 자던 신이 꽃을 바꿔 버렸다. 다음날 아침 꽃을 바꾼 신이 말했다.

"자, 내 나무에 꽃이 피었으니 내 세상이다."

아마테라스 오오미가미는 대답했다.

"세상이 네 것임은 인정하지만, 그 대신 세상이 존재하는 한 도둑의 종자는 사라지지 않을 것이다."

그래서 지금까지도 세상에 도둑이 끊이지 않게 되어 버렸다. (아마테라스는) 보리와 벼, 조에서 이삭 끝만 남기고 모든 열매를 훑어내 버렸다. 그래서 지금도 이삭 끝에만 열매가 맺히게 된 것이다. 그러나 콩을 훑어낼 때에는 손이 아파서 내던져 버렸기 때문에 콩만은 열매가 잘 맺히게 되었다. 또 같은 인간 중에도 불구가 생기게 된 것도, 갑자기 비가 와서 인간을 정리할 때 다리를 구부린다거나 손을 꺾는다거나 했기 때문에 그런 것이다.(『대계』, 56-57쪽.)

여기에서 꽃피우기 내기를 통한 인세차지 경쟁의 주체는 '아마테라스'와 이름이 분명하지 않는 어떤 신이다. 속임수로 경쟁에서 이겼다는 점, 속임수 때문에 세상에 문제가 이어지게 되었다는 점, 인세차지 경쟁에서

진 신격이 인세에 해코지를 한다는 점(불씨 감추기, 이삭 훑어버리기) 등 요론도 및 아마미오오시마의 미륵·석가 경쟁담과 유사한 삽화로 구성된 이야기인데, 경쟁 주체 중의 하나가 일본 기기신화(記紀神話)의 주요 신격인 '아마테라스'로 나타난다는 것이 주목된다.

아마미 제도의 전승 자료 중에는 꽃피우기 경쟁의 주체가 미륵과 석가가 아닌 다른 존재임은 물론, 경쟁의 결과가 '일월조정', 즉 해와 달의 자리 정하기와 관련되는 다음과 같은 각편도 있다.

> 낮에 나오는 해는 원래는 밤의 달이었고, 밤의 달은 원래 낮의 해였다.
>
> 어느 날 두 사람이 자는데, 오늘밤 누구든 배 위에 사카나로 꽃을 피우는 쪽이 낮의 해가 되고, 피우지 못하는 쪽이 밤의 달이 되기로 약속을 했다. 그런데 사카나로 꽃은 달의 배에 피었다. 이것을 본 해는 자기가 낮의 해가 되고 싶어서 살짝 자기 배에 꽃을 바꿔 심었다. 그래서 해는 낮에, 달은 밤에 나오게 된 것이다.
>
> 달은 얼마든지 바로 볼 수 있지만, 해는 정면으로 볼 수 없다. 해는 해서는 안 되는 일을 저질렀기 때문이다.(『대계』)

여기에서 꽃피우기 경쟁은 누가 낮에 뜰 것인가를 두고 해와 달 사이에서 일어난다. 낮에 뜬다는 것은 낮을 차지한다는 것이고, 밤에 대비되는 낮의 특성을 고려할 때 이는 다른 두 유형에서의 '인세차지'와 같은 맥락에 있다고 할 수 있다. 요컨대 이 각편에서 해와 달은 인세차지 여부를 두고 꽃피우기 경쟁을 했다고 할 수 있다. 경쟁의 과정과 결과 역시 위의 두 각편과 유사하다. 해는 달의 배에 핀 꽃을 자기 배에 바꿔 심어 경쟁에서 이기지만, 부정한 방법을 써서 이겼기 때문에 결국 정면으로 볼 수도 없게 되었다. 경쟁에서 이긴 자의 부정—꽃을 바꿔심음—이 현재의 부정적 상황—볼 수 '없음'—을 초래했다고 하는 것은, 현세의 부정적 면모를 부정한 방법으로 이긴 자의 잘못에서 찾는 위의 두 각편과 공통적 면모라 하겠다.

이렇듯 요론도와 아마미오오시마에서 채록된 미륵과 석가의 경쟁담과 유사한 삽화와 구성을 지니는 다른 두 자료를 함께 놓고 보면, 이 설화 유형을 '미륵과 석가의 경쟁담'으로 규정하는 것은 적절치 않아 보인다. 아마미 제도 지역에서 이 설화 유형의 공통점은 꽃피우기를 통한 짝패의 인세차지 경쟁, 부정한 방법을 쓴 자의 승리, 승리자의 부정으로 인한 인세의 문제적 상황으로 이어지는 서사적 삽화 구성에 있으며, '미륵과 석가'는 여러 가지로 변주되는 경쟁 짝패의 한 양상일 뿐 고정적이고 불변적인 요소는 아닌 것으로 판단되기 때문이다.

아마미 제도에서 전승되는 이 유형 설화의 특징적 면모는 그것이 '꽃피우기를 통한 인세차지 경쟁담'으로서의 성격을 지닌다는 것이다. 이 유형 설화들의 각편에 세상의 기원, 인류의 기원, 불의 기원, 일월 배치의 기원 등 창세신화적 화소가 결부되어 있다는 사실을 함께 고려하면, 이 설화 유형은 아마미 제도에서 전승되는 일련의 창세신화군의 하나로 이해될 수 있을 것이다. '꽃피우기를 통한 인세차지 경쟁담'이라는 창세신화에서 그 경쟁의 짝패로 미륵과 석가가 등장하는 경우가 보인다는 것이, 아마미 제도에서 전승되는 미륵·석가 경쟁담의 실제에 가까워 보인다.

2) 오키나와 본도

오키나와 본도에서 전승되는 미륵과 석가의 경쟁담으로 대표적인 것은 '미루쿠와 사카의 토지 나누기'라는 제목으로 분류된 바 있는[8)] 다음과

---

8) 『통관』 제373화 참조.

같은 이야기이다.

> 미루쿠와 사-카가 토지 경쟁을 했다. 욕심 많은 사-카가 '보이는 곳은 모두 내 것이다'라고 하자 '미루쿠'는 '보이지 않는 곳은 내 것이다'라고 했다. 태풍이 불어 사-카의 토지가 모두 바람에 날아가 버렸지만, 보이지 않는 곳은 날아가지 않았다. 좋은 토지는 미루쿠 것이 되었다. (『통관』, 679쪽.)

석가, 즉 사-카가 '보이는 곳'을 먼저 차지하고 미륵, 즉 미루쿠가 '보이지 않는 곳'을 나중에 차지했지만, 결국 미루쿠가 차지한 곳이 좋은 토지였다는 내용의 이야기이다. 다른 각편들을 참고하면 '보이는 곳'이란 산이나 구릉, 숲 등의 고지대를, '보이지 않는 곳'이란 높은 곳에서는 나무 등에 가려 보이지 않는 평야 지대를 가리킨다. 요컨대 좋은 토지란, 다음의 예에서 보듯 농사가 잘되는 풍요로운 땅이라는 뜻이다. 아래의 자료는 농작물의 풍요를 뜻하는 '미루쿠유가후'가 이 이야기에서 비롯된 말임을 명확하게 제시하고 있다.

> 세상의 처음, 미루쿠라는 아이와 사-카라는 아이가 토지를 나누게 되었다. 사-카의 토지보다 미루쿠의 토지가 농작물이 잘되었다. '미루쿠유가후'라는 말은 이 이야기에서 나온 것이다.(『대계』, 119쪽.)

풍요로운 땅 '보이지 않는 곳'을 차지한 미루쿠와 그와 상반되는 '보이는 곳'을 차지한 사카의 대립은 미루쿠의 풍요를 질투하는 사카의 행위로 이어지기도 한다. 사카가 쥐를 풀어 미루쿠 땅의 작물을 먹어버리게 하는 것이다. 하지만 사카의 이런 시도는 미루쿠가 고양이를 풀어 쥐를 잡아먹게 함으로써 무위로 돌아간다.

미루쿠는 성실하고 욕심이 없었는데, 사-카는 나쁜 지혜가 있고 욕심쟁이였다. 사-카가 '보이는 토지는 모두 내 것이다'라고 하자, 미루쿠는 '그렇다면 나는 두 번째로 고르지. 보이지 않는 토지는 모두 내 것이다'라고 말했다. 산과 고원은 사-카, 평지는 미루쿠의 것이 되었다. 미루쿠의 토지는 경작할 수 있었지만, 사-카의 토지는 황무지라서 경작할 수 없었기에 사-카는 쥐를 시켜 미루쿠의 작물을 먹어버리게 했다. 미루쿠는 고양이를 시켜 쥐를 퇴치했기에 고양이는 쥐를 먹게 되었고 쥐는 죽어도 고양이가 오는지 보기 위해 눈을 감을 수 없게 되었다. 고양이는 살아 있을 때부터 쥐를 발견하기 위해 잘 때에도 높은 곳에서 자고, 죽은 후에도 쥐가 잘 보이는 소나무 가지 같은 높은 곳에 목을 묶어둔다.(『통관』, 679쪽.)

미루쿠의 풍요에 대한 사카의 질투와 방해는 사카가 불씨를 감추어버리는 행위로도 나타난다. 아마미 지역의 미륵·석가 경쟁담에서 불씨 감추기가 미륵에 의해 이루어졌던 것과는 대조적이다. 오키나와 본도 지역의 미륵·석가 경쟁담에서 사카에 의한 불씨 감추기는 사카가 쥐를 풀어놓는 것과 같은 의미를 지닌다.

사-카는 욕심이 많아서 보이는 곳은 전부 자신의 토지라고 높은 곳까지 가지고, 미루쿠는 보이지 않는 곳은 자신의 것이라고 낮은 토지까지 가졌기에, 미루쿠는 풍요롭게 되어 미루쿠世果報라고 말해지게 되었다. 그러자 사-카는 미루쿠를 시샘하여 불을 훔쳐 도망가버려 미루쿠는 매우 곤란해졌다. 사-카는 곤충 전부에게 눈을 감으라고 했지만 마-제-(메뚜기의 일종)는 날개 아래 눈이 붙어 있었기에 사-카가 불을 숨긴 곳을 보고 있어서 그것을 미루쿠에게 가르쳐 주었다.(『대계』, 120쪽.)

미루쿠의 땅은 풍요로운 땅이고 사카의 땅은 불모의 땅이라는 대립적 인식은, 바다 저 멀리에 '풍요로운 미루쿠의 섬'이 존재한다는 다음과 같은 각편으로 구체화되는 경우가 예외적으로 발견된다.

> 부지런한 미루쿠가 여유롭게 되자 그것을 질투한 게으름뱅이 사카신이 동물에게 눈을 감게 하고 불을 숨겼다. 그때에는 동물이 말을 할 수 있었기에, 미루쿠가 동물들에게 묻자 겨드랑이 아래 눈이 있는 매미와 메뚜기가 불은 나무와 돌에 숨겼다고 대답했다. 그래서 미루쿠가 돌을 맞부딪치자 불이 나왔는데 작았기에, 나무로 막대를 만들어 비벼서 불을 끄집어내었다. 미루쿠는 사카에게 골탕만 먹었기에 배에 금과 보리를 싣고 먼 섬으로 피신 가서 그 섬에서 또 번영했다. 그것을 듣고 사카 섬의 사람이 미루쿠 시마에 모습을 보러 갔는데, 백성이 밭의 경계를 '남의 밭을 한 평 뺏으면 열 평 손해, 돈 십 관을 취하면 천 관 손해라고 미루쿠 님에게 배웠기에 양보할 수 없다'라고 서로 양보하며 싸우고 있었다. 그 모습을 보고 사-카 섬 사람은 놀라서 돌아 왔다.(『대계』, 119쪽)

오키나와 본도 지역의 미륵·석가 경쟁담은 '미루쿠의 땅은 풍요롭다'라는 인식의 설화적 구현이라고 정리할 수 있다. 서사적으로는 석가와 미륵이 보이는 곳과 보이지 않는 곳을 각각 차지하는 삽화가 대종을 이루는 가운데, 가츠렌초의 츠켄지마에서는 석가를 피해 미륵이 '풍요로운 섬'을 일구었다는 삽화가 발견된다.

아마미 제도에서 전승되는 미륵·석가 경쟁담의 주요 요소였던 '꽃피우기를 통한 인세차지 경쟁'은 오키나와 본도 지역의 미륵·석가 경쟁담에서는 거의 찾아보기 어렵다. 아마미 지역 경쟁담의 핵심적인 서사 요소라 할 수 있는 '꽃피우기 내기'가 등장하는 사례가 한 편 보이나,[9] 누가 먼저 토지를 선택할 것인지를 결정하기 위해 꽃피우기 내기를 할 뿐 부정한 방법을 써서 이긴 자가 승리—좋은 토지를 차지—한다거나 그 부정이 현세의 문제적 상황이 원인이 된다거나 하는 내용과 이어지지는 않는다. 따라서 오키나와 본도의 미륵·석가 경쟁담은 풍요로운 땅과 그렇지 못한 땅을 미륵과 석가가 각각 나누어 갖는다는 서사를 통해 미륵과 풍요를 연결 짓는, 이른바 '미루쿠유과후' 관념에 관련되는 설화로서의 성격이 강하다.

3) 야에야마 제도

야에야마 제도에서 채록된 미륵·석가 경쟁담은 꽃피우기가 중심이 되는 각편과 토지 나누기가 중심이 되는 각편이 각각 한 편씩 확인된다.

> 미루쿠라는 여인과 사카라는 남자가 있었다. 둘 다 머리가 좋은 인물로 섬의 왕이 되는 것을 다투다가, 자고 있는 베개맡에 꽃을 피우는 쪽이 왕이 되기로 했다. 미루쿠가 자고 있는 동안 사카가 보니 미루쿠의 머리맡에 꽃이 피어 있어서, 그 꽃을 훔쳐 자신의 베개맡에 두었다. 미루쿠는 사카에게 지게 되자 멀리 안도 섬으로 옮겼다. 그러나 풍요롭던 섬은 가난해져서, 농작물도 잘되지 않게 되었다. 그래서 섬 사람들은 미루쿠를 맞이하기 위해 미루쿠 노래를 불렀다고 한다. 지금도 섬의 풍작은 미루쿠의 음덕으로, 섬

---

9) 미루쿠와 사-카가 토지를 둘러싸고 싸워, 각각 앞에 놓인 백합 꽃 봉오리를 빨리 피우는 쪽이 먼저 자신의 토지를 정하게 되었다. 두 사람은 눈을 감았지만, 사-카는 살짝 눈을 떠서 미루쿠의 꽃이 먼저 핀 것을 보고 자신의 것과 바꿔치기해서, 먼저 토지를 골랐다. 사-카는 보이는 곳을, 미루쿠는 보이지 않는 곳을 자신의 토지로 삼았는데, 미루쿠의 토지는 작물이 잘되었는데 사-카의 토지는 작물이 열매 맺지 않았다. 화가 난 사-카는 쥐를 만들어 풀어서 작물을 먹어버리게 했다. 미루쿠는 고양이를 만들어 쥐를 잡게 했는데, 작았던 고양이의 몸을 크게 해서 많은 쥐를 잡게 했기에 고양이는 쥐를 쫓아 구멍 속에 들어갈 수 없게 되었고, 쥐는 구멍 속에 숨게 되었다.(『통관』, p.680)

행사에는 미루쿠를 선두로 미루쿠 오도리를 행한다. 미루쿠가 섬을 나섰을 때, 어떤 집에서 빈구이 이모를 솥 하나 가득 찌고 있었다. 미루쿠는 그것이 먹고 싶었지만 아무도 주지 않았다. 그때부터 빈구이는 인간이 먹을 수 없게 되었다고 한다.(『대계』, 121쪽)

위 각편은 아마미 제도의 꽃피우기 내기를 통한 인세차지 경쟁이라는 구성 요소와 더불어 오키나와 본도 츠켄지마의 예에서 확인되는 '미루쿠의 섬'이라는 구성요소를 함께 지니고 있다. 미루쿠의 땅은 풍요로운 곳이라는 관념을 나타내는 화소가 분명하게 제시되는 것이다. 경쟁에서 석가가 부정한 방법으로 이겼기에 현재의 부정적 상황이 도래했다는 데 초점이 맞춰진다기보다, 미루쿠가 풍요를 관장하는 존재라는 것을 드러낸다는 점에서 오키나와 본도의 경우와 같은 맥락에 있는 각편이라고 하겠다.

한편, 아래의 각편은 오키나와 본도에서 전승되는 전형적 유형에 속하는 것이다. 보이는 땅과 보이지 않는 땅의 분유, 미루쿠의 풍요, 농작물을 해치는 쥐와 멧돼지로 미루쿠의 풍요를 방해하는 석가와 이에 대응하여 문제를 해결하는 미루쿠의 모습이 드러난다.

옛날 석가님은 세계는 모두 자기 거라고 생각하고 있었는데, 자신의 상대로 미루쿠 신이 있다는 것을 알고 사자를 시켜 미루쿠 신을 맞이했다. 석가님은 토지 나누기를 하기 위해 미루쿠 신을 초대하여 산에 올라가 보이는 것은 전부 자신의 것이라고 말했기에, 미루쿠 신은 그렇다면 보이지 않는 것은 모두 자신의 것으로 하자고 했다. 그리고 각각 밭을 일으켜 농작물을 심었는데, 산이 높은 곳의 석가님은 거의 수확이 없었고, 골짜기 사이나 낮은 땅의 미루쿠 신은 많은 수확이 있었다. 화가 난 석가는 쥐를 만들어 미루쿠 신의 농작물을 취하게 했기에, 미루쿠 신은 고양이를 만들어 쥐를 잡게 했다. 또 석가님은 멧돼지를 만들어 내었는데, 미루쿠 신은 개를 내어 멧돼지를 패배시켰다. 이렇게 해서 미루쿠世果報라는 것이 생겼다.(『대계』, 121쪽)

이처럼 야에야마에서 채록된 두 자료는 모두 '미루쿠유'의 기원을 말하는 설화라는 점이 확인된다. 서사적 구성에 있어서도 아마미 제도 지역의 설화보다는 오키나와 본도 지역의 설화에 더 가깝다.

그런데 야에야마 제도의 다케토미지마에서는 다음과 같은 특이한 자료가 확인된다.

처음에 釋迦와 彌勒은 '이 세상은 내 것이다'라고 언쟁하다가, 결국 누구의 세상으로 할 것인가를 하늘의 신에게 정해 달라고 하였다. 두 사람이 눈을 감자 신은 금동이를 내려 미륵 앞에 놓았다. 석가가 훔쳐보고 자기 앞에 동이를 끌어다놓고는 아닌 척 했다. 그런데 메뚜기가 그것을 보고 말았다. '눈이 넷 있는 내가 본 게 정확하다'고 말하고 동이를 미륵에게 넘겨주었다. 석가는 부끄러워 야에야마의 石城山에 숨고 미륵에게 세상을 양보했다. 이후 야에야마에서 메뚜기는 신의 사자라고 믿어지게 되었다.(『통관』, 530쪽)

석가와 미륵의 인세차지 경쟁담임에 틀림없지만, 아마미 제도 지역에서 확인되는 인세차지 경쟁담과는 적지 않은 차이가 있다. 경쟁의 양태가 '꽃피우기'가 아님은 물론, 인세차지의 주체도 부정을 저지른 석가가 아니라 미륵이다. 다른 지역의 각편에서는 불씨의 은폐를 목격하고 찾아내는 존재였던 메뚜기가, 여기에서는 석가의 부정을 목격하고 사태를 바로잡는 존재로 나타나는 것도 흥미롭다. 이 각편의 설화적 위상에 대해서는 뒤에서 다시 살피기로 한다.

4) 미야코 제도

오키나와의 미륵·석가 경쟁담으로 학계에 널리 알려져 있는 대표적인 자료는 오바야시 다료가 채록한 미야코지마의 것으로,[10] 오키나와의 미륵·석가 경쟁담을 논의할 때 중요하게 다루어져 왔다. 오키나와의 미륵·석가 경쟁담이 창세신화의 맥락에서 다루어져 온 데에는 창세신화적 성격이 농후한 아마미 제도의 각편들과 더불어 미야코의 이 각편이 지대한 영향을 끼쳤음은 부인할 수 없을 것이다. 널리 지적되어 온 바와 같이 이 각편은 미야코의 창세신화로서의 성격이 짙다.

그러나 미야코 제도에서 확인되는 미륵과 석가의 경쟁담은 이 각편이 유일하다. 『대계』나 『통관』에 단 한 편의 유사 각편도 수록되어 있지 않음은 물론이고, 다른 조사 사례도 확인하기 어렵다. 현재 확인되는 수준에서 보자면, 미야코 제도의 미륵·석가 경쟁담은 오바야시 다료 채록본이 유일한 것이다.

이 각편은 미야코지마의 다른 설화소들을 고려할 때 미루쿠포토케와 사쿠포토케가 츠카사야, 즉 하리미즈 우타키의 신과 형제신이라는 낯선 요소를 포함하는 한편 창세의 신격이 하늘을 오르내리며 문화적 산물을 지상에 가져온다는 등의 낯익은 화소 등등이 결합되어 있어, 그 설화적 위상을 어떻게 규정할 수 있을지 흥미롭다기보다 오히려 당황스럽다. 미야코지마의 창세신화는 창세의 범주와 전승 집단의 범위에 따라 다양한 위계에 놓이는데, 이 각편은 그러한 맥락에서 논의해야 하지 않을까 한다. 서사적 구성의 특성과 설화적 위상에 대해서 별고에서 검토하기로 하고, 이 각편은 일단 본 발표의 논의 대상에서 제외해 둔다.

---

10) 大林太良, 앞의 책.

(2) 문화권별 특징

이상의 논의를 토대로 미륵과 석가의 경쟁담이 오키나와 전역에서 전승되는 양상을 정리하면, 다음과 같은 표를 얻는다.

	성격	화소	비고
아마미 제도	인세차지 경쟁담	꽃피우기, 불씨(메뚜기)	
오키나와 본도	미루쿠유 기원담	토지 나누기, 미루쿠의 섬, 쥐와 고양이, 불씨(메뚜기), 꽃피우기	
야에야마 제도	미루쿠유 기원담	토지 나누기, 미루쿠의 섬, 쥐와 고양이(멧돼지와 개), 꽃피우기	특이 각편 1편(금동이, 메뚜기)
미야코 제도	(미야코 창세담)	(생략)	각편 수 1편

위의 표에서 확인되듯, 오키나와의 미륵·석가 경쟁담은 문화권역에 따라 뚜렷한 경향성을 보인다. 화소의 구성이나 설화의 성격에서 보면 아마미 제도가 하나의 계열을, 오키나와 본도와 야에야마 제도가 서로 유사하여 또 하나의 계열을 형성하고 있다. 특이하게도, 오키나와 본도와 야에야마 제도 사이에 위치한 미야코 제도에는 이 유형의 설화가 단 한 편의 특수한 각편을 제외하면 보고된 바가 없다.

이와 같은 미륵·석가 경쟁담의 분포 양상은 다음과 같은 문제를 제기한다. 아마미 제도와 오키나와 본도 이남(以南) 자료가 서로 다른 계열을 형성하는 것은 무엇 때문인가? 또 오키나와 본도와 야에야마 제도에서 전승되는 설화 유형이, 그 사이에 위치해 있는 미야코 제도에서는 찾아보기 어려운 까닭은 무엇인가?

이와 관련하여 불교 수용의 지역적 편차가 하위 유형의 파생을 낳았을 것이라고 본 다바타의 견해를 살펴볼 필요가 있다. 다바타의 시각에 따르면, 미륵과 석가의 경쟁담은 이른바 '미로쿠 신앙'의 설화적 양태라고 파악된다. 민간 신앙인 '미로쿠 신앙'은 불교의 '미륵 신앙'의 영향을 받아 형성된 것인 바, 불교의 수용 여부에 따라 원래 동형이었던 이야기가 파생되었으리라고 보는 것이다.[11] 기실 오키나와 본도와 야에야마 제도에서 전승되는 미륵과 석가의 경쟁담은 '미루쿠유'의 기원담적 성격이 짙고, '미루쿠유'라는 설화적 관념은 '미루쿠'라는 가면 신격에 관련되는 의례 및 예능에서도 확인된다. 오키나와의 설화가 민간의 신앙과 깊이 연관되어 있다는 것은 이미 잘 알려져 있는 사실이므로, 다음 장에서는 미루쿠와 관련되는 신앙 및 의례적 예능 등을 살펴 설화적 분포의 문제를 다시 생각해 보고자 한다.

3. '미루쿠'의 전승 경로와 '미루쿠 신앙'의 실제

1) 미루쿠 신앙 및 예능의 분포

오키나와의 '미루쿠'는 의례나 예능에서 커다란 미루쿠 가면을 쓰고 큰 부채를 들고 등장하는 가면가장(假面假裝)의 신격이다. 지역에 따라 의례 및 관련 예능의 형태가 다양하고, 미루쿠의 분장 형태도 일정치는 않다는 것이 보고되어 있으나[12], 미루쿠와 여러 인물들이 행렬을 하는 유형, 미루쿠가 무대에 등장하여 예능을 선보이는 유형, 이 두 가지가 혼합되어 있는 유형, 가마 역할을 하는 나무판 위에 타서 나타나는 유형 등으로 분류할 수 있다.[13]

---

11) 田畑博子, 「ミロク信仰　沖縄と韓国のミロク説話の比較研究」, 『沖縄文化研究』29, 2003.

12) 城間義勝, 「沖縄のミルク神に関する研究-分布を仮面仮装について」, 『地域文化論叢』9, 2007.

13) 古谷野洋子, 「 ミルク加那志の成立」, 『次世代人文社會研究』2, 한일차세대학술포럼,

미루쿠가 등장하는 의례는 야에야마 제도에 특히 많으며, 오키나와 본도 안에서는 북부와 중부, 남부에 고루 분포하는 가운데 특히 남부 지역에 빈번히 등장한다.[14] 이에 반해, 아마미 제도와 미야코 제도에서는 가면가장의 미루쿠가 출현하는 예가 없다.[15] 특히 아마미 제도에는 '미루쿠'가 등장하는 노래조차 없다고 한다.[16] 그러나 미야코 제도에는 미루쿠 신이 등장하는 의례나 예능은 없어도 미루쿠 신에 대한 관념은 존재하는 것으로 보인다. 오키나와 지역의 구비시가를 집대성한 『남도가요대성』을 대상으로 한 다바타의 조사에 따르면, '미루쿠'라는 단어가 등장하는 노래는 미야코 제도 지역에서 총 8수로 집계되고 있으며, 그 중 2수에서 미루쿠가 풍년을 기원하는 대상으로 설정되어 있다.[17] 시로마는 미야코 제도에 미루쿠 신을 대상으로 하는 '우타키'가 있음을 지적하고 있는데,[18] 『平良市史』 우타키 편에 수록된 8곳 남짓의 미루쿠 관련 우타키 중에서 유래담이 병기되어 있는 다음의 두 사례를 보자.

미루쿠틴 사토 우타키: 우타키 제신인 미루쿠틴은 아마토가미라고 불리운다. 외래에서 온 미루쿠 신을 합사했다고도 한다. 이곳은 류구니가이 의례 때 반드시 배향한다. 풍요를 기원하는 우타키로 중요하다.[19]

미루쿠 우타키: 어느 비바람이 몰아치던 밤, 이 땅에 하늘과 땅을 이을 듯

2006, pp.302~304.

14) 城間義勝, 앞의 책, p.36.

15) 古谷野洋子(2006), 앞의 책, pp.294~295.

16) 田畑博子, 앞의 책, p.85.

17) 위의 책, pp.64~67.

18) 城間義勝, 앞의 책, p.37.

19) 『平良市史』 第九巻 資料編 7, p.199.

한 불기둥이 섰다. 사람들이 두려워 가리마타 마을의 무누즈(간가카랴)에게 가서 물으니, 이것은 이 마을에 미루쿠유를 가져오는 신이 하늘에서 내려온 것이라고 했다. 니-마가니야(---屋)의 조상신의 화신이라는 것이었다. 마을 사람들 중에서 그곳을 존숭한 사람의 조는 잘 열매맺고, 믿지 않았던 사람의 조는 검게 변했다. 그때부터 마을 수호신으로서 모시게 되었다고 한다.[20]

두 우타키 모두 풍요와 관련되며, 특히 후자에서는 농경의 풍요와 미루쿠를 관련시키는 '미루쿠유'라는 개념이 분명하게 나타난다. 결국 미야코 제도에도 '미루쿠유'에 대한 민속적 관념은 존재하고 있음이 확인되는 셈이며, 다만 미야코 제도에는 가면을 쓰고 의례에 등장하는 가면가장의 미루쿠 신과 관련 제의, 예능이 전승되는 사례가 없을 뿐임을 알 수 있다.

오키나와 본도와 야에야마 제도에는 있되 미야코 제도에는 없는 미루쿠 제의 및 관련 예능의 분포 양상은 공교롭게도 오키나와 미륵·석가 경쟁담의 분포 양상과 겹친다. 설화의 분포가 미루쿠 관련 의례 및 예능과 밀접하게 관련되어 있을 가능성이 엿보이므로, 미루쿠 의례 및 예능의 실제에 대해 좀 더 접근해 볼 필요가 있다.

2) '미루쿠 의례'의 유래와 확장

가면을 쓴 미루쿠가 등장하는 대표적인 의례는 류큐국의 수도였던 슈리(首里)의 아카타(赤田) 마을에서 행해지는 '미루쿠 운케(ミルクウンケー, 彌勒御迎え)'이다. 아카타는 오키나와에 널리 분포되어 있는 미루쿠 의례의 발상지라고 알려져 있는데, '미루쿠 운케'의 유래에 대해 다음과 같은 전승들이 전한다.

---

20) 『平良市史』 第九卷 資料編 7, p.217.

구도(求道) 장로가 불도 수업을 위해 대국에 건너갔을 때, 어느 절의 선사(혹은 황제라고도 전한다)가 류큐 사람들은 신앙심이 깊으므로 석가와 공자, 미륵의 얼굴 가운데 좋은 것을 가져가라고 했다. 구도 장로는 미륵의 얼굴을 가지고 돌아왔다. 처음에는 아카타 슈리둔치에 봉안하고 신심진력했으나, 그 후 大石川家의 선조에게 주었다. 그 시기는 상정왕(尙貞王)대 강희 연간(1662-1722)이라고 생각된다.[21]

구도(求道) 장로가 미루쿠를 타이쿠니(たい国)에서 가져와, 슈리 둔치에서 이것을 매년 7월에 제사지내게 되었다. 어느 해, 슈리에 천연두가 유행하여 많은 환자가 발생했다. 그러나 아카다 마을에서는 한 명의 환자가 발생하지 않았다. 마을 사람들은 그것이 미루쿠님 덕분이라고 믿었다. 그후, 아카타 마을 전체가 미루쿠를 믿게 되어 슈리 둔치와 아카타 마을이 공동으로 제사를 지내게 되었다. 슈리 둔치가 세 둔치와 병합하여 천계사(天界寺)로 옮긴 후에는 구도 장로가 관리를 맡게 되었다. 구도 장로는 아카타 마을의 우후이시차(大石川)의 시조였으므로, 石川 문중이 미루쿠를 신앙하게 되고 매년 있는 제사도 石川 문중이 주최하게 되었다.[22]

위의 전승에서 확인되는 것은 다음과 같은 세 가지이다. 첫째, 위의 두 전승은 공통적으로 '구도 장로'가 '大國'에서 가져온 미루쿠를 아카타의 '슈리 둔치'에서 제사지내게 된 것이라 하여 미루쿠 제의의 기원을 서술하고 있다. 미루쿠는 외부에서 유입된 외래신인 것이다.

---

21) 石川文一, 「大石川家 弥勒由來記」(1977), 『赤田みるく一復興の記録』, 2000. 須藤義人, 「琉球諸島における<弥勒>観に関する一考察-弥勒仮面が来訪した「海上の道」を探る視点」, 『地域研究所年報』18, 2004, p.162에서 재인용.

22) 那覇市企劃部市史編集室 編, 『那覇市史·資料篇 第二卷一七』, 那覇市, 1979, p.700. 須藤義人, 위의 책, p.162에서 재인용.

둘째, 미루쿠가 마을 공동체 제사의 제향 대상이 된 것은 미루쿠의 '무병식재(無病息災)'와 관련되는 영험 때문이었음을 확인할 수 있다. 미루쿠의 신격적 직능이 역병의 위험에서 사람들을 보호해 주는 데 있었다는 것이다. 아카타에서 행해지는 '미루쿠 운케'에서 미루쿠는 무리들을 이끌고 마을을 순회하면서 자신을 맞이하는 사람들의 머리 위를 '군빠이'라고 하는 커다란 부채로 부쳐 주는데, 이는 미루쿠가 무병식재를 기원해 주는 것이라고 말해진다.[23] 기원에 대한 전승과 의례의 실제가 서로 맞아떨어지고 있음을 알 수 있다.

마지막으로, 미루쿠 의례는 류큐 왕조의 국가적 의례 체제와 관련되어 있었을 가능성이 높다. 전래된 미루쿠가 최초로 봉안된 것은 아카타에 있던 '슈리 둔치'였기 때문이다. '슈리 둔치(首里殿內)'란, 류큐의 국가 사제 조직에서 최고위에 있던 '기코에오오기미(聞得大君)'를 보좌하던 세 명의 '오오아무시라레' 중 '슈리 오오아무시라레'가 거처하던 곳이다. 외부에서 가지고 온 미루쿠를 이런 슈리 둔치에 모셨다는 것은, 국가적 제사 체제에 미루쿠가 수용되었거나 최소한 용인되었음을 뜻한다고 볼 수 있을 것이다.

'미둔치', 즉 '세 명의 오오아무시라레의 둔치' 중 슈리 둔치에서 아카타의 石川 아무개에게 '彌勒'을 내려주었다고 하는 다음의 전승을 보자.

> …이 '미둔치'에서 彌勒과 獅子를 슈리의 주요한 마을들에 내려 주었다. 슈리 둔치에서 아카타의 石川某에게 彌勒을, 기보 둔치에서 汀良의 比嘉某에게 獅子, 마카베 둔치에서 眞和志의 石川某에게 獅子를 주었다고들 한다. 매년 8월 15일에 아카타에서는 彌勒을, 汀良과 眞和志에서는 獅子를

23) 古谷野洋子, 「仮面祭祀からみた沖縄の「ミロク信仰」- 八重山諸島竹富島の事例を中心に」, 『沖縄民俗研究』26, 沖縄民俗學會, 2008, p.10.

놀려(演じて) 풍년을 기원하고 惡疫을 쓸어냈다.[24)]

여기에서는 '구도 장로'에 대한 언급은 없고, 슈리 둔치에서 내려준 彌勒이 아카타에 전해졌다고 한다. 미루쿠를 처음 봉안한 곳이 슈리 둔치였다는 앞서의 전승을 함께 고려하면, 민간 의례에 미루쿠가 등장하게 된 것은 국가적 제사 조직에 수용된 미루쿠가 민간에 전이된 결과로 볼 수 있을 것이다.

한편, 위의 자료는 미루쿠 공연의 목적이 '풍년을 기원하고 惡疫을 쓸어'내는 데 있다는 사실도 전한다. 앞서 살핀 전승이 미루쿠가 민간 의례에 수용된 계기가 '무병식재'에 있었다는 사실을 전했다면, 위 자료는 미루쿠의 역할이 '惡疫'을 몰아내는 것뿐만 아니라 '풍년'을 보장하는 데에까지 확장되어 수용되고 있었음을 말해 준다.

현재 오키나와 본도에서 미루쿠 의례 및 예능이 분포하는 양상은 아카타의 미루쿠 의례가 다른 마을로도 확장되었을 가능성을 시사하고 있다. 슈리 둔치의 후원으로 아카타에서 시작된 '무병식재'의 미루쿠가 마을 의례의 예능적 요소로 수용되면서 마을 의례의 기본적 성격인 풍요에 대한 기원과 감사의 의미가 겹쳐져서 '풍요'의 미루쿠라는 의미도 지니게 되고, 풍요를 기원하는 여타의 마을 의례에 수용되었을 가능성이 높다. 아카타의 미루쿠는 가면과 행렬이라는 일종의 의례 예능적 요소를 지니고 있는바, 기존의 마을 신앙 및 의례의 체계가 훼손되지 않고도 의례에서 이루어지는 예능의 하나로서 수용될 수 있었을 터이다.

'풍요의 미루쿠'라는 형상과 개념이 의례적 예능의 하나로서 오키나와 전역에 확장되었으리라는 추측은 유명한 전래 동요 <아카타 슨둔치

24) 古谷野洋子(2006), 앞의 책, p.298.

(赤田首里殿內>의 가사에서도 확인된다. 조흥구적 후렴구를 제외한 노랫말을 보자.

아카타 슈리 둔치 황금 등롱(燈籠)을 달아
불이 켜지면 미루쿠 운케

대국(大國)의 미루쿠 우리 섬에 오시네
넓혀 주소서 미루쿠 유가후

거리거리마다 노래를 부르며 놀이하세
미루쿠유 유가후 가까이 왔네[25)]

미루쿠가 가져다 주는 '미루쿠 유', '미루쿠 유가후'를 노래를 부르며 놀면서 맞이한다는 내용은 미루쿠 예능이 아이들의 노래로도 전승될 정도로 보편화되었으리라는 점을 짐작케 한다.

야에야마의 미루쿠 의례 역시 이러한 확대의 맥락에서 오키나와 본도의 영향 아래 있었을 것이라는 점은 야에야마 제도의 미루쿠 의례 및 예능에서 구연되는 <미루쿠부시(ミルク節)>에서 확인된다. 야에야마 '미루쿠부시'의 대표적 사례로서, 이시가키지마(石垣島)에서 전승되는 다음 자료를 보자.

대국(大國)의 미루쿠/야에야마에 오시어

---

25) 杉本信夫, 『沖縄の民謠』, 新日本出版社, 1974, p.31. 須藤義人, 「琉球諸島における<弥勒>観に関する一考察-弥勒仮面が来訪した「海上の道」を探る視点」, 『地域研究所年報』18, 2004, p.151에서 재인용.

다스리시기를/섬의 주인

미루쿠유가 왔으니/ 놀만큼 놀고
출만큼 춤추소서/ 허락도 내려졌네

미루쿠유의 표지/ 열흘마다의 밤비
오곡의 새싹을 적시네/ 미루쿠유의 표지

집집마다 절구 속 황금/ 미루쿠유의 표지
후타카챠의 천(布)/ 서둘러 짜도록

백 스무 살의 노인일지라도/ 사리를 모르는 자는
나이는 먹더라도/ 아이나 마찬가지

지금은 아이더라도/ 사리를 아는 자는
슈리의 공사(公事)에 절하여/ 성은(聖恩)을 입으니

슈리의 공사(公事)를 한다면/ 입신(立身)의 길이니
오래 산다고/ 방심은 마라

나이를 먹는다고/ 방심은 마라
열심히 해야만/ 가후(果報)가 오는 법

가라(伽羅) 항목의 명성을 세우는 건/ 메추라기 깃털 나뭇결의 침향
부모의 이름을 높이는 건/ 장남의 출세[26)]

<미루쿠부시>가 슈리의 영향으로 형성되었으리라는 추론은 우선 <미루쿠부시>가 <아카타슨둔치>와 유사한 음률로 되어 있다는 데에서 성립한다. 야에야마의 노래는 이른바 '야에야마 음계'로 구성되는데 <미루쿠부시>는 <아카타슨둔치>처럼 '오키나와 음계'로 되어 있는 바, 이는 <미루쿠부시>가 오키나와 본도의 영향으로 등장한 새로운 노래라는 사실에 대한 근거가 될 수 있다. 이러한 사실을 바탕으로, <미루쿠부시>는 <아카타슨둔치>를 기반으로 지어졌다고 짐작된다.[27]

또 위의 <미루쿠부시>는 미루쿠유를 노래하는 전반부와 달리, 후반부에서는 성격을 달리하여 이른바 사족(士族)들을 향한 일종의 교훈을 노래하고 있다. 슈리 왕부에의 충성과 입신양명을 위한 근면이 강조되는 바, 이는 일반 서민 사이에서 만들어진 민간의 노래라기보다는 사족들이 개입하여 만들어진 노래라고 할 수 있을 것이다. '가라'라는 항목의 이름, '메추라기 깃털 모양으로 된 나뭇결을 지닌 침향' 등 야에야마에는 없는 외래의 단어는 위의 노래가 민간에서 만들어진 노래가 아니라는 또 다른 근거가 되기도 한다. 슈리와의 왕래가 드물지 않았고 슈리의 문화를 수용하여 향유하는 데에도 적극적이었던 사족들에 의해 <미루쿠부시>가 만들어졌다면, 미루쿠 예능이 오키나와 제도에서 사족을 통해 야에야마 제도에 전해졌다는 가설[28]은 충분히 설득력이 있어 보인다.

한편 '허락이 내려졌으니' 충분히 놀고 충분히 춤추라는 전반부의 가사도 주목할 필요가 있다. 이는 미루쿠유에 대한 의례가 '役人', 즉 슈리에서 임명한 지방 행정관의 허가 아래 이루어졌다는 뜻이다. 풍요를 가져다주는 미루쿠와 유사한 기능을 하는 신격으로 야에야마에는 '마융가나

26) 류큐대학 법문학부 마에시로 준코(前城順子) 교수 제공 자료를 우리말로 옮겼다.
27) 古谷野洋子(2006), 앞의 책, p.301.
28) 위의 책, 같은 쪽.

시'가 있다. '마융가나시'는 '사람들이 풍요롭게 생활할 수 있는 세상'이라는 의미의 '마유(眞世)'와 높은 사람을 가리키는 '가나시'의 합성어로서 미루쿠유를 가져다주는 미루쿠와 그 의미와 기능이 겹친다. 그런데 이러한 '마융가나시'에 대한 의례는 1768년 슈리 왕부에 의해 금지된다.[29] 사쓰마 침략 이후, 류큐 왕조는 사쓰마에 바칠 곡물 수요를 충당하기 위해 야에야마를 비롯한 사키시마에의 지배를 강화하지 않을 수 없는 상황에 처하게 된다. 이러한 상황에서, 전통적 의례의 금지는 마을마다 하나의 소우주를 이루고 있던 사키시마의 전통적 질서를 해체하고 류큐 왕조라는 사회적 통일체에 귀속시키기 위해서 추진된 기획이라고 할 수 있다.[30] 이런 정황을 고려할 때, '마융가나시'에 대한 의례는 금지되고 미루쿠 의례는 마음껏 놀고 춤추도록 허락되었다는 것은 미루쿠유 의례가 사족들과 지방관, 슈리 왕부의 공조 아래 조장된 것임을 짐작케 한다. 미루쿠 의례와 예능의 기원은 오키나와 본도에서 국가적 사제 조직과 연관되었던 만큼, 그 의례 및 예능은 야에야마의 신앙 체계를 정비하려는 류큐 왕조의 기획이 허용할 수 있었다고 하겠다.

야에야마의 미루쿠 의례가 근세 류큐 이후에 오키나와 본도의 영향으로 형성된 것이라고 보면, 아마미 제도에서 미루쿠 의례 및 예능이 하다못해 노래 가사로라도 전승되는 사례가 없는 것은 당연해 보인다. 주지하다시피 아마미 제도는 사쓰마 침입 이후 사쓰마의 직할령으로 분할, 류큐 왕조의 지배 권역에서 벗어나 있었다. 따라서 17세기에 이르러 슈리 아카타에서 기원하는 미루쿠 의례와 예능이 아마미 제도에까지 확대되기란 쉽지 않았을 것이다.[31]

---

29) 後多田敦, 『琉球の國家祭祀制度』, Mugen, 2009, p.230.

30) 위의 책, p.231.

31) 古谷野洋子(2006), 앞의 책, p.296.

그렇다면, 미야코 제도의 경우는 어떠한가? '미루쿠유'라는 관념이나 미루쿠를 제향하는 우타키의 사례를 보면, 오키나와 본도의 영향이 이곳을 비껴가지는 않았던 듯하다. 그럼에도 불구하고 민간 의례에 미루쿠 예능이 발견되지 않는 것은 무엇 때문인가? 카리마타는 그 이유로 미야코에서는 공동체 제사신앙의 결속력이 강하여 외부 사족의 개입이 용이하지 않았을 것이라는 사실을 들고 있다.[32]

여기에 더하여, 야에야마와 미야코의 전통적 종교 관념의 차이도 그 이유의 하나로 들 수 있을 것이다. 야에야마의 경우, '마융가나시'처럼 외부에서 도래하는 풍요의 신에 대한 전통적 관념이 있었기에 풍요를 가져다주는 미루쿠 관념을 수용할 수 있는 여건이 조성되어 있었다고 할 수 있다. 그러나 미야코 제도의 마을 의례는 마을에 실재했던 조상들의 재현을 통해 풍요의 '유'가 재생산되는 구조로 되어 있다. 미루쿠는 풍요와 관계되는 신을 제향하는 우타키에서 믿어짐으로써 마을 만신전으로 포함될 수는 있었으나, 마을 공동의 의례에서 '유'를 가져다주는 조상신과 같은 위상을 지닐 수는 없었던 것이다.

4. 화소의 변주와 생성

미륵·석가 경쟁담이 오키나와 본도와 야에야마 지역에서 유사한 내용으로 전승되는 것은 오키나와 본도에서 비롯된 미루쿠 의례 및 예능이 야에야마 지역에 수용되면서 동시에 관련 설화도 함께 전해졌기 때문인 것으로 보인다. 아마미 제도에서 오키나와 본도의 미륵·석가 경쟁담과 같은 유형을 발견하기 어려운 것은, 이 이야기의 형성 시기가 아마미 제도가 이미 류큐 왕조의 지배에서 벗어난 근세 이후이기 때문이다. 미루쿠

32) 狩俣恵一, 『南島歌謠の研究』, 瑞木書房, 1999, pp.185~186.

의례와 예능이 오키나와 본도에 수용된 것은 그다지 오래된 일이 아니므로, 오키나와의 미륵·석가 경쟁담 역시 '미루쿠'의 등장 및 유포와 더불어 형성, 확대된 비교적 '새로운' 이야기인 셈이다.

(1) '꽃피우기' 화소의 의미

주지하다시피 '꽃피우기' 화소는 아시아 여러 지역의 구비서사에서 발견되는 것이다. 한국의 구비신화에서 꽃피우기는 생명을 관장할 수 있는 능력이나 인세를 차지할 수 있는 능력의 여부를 검증하는 의미를 지니며, 여러 선행 연구에서 지적되었듯 아마미 제도의 꽃피우기 화소는 인세 차지의 능력과 결부된다. 화소의 의미는 전승 환경과 서사적 맥락에 따라 다양하게 변주될 터, 이런 관점에서 오키나와의 꽃피우기 화소를 살펴보는 일은 오키나와 미륵·석가 경쟁담의 특색을 고찰하는 데 매우 긴요한 과제 중의 하나일 것이다.

오키나와 본도 이남의 미륵·석가 경쟁담에서 꽃피우기 화소는 매우 드물게 나타난다는 것이 제일 먼저 꼽을 수 있는 특징이다. 특히 오키나와 본도에서는 한 편의 각편에서만 이 화소가 등장하는데, 누가 먼저 토지를 선택할 것인가를 두고 꽃피우기 경쟁이 일어난다. 꽃피우기에 이어지는 '토지 나누기'는 마치 꽃피우기 경쟁을 통해 인세를 차지하는 다른 지역 설화의 경우를 연상시킨다. 그러나 다음의 자료는 토지 나누기와 관련되는 꽃피우기 화소가 인세 차지의 능력과는 다른, 별개의 의미 맥락에 놓여 있는 화소일 가능성을 시사한다.

오키나와 본도 남부의 오오자토손(大里村)에서 전하는 <이나후쿠 가라사와 나카호도 쿠가니시> 설화를 보자. 이나후쿠 마을에 살던 '가라사'라는 이와 나카호도 마을에 살던 '쿠가니시'에 대한 이야기이다.

이나후쿠 가라사와 나카호도 쿠가니시는 형제였다. 두 사람 모두 영리하고 지혜로웠지만, 정말로 현명한 것은 나카호도의 쿠가니시였다. 이나후쿠 가라사는 말은 잘했지만 머리는 그만큼 좋지는 않았다. 이나후쿠 가라사가 "보이는 곳은 전부 내 것이다"라고 하자 나카호도 쿠가니시는 "그렇다면 보이지 않는 것은 전부 내 것이다"라고 했다. 보이지 않는 곳은 밭이 있어 좋은 장소이므로, 나카호도는 내기에서 좋은 토지를 차지했다. 이나후쿠는 전부 척박한 토지뿐이다.(…)[33]

위의 이야기는 오오자토 촌락의 구릉지에 위치한 이나후쿠 마을과 평탄지에 위치한 나카호도의 입지 조건을 배경으로 하는 이야기이다.[34] 미륵과 석가의 경쟁담에서 '보이지 않는 땅'과 풍요가 관련되는 양상이 이 설화에서도 확인된다. 한편, 다음 각편은 이나후쿠 가라사가 나카호도 쿠가니시와의 내기에서 부정한 방법으로 이겼으나, 그가 내기에서 얻은 땅은 결국 풍요롭지 못한 땅이 되고 말았다는 내용으로 이루어져 있다.

쿠가니시는 친구인 이나후쿠 가라사와 술마시기 내기를 했다. 말도 잘하고 머리도 좋았던 이나후쿠 가라사는 술에 물을 넣어 마셨기 때문에 취하지 않았다. 그러나 쿠가니시는 성실한 사람이었기 때문에 술을 전부 마시고는 그만 취해서 지고 말았다. 이렇게 해서 이나후쿠 가라사가 딴 밭이 여기 나카호도에 있다. 그 밭은 내기를 해서 빼앗긴 땅이기에 나카호도 사람이 경작하면 동티가 난다고 한다.[35]

---

33) 田村敏和, 「黄金の花が咲く話」, 『奄美沖縄民間文芸研究』14, 1990, p.9.
34) 위의 책, p.2.
35) 위의 책, p.7.

요컨대 위의 두 각편은 말 잘하고 영리한 이나후쿠 가라사와 현명하고 성실한 나카호도 쿠가니시를 대비시키고 이러한 대비를 통해 나카호도 쿠가니시의 풍요를 설명하는 이야기로서, 미루쿠와 사카의 토지 나누기 화소와 매우 흡사하다. 어느 쪽 이야기가 선행하는지 확언할 방법은 없으나, 적어도 오키나와 본도에서 토지 나누기 화소가 미륵·석가의 경쟁이라는 주제에 한정되지만은 않음은 확인할 수 있다.

주목해야 할 흥미로운 사실은, 나카호도 쿠가니시와 관련되는 이야기 중에서 미륵과 석가의 토지 나누기 경쟁에 결부되어 등장하는 '꽃피우기' 화소의 의미를 짐작할 만한 사례가 보인다는 것이다. 실제 나카호도 마을에는 '쿠가니시'를 배향하는 배소(拜所)가 존재하는데, 음력 9월 9일 쿠가니시를 제향하는 날 '황금꽃이 피어 덕이 있는 사람에게만 보인다'는 간단한 이야기가 전해진다.[36] 황금꽃을 본 사람은 황금꽃이 피어 있는 곳에서 종종 황금을 얻기도 했다는 전승이 있고 보면, 요컨대 황금꽃은 '황금', 곧 '부(富)'의 상징이다. 그런데 이것이 덕이 있는 사람들에게만 보인다는 것은 '황금꽃=부'의 전제 조건을 '덕'과 관련짓는 것이라 하겠다. 즉, 덕 있는 사람만 황금꽃을 볼 수 있다는 것은 부를 획득하고 제어할 수 있는 능력이 있다는 사실을 황금꽃을 볼 수 있다는 능력으로서 증명한다는 의미를 지니는 것이다. 쿠가니시를 제향하는 날 황금꽃이 핀다는 것은 쿠가니시가 그 꽃을 관장하는 인물이라는 뜻으로 읽을 수 있고, 앞서 보았듯 쿠가니시는 토지 나누기를 통해 풍요로운 땅을 차지한 인물이다. 결국, 이 이야기에서 꽃피우기 화소의 서사적 의미는 물질적인 부와 풍요를 관장하는 능력이라는 면에서 찾을 수 있다고 본다.

꽃을 피우는 능력이 풍요와 관련되는 양상은 야에야마 제도의 미륵·석

36) 위의 책, pp.12~14.

가 경쟁담에서도 확인된다. 자기가 피운 꽃을 사카에게 빼앗겨 미루쿠가 다른 섬으로 옮겨가게 되자 원래 풍요롭던 섬이 가난해지고 말았다는 요나구니의 전승은, 미루쿠의 꽃피우기 능력이 곧 풍요를 초래하는 능력이었다는 점에서 오키나와 본도의 그것과 같은 맥락에 있는 것이다.

꽃피우기 화소를 풍요와 관련시키는 설화적 인식은 야에야마 제도에서도 비교적 분명했던 것으로 보인다. 2장에서 살핀 야에야마의 다케토미에서 전승되는 특이한 각편은 인세 차지 경쟁과 경쟁 주체의 부정 행위라는 점에서 아마미 지역의 인세 차지 경쟁 삽화와 그 구조가 비슷하지만, 경쟁의 내용은 꽃피우기가 아니라 금동이가 누구 앞에 내려오는가를 보고 천의(天意)를 확인하는 내용으로 이루어져 있다. 꽃피우기 화소를 '풍요'와 연관시키는 설화의 강력한 힘이, 인세차지 경쟁과 관련되는 내용은 꽃피우기가 아닌 다른 화소로 등장시켰을 가능성이 높다고 본다.

부언하자면, 이 각편은 다른 지역에서 불씨의 은폐를 목격하고 찾아내는 존재였던 메뚜기가 석가의 부정을 목격하고 사태를 바로잡는 존재로 나타나는 것도 흥미롭다. 그런데 메뚜기가 그 신체적 특징으로 인해 신의 비밀을 목격한다는 화소는 아마미 제도와 오키나와 본도뿐만 아니라 미야코 제도의 다라마지마에서도 발견되는 것이다.

마즈무누가 인간과 교류하며 놀던 시대에, 인간이 마즈무누에 집에 가 보니 부드러운 물고기와 음식이 나왔다. 인간은 아직 불의 사용법을 모르고 있었기 때문에 그것을 희한하게 여겼다. 어느 날 아침 일찍 마즈무누의 집에 갔더니, 어떤 요리도 내오지 않았다. 그 이유를 물었더니 마즈무누는 이렇게 말했다. "너희가 보고 있는 동안에는 요리를 만들지 않을 테니, 눈을 감고 있어라." 인간은 정직하게 눈을 감고 있었지만, 함께 갔던 메뚜기는 눈 위에 붙어 있는 또 다른 눈을 감았기에 마즈무누가 불씨를 쓰는 것을 보았다.

메뚜기는 돌아와 인간에게 불의 사용법을 가르쳤다.(『통관』, 530쪽)

이런 맥락에서 다케토미의 앞서 본 특수한 각편은 신이 감추는 불씨의 사용 방법을 목격할 수 있었던 메뚜기의 설화적 특성이 신들의 부정을 목격하여 바로잡는 행위로 확대되어 나타난다고 볼 수 있는바, 이는 오키나와 설화 세계를 구성하는 화소들이 적절하게 이용되어 매년 도래하는 '미루쿠유'를 설명하는 이야기로 볼 수 있을 것이다.

(2) '미루쿠의 섬'과 타계관

미루쿠에 대한 슈리 아카타의 의례 및 예능이 야에야마 지역으로 전파되었으리라는 앞서의 추정과, 오키나와 본도 이남의 미륵·석가 경쟁담이 풍요를 가져다주는 미루쿠에 대한 기원담으로서 미루쿠 의례의 내용과 겹친다는 사실, 꽃피우기 화소가 지니는 의미의 동질성 등은 미루쿠에 대한 설화 역시 오키나와 본도에서 형성되어 야에야마 지역으로 확장되었으리라고 짐작하게 한다. 하지만 야에야마의 미루쿠 관련 설화가 오키나와 본도로부터의 직접 전파로만 이루어진 듯하지는 않다.

1791년, 구로시마에서 슈리오야코[37] 자리에 있던 大浜用倫이라는 사람이 있었다. 공무로 슈리 왕부로 올라가는 길에 (이시가키지마의) 登野城 마을에 사는 新城筑登之라는 이를 함께 데리고 갔다. 그런데 공무를 끝내고 돌아오는 도중, 그만 폭풍우를 만나 安南에 표착하였다. 때마침 안남에서는 풍년제를 지내는 중이었는데, 그것은 바로 미로쿠 의례였다. 풍년을 가져다주는 미로쿠 유래를 듣고 감격한 大浜用倫은 이것을 가져가면 좋겠다고 생

---

37) 류큐 왕조 시기 사키시마에 설치한 지방 관직.

각하여 안남 관헌에게 청원, 미로쿠 가면과 의상을 받아 마침내 류큐로 돌아왔다. 그러나 大浜用倫은 슈리 체재를 명받았기에 할 수 없이 新城筑登之에게 미로쿠 의례의 유래를 야에야마에 전하도록 했다. 新城 집안 대대로 보관하도록 명했는데, 이것이 현재 登野城에 남아있는 미로쿠 가면이다. 유명한 <미루쿠부시>는 用倫이 미로쿠 가면을 손에 넣었을 때 짓기 시작하여 류큐에 돌아왔을 때 완성한 것으로, 가사를 新城에게 가르쳐 주어 그것이 야에야마에 전해졌다고 한다.[38]

미루쿠 가면과 <미루쿠부시>가 슈리에서 파견된 지방관에 의해 전해졌다는 통설을 따르면서도, 위의 전승은 야에야마의 미루쿠가 슈리가 아닌 '안남'에서 비롯되었다고 한다. 야에야마 제도에서 '안남'은 미루쿠 가면뿐 아니라 아카마타·구로마타 제사의 기원지로도 이해되며,[39] 야에야마의 초대 大阿母가 표착하여 오곡 종자를 가져 온 곳도 '안남'이라고 한다.[40] 요컨대, 야에야마 제도에는 '안남'이라는 이름으로 대표되는 남방의 이상향 관념이 존재했던 것이다. 야에야마의 하테르마지마에서 전승되는 남쪽의 하테르마, 즉 '빠이빠티로마' 전승 역시 이와 같은 맥락에 있는 이상향 개념이라고 할 수 있다.

머나먼 바다 저편에 존재하는 이상향이라는 점에서 야에야마의 '안남'이나 '빠이빠티로마'는 오키나와 본도의 '니라이 카나이'와 같은 층위의

---

38) 喜舎場永珣, 『八重山民謠誌』上, 沖縄タイムズ社, 1967, pp.93~94.

39) 남만국에 표착한 야에야마 사람이 농신으로 신앙되고 있는 가면을 훔쳐 야에야마로 돌아와 섬기기 시작한 것이 아카마타 의례의 시작이라고 한다. 고하마지마의 노래 <아카마타 윤타>에서는 아카마타의 기원지가 '안남'이라고 한다. 古谷野洋子, 「八重山の"安南伝承"—あるツカサの安南お礼訪問の語りから」, 『民俗文化研究』10, 民俗文化研究所, 2009, p.175.

40) 위의 책, p.159.

타계 개념으로 이해되기도 한다. 그러나 '니라이 카나이'는 풍요가 기원하는 공간일 뿐만 아니라 그 풍요를 방해하는 재앙이 비롯되는 공간이기도 하다. 예컨대 오키나와 본도에서 행해지는 '운자미' 의례는 니라이로부터 오는 풍요의 신을 맞이하여 대접하고 다시 돌려보내는 절차로 구성되어 있는데, 신을 돌려보낼 때 파파야 안에 넣은 '쥐'를 돌려보내는 과정이[41] 있다. 풍요를 가져다주는 신을 타계로 다시 돌려보내면서 '쥐'로 형상화되는 풍요에 위협이 되는 존재도 같이 돌려보내는 행위인 것이다.[42] 따라서 바다 너머의 공간을 풍요의 이상향으로 설정하는 야에야마의 타계 관념은 오키나와 본도의 그것과는 같지 않다.

바다 너머의 공간을 풍요로운 이상향, 풍요로운 섬으로 설정하는 타계 관념은 미루쿠 관련 설화에서 풍요를 방해하는 사카를 피해 미루쿠가 다른 섬으로 건너가 이루었다는 풍요로운 '미루쿠의 섬'이 내포하는 타계 관념과 같은 것이다. 이 화소는 야에야마의 타계 관념이 반영되어 형성된 것으로 볼 여지가 많다. 오키나와 본도의 미루쿠 설화는 채록 각편 수가 적지 않음에도, 미루쿠가 사카의 등쌀에 못 이겨 다른 섬으로 옮겨가 풍요의 공간을 이루었다고 하는 각편은 가츠렌초(勝連町) 츠켄지마(津堅島)에서의 전승이 보고되는 정도에 머문다. 오키나와 본도에서 풍요는 바다 너머에서 오는 것이기는 하지만, 그곳이 완전무결한 풍요의 이상향은 아닌 것이다.

그러나 '미루쿠의 섬' 화소와 연동되는 야에야마의 타계 관념은 이 또한 오키나와 본도, 즉 류큐 왕국의 영향으로부터 자유롭지 못한 것으로 보인다. 타계를 의미하는 야에야마 지역의 방언은 '니로-', '니-란', '니-

41) 『沖縄の祭り』, 月刊沖縄社, 1974, p.36~40.
42) 高梨一美, 「풍요는 바다로부터 온다: 류큐 열도의 풍요(유우)와 타계 관념」, 『도서문화』 23, 목포대학교 도서문화연구소, 2004, p.406.

라스쿠', '니-라' 등으로서[43] 원래 '해상 타계'가 아닌 '지하세계'를 의미하는 것이기도 하거니와,[44] 류큐 왕국이 사쓰마의 지배하에 놓이게 되면서 인두세의 가혹한 부담을 견뎌야만 했던 야에야마 지역 사람들이 동쪽이나 북쪽의 류큐나 일본이 아닌 남쪽의 이상향을 동경하게 된 것이라는 주장[45]이 적잖이 설득력이 있기 때문이다.

이러한 정황을 고려할 때, '미루쿠의 섬'이라는 이상향과 관련되는 화소는 슈리 왕부로부터 전해진 미루쿠 의례 및 예능, 설화 등이 야에야마가 처한 역사적 환경을 바탕으로 생겨난 타계 관념과 만나면서 형성된 것으로 볼 수 있을 것이다. 야에야마에서 오키나와 본도로의 역전파 가능성을 확인할 수 있는 지점이다.

5. 맺음말

본 장은 오키나와의 미륵·석가 경쟁담을 근세 류큐의 역사와 문화라는 맥락 위에서 살펴보았다. 그간의 논의에서 소홀했던 문화권별 전승 양상에 주목하여 그 분포 양상이 어떤 맥락에서 이루어진 것인가를 고찰하고, 미륵·석가 경쟁담의 화소가 오키나와 내부의 역사문화적 맥락 위에서 향유된 실제에 접근하려 하였다.

미처 다루지 못한 부분은 아마미 제도와 미야코지마에서 창세신화의 일부로서 등장하는 미륵·석가의 경쟁담이다. 이 두 지역의 미륵·석가 경쟁담은 각 지역 창세신화의 전체적 면모를 고찰해야만 그 설화적 위상이 드러날 수 있을 것이라고 생각한다.

---

43) 湧上元雄, 『沖縄民俗文化論』, 榕樹書林, 2000, p.348.
44) 야마구치 현립대학 안케이 유지(安溪遊地) 교수의 교시에 의한다.
45) 古谷野洋子(2009), 앞의 책, p.178.

또한 '미루쿠'에 관련되는 설화적 전승이 왜 하필 석가와의 대립 관계를 기반으로 하는가에 대한 논의를 전개하지 못했다는 한계를 지닌다. 평행 창조나 두 신의 대립이라는 기본적 신화소의 존재를 가늠하는 선행 연구의 성과 위에서, 오키나와의 불교 수용 역사와 불교의 전개 양상을 살펴야 하는 것이 또 다른 과제로 남는다.

참고문헌

김헌선, 「韓國과 琉球의 創世神話 比較 硏究-彌勒과 釋迦의 對決 神話素를 중심으로」, 『고전문학연구』21, 2002.

심재관, 「석가·미륵 투쟁신화와 힌두신화의 한 유형-비교론적 관점에서」, 『비교민속학』33, 비교민속학회, 2007.

古谷野洋子, 「ミルク加那志の成立」, 『次世代人文社會研究』2, 한일차세대학술포럼, 2006.

古谷野洋子, 「仮面祭祀からみた沖縄の「ミロク信仰」-八重山諸島竹富島の事例を中心に」, 『沖縄民俗研究』26, 沖縄民俗學會, 2008.

古谷野洋子, 「八重山の"安南伝承"—あるツカサの安南お礼訪問の語りから」, 『民俗文化研究』10, 民俗文化研究所, 2009.

菊地章太, 『弥勒信仰のアジア』, 大修館書店, 2003.

宮田登, 『ミロク信仰の研究』(新訂版), 未來社, 1975.

大林太良, 「ミルクポトケとサクポトケ」, 『伊波普猷全集』月報9, 平凡社, 1975.

大林太良, 『神話の系譜』, 講談社, 1991.

山下欣一, 「巫歌をめぐる問題」, 『東北アジア民族説話の比較研究』, 臼田甚五郎·崔仁鶴 編, 桜楓社, 1980.

三浦佑之,「花を盗む話と花を盗む夢の話」,『成城國文』5, 1981.

城間義勝, 「沖縄のミルク神に関する研究-分布を仮面仮装について」, 『地域文化論叢』9, 2007.

須藤義人,「琉球諸島における<弥勒>観に関する一考察-弥勒仮面が来訪した「海上の道」を探る視点」,『地域研究所年報』18, 2004.

狩俣恵一,「竹富島の種子取祭と芸能」,『沖縄文化研究』5, 1978.

狩俣恵一, 「竹富島の村落社会と種子取祭り」, 『国学院短期大学紀要』10, 1992.

狩俣恵一, 「八重山諸島のアンガマと他界観」, 『国学院短期大学紀要』11, 1993.

狩俣恵一,『南島歌謠の研究』, 瑞木書房, 1999.

安溪遊地,『西表島の農業文化ー海上の道の發見』, 法政大學出版局, 2007.

玉木順彦,「首里王府による八重山の祭祀禁止に関する一考察」,『近世先島の生活習俗』, ひるぎ社, 1996.

依田千百子, 「神神の競争」, 『東アジアの創世神話』,君島久子 編, 弘文堂, 1989.

田畑博子,「ミロク信仰 沖縄と韓国のミロク説話の比較研究」,『沖縄文化研究』29, 2003.

田村敏和,「黄金の花が咲く話」,『奄美沖縄民間文芸研究』14, 1990.

知名定寛,『琉球仏教史の研究』, 榕樹書林, 2008.

後多田敦,『琉球の國家祭祀制度』, Mugen, 2009.

중국

창세신화, 미륵의 귀환을 꿈꾸다
–중국신화에 나타난 석가와 미륵 경쟁 모티프를 중심으로

김선자(연세대)

1. 들어가는 말

'꽃피우기 내기'를 비롯하여 석가와 미륵이 인간세상을 다스리는 권한을 두고 경쟁하는 이야기는 한반도와 중국, 몽골, 인도를 비롯하여 오끼나와에 이르기까지 광범위하게 분포되어 있다. 만약 그 이야기에서 석가와 미륵이라는 이름 대신 창세신화에 등장하는 두 명의 신으로 범주를 확대하여 신들의 대립과 경쟁이라는 측면에 초점을 맞춘다면 그 이야기의 분포 범위는 훨씬 더 넓어진다. 본 장에서는 석가와 미륵이라는 이름을 포함하여 창세신화에 등장하는 선신과 악신의 대립이라는 모티프에 집중하여 그 모티프가 드러내고 있는 맥락을 찾아보고, 그 맥락 속에서 석가와 미륵의 경쟁 모티프가 담고 있는 종교적·정치적 의미를 분석해 보고자 한다. 많은 자료들 중에서도 특히 중국에 전승되고 있는 신화들을 주요 분석 대상으로 삼는다.[1)]

2. 기존 논의에 대한 검토

논의의 시작은 한반도에 전승되고 있는 창세신화에 등장하는 석가와 미륵의 꽃피우기 내기 모티프에서 비롯된다. 손진태가 채록한 「창세가」[2]에 등장하는 석가와 미륵의 꽃피우기 내기 모티프는 제주도 지역에 전승되는 「천지왕본풀이」에 등장하는 대별왕과 소별왕 이야기, 「삼승할망본풀이」에 등장하는 동해용왕 따님애기와 명진국 따님애기의 꽃피우기 내기와 더불어 비슷한 신화가 전승되는 타 지역 신화 연구자들의 관심을 끌었고, 거기에서부터 논의가 본격적으로 진행되었다. 창세신화에 등장하는 인세차지 경쟁 모티프는 여러 학자들에 의해 연구되었지만, 본격적인 논의는 김헌선의 「한국과 유구의 창세신화 비교 연구-미륵과 석가의 대결 신화소를 중심으로」(『고전문학연구』 제21집, 2002), 「삼승할망본풀이의 여신 투쟁이 지니는 신화적 의미」(『민속학연구』 제17호, 2005)에서 비롯된다. 이것에서부터 시작하여 조현설의 「한국 창세신화에 나타난 인간과 자연의 문제」(『한국어문학연구』 제41집, 2003), 심재관의 「석가미륵 투쟁신화와 힌두신화의 한 유형-비교론적 관점에서」(『비교민속학』 제33집, 2007), 박종성의 「중동부 유럽과 한국의 창세신화 그리고 변주」(『비교민속학』 제35집, 2008)가 나왔다. 인도, 유럽에서 한반도와 오끼나와로 이어지는 석가와 미륵 꽃피우기 내기 모티프에 관한 논의가 이어

---

1) 당연히 '중국'이라는 지리적 영역에는 공식적으로만 무려 56개의 민족이 거주한다. 그들에게 전승되는 모든 신화에서 석가-미륵 꽃피우기 내기 신화소가 들어간 것들을 찾아내는 것은 현재로서는 거의 불가능하다. 그래서 일단은 현재까지 필자가 찾아낸 자료들을 분석의 대상으로 삼고 있음을 밝힌다. 이후 새로운 자료들이 나오게 되면 분석의 내용 역시 일부 달라질 수 있을 것이다.

2) 원래 손진태가 1930년에 『조선신가유편』에 채록해 놓은 자료들인데 그 주요 내용이 김헌선의 『한국의 창세신화』(길벗, 1994)에 소개되어 있다.

진 셈인데, 여기에 몽골지역에 전승되는 보르항신화까지 들어가면 가히 방대한 지역에 이르는 석가와 미륵 경쟁 모티프 전승 벨트가 성립된다. 그러나 기존의 논의에서는 중국에 대한 부분은 빠져 있었다. 지금까지 나온 논문들을 종합하여 논의의 중점이 되었던 문제들을 정리해 보면 대략 다음과 같다.

첫째, 석가와 미륵의 꽃피우기 내기를 포함한 경쟁 모티프는 인도-유러피안의 것인가?

둘째, 석가와 미륵의 경쟁 모티프에 나타나는 신들의 대립이라는 구도는 인도-유러피안의 것인가, 아시아의 지역적 변형인가. 말하자면 석가와 미륵이라는 '이름'이 중요한 것인가 아니면 그 이름보다 중요한 것이 '대립'이라는 구도인가?

셋째, 석가와 미륵 경쟁 모티프는 북전불교의 전파와 더불어 한반도에 들어온 것인가?

넷째, 석가와 미륵 경쟁 모티프의 배경에 들어있는 종교적 혹은 정치적 의미는 무엇인가?

필자가 본 논문에서 다루고자 하는 문제들 역시 위에서 정리한 틀에서 크게 벗어나지 않는다. 물론 그것에 덧붙여 중국신화에 등장하는 석가와 미륵 경쟁 모티프의 양상을 살피고, 그것을 통해 석가와 미륵이라는 이름이 등장하는 창세신화의 배경에 과연 무엇이 있는지를 찾아보려 한다.

3. 중국신화 자료에 나타난 석가와 미륵 경쟁 모티프

이 범주에 속하는 자료들은 두 가지 맥락에서 수집, 분석할 수 있다.

첫째는 좁은 의미의 석가와 미륵 경쟁 모티프이다. 이 자료의 키워드는 '석가와 미륵', '꽃피우기', '속임수', '인세차지'라고 하겠다. 둘째는 넓은 의미의 석가와 미륵 경쟁 모티프이다. 이것은 석가와 미륵 경쟁 모티프가 갖고 있는 신화적 본질에 주목하여 그 범주를 확장시킨 것이다. 석가와 미륵이라는 이름 대신 천신(하늘/자연/형)과 지신(인간/동생), 선신(빛)과 악신(어둠)의 대립이라는 구도가 성립될 수 있으며, 경쟁의 목적도 인세차지뿐 아니라 신들의 우열을 다투는 것일 수도 있다. 경쟁의 양상 역시 꽃피우기뿐 아니라 다양한 형태로 나타난다. 속임수는 들어갈 수도 있고 들어가지 않을 수도 있지만 경쟁과 대립이라는 기본 요소는 반드시 들어간다. 키워드는 '천신과 지신', '선신(빛)과 악신(어둠)', '경쟁', '속임수' 등이다. 이런 기준에 따라 현재까지 필자가 정리한 자료들을 다음과 같이 분류해 볼 수 있다.

(1) 좁은 의미의 석가와 미륵 경쟁 모티프

여기서 다루는 자료들은 좁은 의미의 석가와 미륵 경쟁 모티프에 한정하기로 한다. 석가와 미륵의 경쟁, 꽃피우기, 속임수, 인세차지라는 키워드가 들어간다. 이 부분에서 소개하는 자료는 문헌자료와 민간전승 자료로 나눠볼 수 있는데, 문헌자료는 명(明)·청대(淸代) 민간종교의 경전인 보권(寶卷)에 등장하는 것들이고, 민간전승은 윈난[雲南]과 산시[陝西], 푸젠[福建] 등에서 발견된 것들이다. 자료가 수록된 민간종교의 보권이 몽골과 가까운 산시[山西] 성에서 발견된 것이고 산시[陝西] 성 북부에서 채록된 민간전승에도 이 모티프가 등장한다는 점에 주목한다면 이야기의 전승 맥락을 추측하는데 도움이 될 것이다. 윈난 지역에서 채록된 민간전승이 소수민족이 아닌 한족의 구전자료라는 점 역시 주목할 만하다.

1) 문헌자료에 나타난 석가와 미륵 경쟁 모티프

문헌 1-『고불당래하생미륵출서보권(古佛當來下生彌勒出西寶卷)』

황천교(黃天教) 지파인 원돈교(圓頓教) 경전에 속하는 『고불당래하생미륵출서보권(古佛當來下生彌勒出西寶卷)』의 기록이다.[3] 이 책은 명나라 만력 44년에 간행되었다고 하는데 정확하지는 않다. 황천교에서도 세상 모든 재난의 근원을 현세를 다스리는 석가에게 있다고 말한다. 내용은 대략 다음과 같다.[4](*이하 인용문에 보이는 밑줄은 필자가 강조하기 위해 친 것이다)

> 들리는 바로는 연등고불과 미륵세존, 석가는 한 어머니에게서 태어난 삼세고불이다. 처음부터 친형제였고 함께 도를 닦았다(蓋聞燃燈古佛, 彌勒世尊, 釋迦一母所生三世古佛. 初始以來爲親兄弟, 同修大道). 그래서 세 사람이 돌아가면서 주관했다. 연등고불이 주관하는 기간이 끝날 무렵, 삼불이 함께 모여 누가 세상을 다스리고 중생을 구제할 것인가를 의논하였다. 말에 근거가 없을까봐 각자 맹세를 하기를 "함께 금장을 세우고 사흘 동안 선정에 든 다음에 금장에 꽃이 핀 것을 보기로 하자. 먼저 꽃을 피우는 자가 먼저 세상을 다스리는 것이다(同立金杖, 禪定三日出定觀看金杖開花, 先開者先去治世)."라 하였다. 그러나 석가불은 하루가 채 지나기도 전에 "몰래 눈을 뜨고 보았고(開眼私看)", 미륵불의 금룡장(金龍杖)에 용화(龍花)가 한 송이 피어 만 줄기 금빛을 비추는 것을 보고 "몰래 자기 석장 위에 가져다 놓았다

---

3) 『古佛當來下生彌勒出西寶卷』과 『彌勒尊經』에 꽃피우기 내기 화소가 나타난다는 점에 대해서는 서영대가 「'세상차지' 경쟁 신화의 연원」에서 소개했음을 밝혀둔다.

4) 『古佛當來下生彌勒出西寶卷』 「玉佛出西品選第一」, 「掃滅文才品選第十四」을 바탕으로 秦寶琦의 「明淸時期秘密教門信仰體系與基本教義的形成與發展」(『邵陽學院學報』, 社會科學, 2002, 第1期(第1卷 第1期), p.64~65)에서 소개한 내용을 인용했다.

(暗去移換在自己金錫之上).” 세 사람은 석가의 금룡장 위에 꽃이 먼저 핀 것을 보고는 석가불이 인간세상을 다스리게 하기로 결정했다. 그러나 그것은 결과적으로 속세에 무궁무진한 고난을 가져왔다. “3천 년 동안 중생의 빈부고락이 같지 않아 어떤 자는 부자였고 어떤 자는 가난했으며 오곡의 수확이 줄어들어 모든 사람들이 편치 않았다. 나라에는 경쟁 때문에 조용할 날이 없었고 도적이 엄청나게 많아졌으며 세상의 중생은 끝없는 고통을 겪었다. 결국 마왕이 세상을 어지럽히는데다가 세 가지 재앙, 아홉 가지 재난이 들어 세상 중생들은 종말을 맞이하였다(三千年間, 衆生貧富苦樂不同, 五穀少收, 四民不安, 國家爭競不寧, 盜賊最多, 世間衆生受苦無窮. 後被魔王攪亂, 再有三災八難, 世間衆生又遭末劫).” 결국 세상의 모든 죄악과 고난은 석가불이 “꽃을 훔친 결과(偷花之報也)”라는 것이다. 하지만 일단 미륵고불이 세상을 다스리면 다른 광경이 펼쳐진다. 그때가 되면 “대지의 중생들이 모두 부유하고 충족해하며 도처에 평화가 깃들고, 세상 모든 풀들이 자라나며 오곡은 일찍 자란 것은 일찍 베고 늦게 자라난 것은 늦게 베어 자연히 배불러지니, 사람들이 정신을 제대로 지키고 아름다운 얼굴을 가질 수 있었으며, 모든 것이 달콤하여 한 개만 먹어도 며칠 동안 배고프지 않은 경지라, 중생의 수명이 늘어났다(大地衆生俱以富足, 到處和平, 世間百草皆生,五穀早生早割, 遲生遲割. 一切樹木盡生果子, 大者如升, 小者似鍾, 令人吃用, 自然飽滿, 保人精神, 養性紅顏, 味如甘美, 吃一個數日不飢, 皇胎子女壽命延長).”

문헌 2-『미륵존경(彌勒尊經)』

청나라 가경(嘉慶) 20년(1815)에 청다문파(淸茶門派)의 주요 지도자들이 ‘반청복명(反淸復明)’을 도모했다는 이유로 멸족을 당한다. 차 석 잔을 바치면서 아미타경을 외운다고 해서 ‘청다문’이라 불렀는데, 청다문의 중요 경전이 『삼교응겁총관통서(三教應劫總觀通書)』이다. 『미륵존경』 역시 청다문파의 경전으로 알려져 있는데, 『삼교응겁총관통서』와 같은 것이라는 주장도 있으나 멸문의 화를 당한 이후 조금 내용을 바꿔 나온 것이라고도 한다. 관련 내용은 다음과 같다.[5]

> 그때 미륵존불과 석가모니불이 삼세 이래로 친형제였다. 함께 큰 도를 닦아 같이 보리를 알았다. 무상정각, 열 가지 호칭을 모두 갖추고, 만억주신 하니 삼세 이래로 큰 공이 이루어져 미륵불이 형이 되고 석가불이 동생이 되었다. 대도 정각하고 모두 이루었다. 이에 누가 먼저 세상을 다스리고 중생을 제도할 것인가를 의논하였다. 함께 맹세하고 그날 대정에 들어 앞에 석장을 세우고서 석장 위에 먼저 꽃을 피우는 자가 먼저 세상을 다스리고 나중에 꽃을 피우는 자가 나중에 세상을 다스리기로 하였다. 함께 맹세하고 말을 끝냈다. 이에 앞에 석장을 세우고 각자 자리를 잡고 앉으니 이미 상서로운 꽃이 정해졌다. 그때 석가가 입정하였다. 하루는 몰래 눈을 떠서 자기 석장을 들여다보았는데 오색 빛이 찬란하기만 할 뿐 아직 꽃이 피지 않았다. 미륵 용장 위에는 먼저 꽃이 피었는데 그 꽃이 붉은 색으로 용의 입 한가운데에서 해가 막 떠오르는 듯 빛이 사방을 비춰 삼세가 모두 보였다. 당시 미륵불이 막 대정에 해당되어 가볍게 용화를 옮겨다가 금석 위에 올려놓은 뒤 다시 대정에 들었다. 3일이 지난 후에 함께 눈을 떠보니 금석 위의 용화 빛이 사라지고 붉은 빛만 환했다. 미륵세존이 웃으면서 말했다. "내가 비록 정에 들었으나 하늘의 눈으로 바라볼 수 있다. 내 동생이 용화를 훔쳐 갔으니 꽃의 빛깔이

5) 이 내용은 濮文起의 「『彌勒尊經』蠡測-兼與馬西沙教授商榷」(『中華文化論壇』, 2004. 4, p.137)에서 인용하였다. 『彌勒尊經』「玉佛諸問品第五」의 내용이다. 「彌勒授記品第一」에 의하면 미륵이 하생하기 전에 500년 동안 頭陀尊者가 미륵을 대신하여 먼저 내려와 末劫을 구제하는데 그가 바로 玉佛이다.

빼어나지 않아 빛이 줄어들었구나. 이제 세상을 너에게 다스리도록 하겠으나 아쉽게도 완전하게 아름답지는 않겠구나. 3천 년 동안 백성들의 부귀함과 괴롭고 즐거움이 고르지 못하겠고 오곡이 줄어들 것이며 나라에는 싸움이 일고 사방이 평안하지 못할 것이다. 도적이 늘 생겨나고 사악한 신들이 생겨날 것이며 온갖 괴이한 것들이 더 많이 생겨나 백성들이 고통을 당할 것이다.

爾時, 彌勒存佛與釋迦牟尼佛, 三世以來, 爲親兄弟, 同修大道, 同證菩提, 無上正覺, 十號具足, 萬億周身, 三世以來, 大功成就, 彌勒佛爲兄, 釋迦佛爲弟, 大道正覺, 俱以成就. 彌勒圓滿, 乃自商議誰先治世, 普度衆生? 于是同盟而日大定, 竪錫于前, 若錫杖上先開花者, 先當治世, 後開花者, 後當治世. 同盟言訖, 乃竪錫座前, 各敷定席, 已定瑞花. 彼時, 釋迦入定. 一日, 私目視錫, 自錫之上, 只有五色毫光, 不曾開花, 若彌勒佛龍杖之上, 先開了花, 其花紅色, 正當龍口之中, 如日初升, 光照天下, 三界皆見. 當時, 見彌勒佛正該大定, 乃輕輕移去龍花, 安在金錫之上, 復來大定. 及三日之後, 同開正眼, 金錫之上, 龍華色減, 紅光潤白. 彌勒世尊微笑曰:"我雖在定, 天眼亦見. 吾弟偸移龍花, 且花顔色不悅, 光明減少, 今將世界付汝管治, 惜乎不能全美. 三千年間, 人民富貴苦樂不均, 五穀少登, 國土爭競, 四方不寧, 盜賊常生, 邪神自然, 百怪交加, 人民受苦."

문헌 3-『미륵도세진경(彌勒度世眞經)』

베트남 한놈연구원[漢喃硏究院](The Institute of HanNom)에 소장된 두 가지 미륵경이 있는데 『미륵도세진경(彌勒度世眞經)』과 『미륵진경연음(彌勒眞經演音)』이 그것이다. 『미륵도세진경』은 보대(保大) 무인년(戊寅年)(1938) 중간본(重刊本)이고, 『미륵도세진경』이 출간된 다음 해에 비슷한 내용이 담긴 『미륵진경연음』(1939)이 출간되었다. 서문에 중국 산시 성[山西省] 핑양부[平陽府] 위에양현[岳陽縣]의 왕가장(王家

莊) 마을에서 발견된 것으로, 천둥번개가 치던 날 바위 속에서 나온 것이라고 했다. 표지에는 '갑인년중춘유인씨석중출판(甲寅年仲春裕仁氏石中出版)'이라고 쓰여 있었다고 한다.[6] 『미륵도세진경』에 석가와 미륵의 꽃 피우기 내기 이야기가 전해지는데, 내용은 대략 다음과 같다.[7]

미륵불과 석가불은 형제인데 먼저 석장(錫杖) 위의 용화(龍華) 꽃을 피게 하는 자가 먼저 세상을 통치하여 중생을 구제하기로 약속하였다. 석가불이 몰래 형인 미륵의 석장 위에 핀 용화 꽃을 자기 석장 위에 옮겨놓아 먼저 세상을 다스렸다. 그러나 그 세상이 완전하지 못했다. 그의 통치하에 빈부격차가 심해졌고 수확하는 작물은 줄어들었으며 도적이 횡행하였고 자연 재해가 계속 이어져 생명 있는 것들이 도탄에 빠졌다. 천주天主와 제석제천대성(帝釋諸天大聖), 관음제불(觀音諸佛)이 이 광경을 보고 원래 3천 년 후에 하생하기로 되어있던 미륵불이 조금 일찍 내려가 세상을 통치하기를 희망하였다. 그래서 미륵불의 제자인 옥불(玉佛)(두타존자(頭陀尊者))을 스승 대신 인간세상으로 내려가게 하여 먼저 물과 불에서 중생을 구제하게 하여 세상을 다시 태평하게 하였다. 그런 후에 미륵불이 하생하여 세상을 다스리게 하였다. 자신을 대신하여 인간세상에 내려간 옥불에게 미륵불은 승려, 불충하고 불효한 무리들, 종일 이익만 쫓아다니는 관리, 남의 농지를 빼앗는 부자들의 악행을 하나하나 헤아리게 하여 종말이 올 때 이 악인들이 호신부를 가지고 구원

---

6) 이것은 기본적으로 중국 산시 성 핑양부 위에양현 왕가장에서 나왔다는 『미륵존경』과 같은 내용을 담고 있는 것으로 보인다. 청다문파의 경전인 『미륵존경』 앞부분에 "佛說這本經出現在山西平陽府岳陽縣王家莊, 忽的一聲雷響, 石內崩開, 現出『彌勒尊經』一卷, 傳與天下人民抄寫供養"이라는 구절이 나온다.

7) 두 가지 미륵경에 대한 소개와 관련 내용은 武內房司, 劉葉華 譯, 「中國民衆宗教的傳播及其在越南的本土化-漢喃研究院所藏諸經卷簡介」(『淸史硏究』 2010年 第1期, p.17)에서 인용했다. 『미륵도세진경』은 『미륵하생경』에 기초한 것이지만 그 내용에는 베트남 사회의 현실이 반영되어 있다고 한다.

을 받을 가치가 없음을 지적하였다.

2) 민간전승에 나타난 석가와 미륵 경쟁 모티프

민간 1-쇠막대기에 꽃이 피다[鐵棒開花](윈난)

한족 종교인물 전설로서 윈난성 옌진현(鹽津縣)에 전승된다. 강술 내용은 다음과 같다. 석가불과 미륵불이 함께 곤륜산에서 수행하는데 정과正果를 얻은 후에 서로 천하를 다스리고 싶어 했다. 그러나 누가 더 도道가 높은지 가릴 수가 없었다. 그래서 그들은 각자 자기 앞에 쇠막대기 하나를 꽂고 눈을 감고 경을 외운 후 먼저 쇠막대기에 꽃을 피울 수 있는 자가 세상을 다스리기로 약속했다. 시합이 시작되고 얼마 지나지 않아 석가불이 몰래 눈을 뜨고 보니 사형(師兄)의 쇠막대기에 이미 연꽃 한 송이가 피어 있는 것이 보였다. 그래서 몰래 그 연꽃을 따서 자기 쇠막대기에 꽂아놓았다. 나중에 미륵불이 사제(師弟)의 쇠막대기에 연꽃이 있는데 자기 쇠막대기에는 꽃받침만 남아 있는 걸 보고 상황을 확실하게 알게 되었다. 그는 불성실한 사제(師弟)에게 계속 세상을 관장하게 하기 싫어 제의를 했다. 정월 초하루부터 보름까지는 자기가 관할하고 나머지 기간 동안은 사제에게 주기로 했다. 말을 마치더니 그는 세 줌의 진흙을 가지고 서천(西天)으로 돌아갈 준비를 했다. 석가불은 얼른 꿇어앉아 사형에게 진흙을 남겨달라고 했다. 그렇지 않으면 사람들이 씨앗을 뿌려도 곡식을 거둘 수 없어 풀과 나무만 먹어야 했기 때문이다. 미륵불은 그에게 자기가 해마다 2월과 4월, 8월 석 달 동안은 흙을 뿌려줄 것이고 6월에 대지에 홍수가 나면 흙을 거둬갈 것이라고 했다. 그래서 그때부터 해마다 2월과 4월, 그리고 8월이면 하늘에 누런 먼지가 휘날리는 것이고, 6월이면 홍수가 나 대량의 진흙이 떠내려가게 된 것이다.(마푸여우[馬付友] 강술, 마차오쥔[馬朝均] 수집, 완스루[萬仕茹] 정리. 『雲南省民間文學集成·鹽津縣故事卷』, 鹽津縣民委, 文化局, 1989)[8]

민간 2-화분에 꽃이 피다(산시[陝西])

옥황대제는 인간의 세계를 다스리기 위하여 천궁의 미륵불을 하계로 파견하고자 하였다. 이 일을 여래불이 알고 "내가 불교의 신들 중에서 최고인데 어째서 나를 보내지 않는단 말인가?"하고 생각하였다. 그래서 옥황대제를 찾아 이치를 말하니 옥황대제는 옳다 그르다 말을 하지 않고 오직 "다시 한번 상의해 보자"라고 말하였다. 옥황대제는 상의하자는 빌미로 위기를 모면할 방법을 찾았다. 하루는 미륵불과 여래불을 불러 화분 두 개를 두 신의 앞에 놓고 "화분을 먼저 키우는 사람이 하계를 다스릴 수 있다."라고 말하였다. 여래불은 눈치가 빨라 옥황대제가 반드시 미륵불의 편을 들 것이라는 사실을 알았다. 그는 옥황대제가 한번 말을 한 후에는 바꾸기 어렵기 때문에 꽃피우기 시합을 하라고 핑계를 대는 것이라고 추측하였다. 여래불은 그들의 앞에 놓여져 있는 꽃은 이미 옥황대제가 몰래 일을 꾸며놨을 것이라고 생각하였다. 그래서 그는 미륵불이 눈을 감고 기도를 하는 사이에 두 화분의 위치를 바꾸었다. 이튿날 여래불의 화분에 꽃이 피어 미륵불은 하루만을 다스리게 되었다. 미륵불은 마음이 착하여 이날 사람들에게 맛있는 음식과 좋은 옷을 입게 하였다고 한다. 따라서 사람들은 정월 초하루를 매우 즐겁게 보낸다. 후에 사람들은 두 신이 교체하는 시간을 기념하였는데 이날이 설날이다. 여래불이 화분을 몰래 바꾼 일이 사람들 사이에 전해져 지금도 도둑이 있다고 한다.(쉐리[雪犁] 主編, 『中華民俗源流集成』1 節日歲時卷, 甘肅人民出版社, 1994, 4쪽, 제보자 허우위샹[侯玉香])[9]

---

8) 普學旺 主編, 「漢族神話傳說/ 6. 宗教人物傳說」, 『雲南民族口傳非物質文化遺産總目提要·神話傳說卷』(下卷), 雲南教育出版社, 2008, p.355~356.

9) 이 자료는 김인희의 「韓·中 巨人神話 比較 硏究」(『韓國民俗學』 32, p.65)에서 소개한 것으로, 김인희의 번역을 그대로 옮겼음을 밝혀둔다.

민간 3-삼불(三佛)의 꽃피우기 내기(푸젠)

푸젠성 푸톈(莆田) 지역에 '불공(佛公)'(사주문불(泗洲文佛) 혹은 성공(聖公)이라 불림)에 관한 습속이 전승된다. 음력으로 팔월, 달이 밝은 깊은 밤에 부녀자 너덧 명이 무리를 지어 삼거리에 있는 불공의 사당에 향불을 피우고 기도를 하는데 그것을 '청불괘(聽佛卦)'라 한다 '불공'에 대해서는 청나라 초기 주량공(周亮工)의 『민소기(閩小記)』와 청나라 중기 시홍보(施鴻葆)의 『민잡기(閩雜記)』에 관련 기록이 있다. 이 이야기에 등장하는 미륵은 주머니를 멘 포대화상(布袋和尚)의 모습이며, 꽃피우기 내기를 하는 것도 3명이다. 이것은 민간종교 보권에 삼불이 등장하는 것과 같은 맥락의 것으로 보인다. 여기서는 인간세상을 차지하기 위한 목적이 아니라 누가 존자인가를 놓고 내기를 한다. 우리나라 정운학본 「창세가」에서 미륵이 떠나면서 해와 달을 갖고 가버렸다고 하는 것에 비해 여기서는 곡식의 종자를 갖고 가버린다. 푸젠에 전승되는 미륵과 불공 관련 민간고사는 다음과 같다.

> 한 번은 석가모니불과 미륵불, 사주문불 셋이서 법술을 겨뤘다. 누구든 수도에 성공하여 쇠 나무[鐵樹]에 꽃을 피우는 자가 있다면 모두가 그를 존자(尊者)로 모시기로 했다. 법술 겨루기를 하니 미륵불이 가장 먼저 쇠 나무에 꽃을 피웠고 문불(文佛)이 그 사실을 미륵에게 알려주었다. 미륵이 기뻐하느라 눈이 조그맣게 되었다. 잠시 신경을 안 쓰는 사이에 꽃이 핀 쇠 나무를 석가가 자기 것으로 갖고 가버렸다. 불공이 불평을 하며 미륵에게 알려주니 미륵이 화가 나서 곡식의 씨앗이 가득 든 주머니를 메고 서천으로 돌아가려 했다. 이때 불공이 다시 생각하니 만일 미륵이 곡식의 씨앗을 모조리 갖고 서천으로 갔으니 하계의 중생들은 무엇을 먹는단 말인가? 불공이 석가에게 청하여 쥐를 풀어 쥐에게 미륵불의 주머니에 구멍을 내게 했다. 미륵불이

한 걸음 걸을 때마다 곡식이 주머니에서 흘러나왔다. 이렇게 하여 서천과 하계에 모두 곡식이 있게 된 것이다. 그 후 석가가 주축이 되어 논공행상을 하게 되었는데 석가는 미륵불을 큰 사묘(寺廟)에 봉했다. 그가 늘 웃고 있었기 때문에 사람과 인연이 있다고 생각하여 사묘의 대문에서 손님을 맞이하게 했다. 불공은 농담을 잘했기 때문에 그를 사람들이 많이 오고가는 삼거리에 두어 사람들에게 길도 가리켜 주고 복도 주게 했다. 불공은 쥐가 공을 세웠으니 고양이가 쥐를 못살게 굴지 못하도록 해주라고 요구했고, 석가는 쥐의 눈을 멀게 하여 낮에는 다닐 필요가 없게 만든 다음 몸에서 악취가 나게 하여 고양이가 감히 잡아먹지 못하게 하였다.(우춘잉[吳春英])[10)]

민간 4-후산문(後山門)의 내력(윈난)

한족 종교인물 전설로서 윈난성 쿤밍(昆明) 시에 전승된다. 강술 내용은 다음과 같다. 미륵불과 대불노야(大佛老爺)가 같은 스승에게 수학했다. 사부가 그들이 장문(掌門)의 지위를 두고 다툴까봐 걱정이 되어 그들을 운유(雲遊)하게 하면서 먼저 절로 돌아오는 자에게 새로운 장문을 맡게 하겠다고 했다. 미륵불이 반쯤 가다가 좁은 길로 질러서 절로 돌아왔다. 그가 문을 들어서자 연화보좌(蓮花寶座)가 앞에 있는 것을 보고 얼른 뛰어올라가 껄껄대며 소리내어 웃었다. 그래서 후에 모든 절의 미륵불이 웃고 있는 모습을 하고 있는 것이다. 얼마 지나지 않아 대불노야 역시 급히 돌아왔다. 그는 미륵불이 연화보좌에 올라 앉아 있는 것을 보고 후전(後殿)의 측면에 작은 구멍을 뚫어 몰래 대웅보전으로 들어가 안에 있는 연대(蓮臺)에 앉았다. 사실은 이것이 바로 장문이 앉는 자리였다. 결국 몰래 뚫어놓은 작은 구멍은 미처 메우지 못

10) 이 자료는 복건성 莆田시의 莆田新聞網(http://www.ptxw.com/wenti/mscs/200711/7/4311_0.shtml) 2007년 11월 7일 기사에서 인용했다. 현지에서 전승되는 민간의 습속과 관련된 민간고사이다.

했고, 그래서 대불노야는 아예 어린 사미승을 시켜 그 위에 작은 문을 하나 만들어 놓게 하였다. 그것이 바로 '후산문'이다.(리펑치[李鳳啓] 강술, 쉬즈야오[徐之堯] 기록, 『昆明山川風物傳說』, 雲南民族出版社, 1994)[11]

민간 5-쇠기둥의 슬픈 노래[鐵柱悲歌](구이저우貴州)

구이저우성 동북지역 먀오족 거주지에 전승. 아득한 옛날 천지가 취약하였고 인간세상엔 싸움이 끊이지 않았다. 사다오디(沙蹈氏)와 거예라오(格爺老) 두 부락 간에 여러 대에 걸쳐 싸움이 일어났다. 마침내 두 집안의 우두머리인 사거미(沙格米)와 마오거미(卯格米)가 함께 의논하여 각각 쇠기둥 하나씩을 세워 전쟁을 끝내기로 했다. 쇠기둥에 꽃을 피우는 자가 동방을 주재하기로 했다. 한밤중에 사거미가 몰래 마오거미의 쇠기둥에 핀 꽃을 자신의 쇠기둥으로 가져왔고, 이때부터 사거미가 동방을 갖게 되었다. 음험한 사거미는 또한 바늘을 사용하여 독으로 마오거미를 죽였다. 마오거미가 죽기 직전에 아내에게 "내가 죽거든 땅에 묻지 말고 사흘 밤낮을 찌시오. 그러면 내가 다시 살아날 것이오."라고 말했다. 아내가 이틀 반을 찌고 있다가 완전히 쪄서 문드러질까봐 걱정되어 뚜껑을 열었는데, 그 바람에 마오거미는 다시 살아나지 못했다.(주유청[朱有誠] 창술, 장즈훙[張志宏] 번역, 『中國苗族文學叢書·西部民間文學作品選』, 貴州民族出版社, 1998)[12]

위에 소개한 자료들에 대해 간략하게 정리해 보자면 우선 문헌자료는 명·청대의 민간종교 관련 경전에 등장한다는 점이 눈에 띈다. 그 문헌자료는 대개 산시[山西] 성 지역에서 발견된 것이다. 또한 위에서 소개한 민간전승 중의 하나가 산시[陝西] 성에서 채록된 것이다. 산시[陝西] 성

11) 『雲南民族口傳非物質文化遺産總目提要·神話傳說卷』(下卷), p.355.
12) 『雲南民族口傳非物質文化遺産總目提要·史詩歌謠卷』(上卷), p.554.

은 몽골과 땅을 맞대고 있는 지역이다. 그 지역에서 석가와 미륵의 꽃피우기 내기 모티프가 들어간 이야기들이 경전과 민간에 전해진다는 점은 석가와 미륵의 이름이 등장하는 몽골 창세신화와의 관련성을 아주 배제할 수는 없음을 보여준다. 한편 윈난과 푸젠 등지에서 채록된 이야기들이 주로 한족에게서 나온 자료임을 주목해야 할 것이다. 윈난성과 구이저우성에 거주하는 소수민족들의 창세신화에서 석가와 미륵의 경쟁 모티프를 다룬 이야기들은 현재까지 명확하게 발견되지 않는다. 쿤밍에서 채록된 자료들은 한족에게 전승되는 것이다. 먀오족 거주 지역에서 채록된 자료는 그 지역이 한족의 거주지역과 인접해있다는 점에 유의해야 한다. 특히 그 자료에서는 석가와 미륵의 이름이 먀오족 부락 수장의 이름으로 대치되어 있다. 그렇다면 석가와 미륵의 경쟁 모티프는 불교적 요소를 받아들이긴 했지만 토착종교의 세력이 여전히 강한 중국 서남부 지역에 거주하는 소수민족과는 큰 관련성이 없는 모티프라고 가정해 볼 수 있다.

(2) 넓은 의미의 석가와 미륵 경쟁 모티프

창세신화에는 보통 하늘과 땅을 만드는 창조신들이 등장하게 마련이다. 두 명의 신이 각각 하늘과 땅을 만드는 경우도 있고, 여러 명의 신이 만드는 경우, 혹은 한 명의 신이 여러 신들로 하여금 하늘과 땅을 만들게 하는 경우가 있다. 어떤 경우든, 창세신화에서는 이러한 신들의 대립이 종종 일어나게 마련이다. 그중 가장 많은 경우가 천신(하늘)과 지신(땅)이 대립하는 경우인데 이것은 때론 신과 인간, 혹은 자연과 인간의 대립 구도로 치환되어 나타나기도 한다. 또 하나는 선신과 악신의 대립이라는 구도인데 이것은 또한 빛과 어둠을 상징하기도 한다. 때로 이 신들은 형과 동생의 관계로 나타나기도 한다. 선과 악이 인간의 양면성을 반영하는 것이라고 본다면 그들이 종종 형제로 등장하는 것은 자연스런 현상이다.

아시아 지역의 창세신화에 등장하는 석가와 미륵의 경쟁과 대립 구도는 원래 이러한 두 신, 즉 천신(하늘/자연)과 지신(인간) 혹은 선신(빛)과 악신(어둠)의 대립이라는 신화적 모티프의 변이라고 여겨진다. 그래서 여기서는 석가와 미륵 경쟁 모티프의 신화적 기원이라고 여겨지는 천신과 지신 혹은 선신과 악신의 대립 구도가 등장하는 신화들을 뽑아서 정리해 보았다. 여기서 주의 깊게 보아야 할 부분은 어떤 민족들에게 이러한 경쟁과 대립 모티프를 가진 신화들이 주로 등장하는가 하는 점이다.

1) 천신(天神)과 지신(地神)의 대립 모티프

자료 1-줘뤄[佐羅]와 줘베이[佐卑](하니족)

하니족[哈尼族] 창세신화. 윈난성 훙허[紅河] 남쪽 하니족 지역에 전승됨. 전해지기를, 천·지·인이 탄생한 후에 세상은 하늘과 땅, 지하세계로 나뉘었다. 신들은 매일 인간세상으로 와서 놀았는데 어떤 신은 하늘과 땅의 규칙을 위반하고 계속해서 인간세상에 머물렀다. 천신들이 하늘로 돌아가지 않고 지신들은 지하세계로 돌아가지 않으며 서로 인간세상을 관할하려고 다투었다. 그래서 매일 싸움이 끊이지 않았고 세상에는 편안할 날이 없었다. 이것이 천신 옌사와 사라를 고민하게 하였다. 그래서 그들은 마침내 하늘에 화덕을 만들어 돌을 녹여 아홉 개의 해를 만들어 하늘에 걸어놓아 지상의 강물을 마르게 하고 초목이 말라붙게 했으며 산의 돌이 녹아내리게 했다. 이에 지신이 화가 나서 하루에 세 번 큰물을 일으키니 인류가 멸절되었다. 오직 줘뤄와 줘베이 남매만이 남아 조롱박 속에 들어가 겨우 살아남았다. 하늘 끝 쪽에 천신의 아들이, 땅의 틈새에 지신의 딸이 겨우 살아남아 둘이 혼인하여 신들의 계보를 이어갔고, 주뤄와 줘베이가 혼인하여 인간의 계보를 이어갔다.(리카이밍[李開明] 강술, 루차오구이[盧朝貴] 수집·정리, 『元陽民間文學集成』, 元陽縣文化局, 1986)[13]

자료 2-천신과 지신의 시합(하니족)

하니족 창세신화. 윈난성 위안양[元陽]현, 홍허[紅河]현, 위안장[元江] 하니족이족다이족자치현[哈尼族彝族傣族自治縣] 하니족 지역에 전승되는데, 내용은 다음과 같다. 아득한 옛날 천신과 지신이 하늘과 땅을 만들었다. 두 신은 똑같이 재빨랐고 솜씨가 좋아 누구도 서로 졌다고 인정하지 않으며 시합을 해보자고 했다. 지신은 자신의 힘이 천신보다 세고 재주도 천신보다 많다고 생각했다. 천신 따위는 자신의 적수가 되지 않는다고 여겼고, 그는 손 하나만 갖고도 천신을 이길 수 있다고 생각했다. 두 사람이 시합을 시작했다. 과연 지신은 한 손만 갖고도 천신이 두 손으로 만드는 것보다 더 빨리 만들었다. 그래서 그는 득의양양해져서 하루에 잠깐만 일하고 나머지 시간은 놀거나 아니면 잠을 잤다. 그러나 며칠이 지나자 그는 천신의 하늘이 곧 완성될 것임을 알았다. 천신이 만든 하늘은 넓고 평평하며 보기에도 좋았다. 천신은 매우 부지런하여 낮이나 밤이나 끊임없이 일했고 세심하게 만들었던 것이다. 지신은 당황하여 얼른얼른 급하게 만들었고, 마침내 천신과 지신은 동시에 하늘과 땅을 완성했다. 하지만 지신이 급하게 대충 만들었기에 땅은 울퉁불퉁해 보기가 흉했으며 높은 산과 깊은 골짜기가 생겨났다.(마푸청[馬浦成] 강술, 스줘차오[史超軍] 수집·정리, 윈난성 사회과학원 스줘차오 보존 자료)[14]

자료 3-천지개벽(하니족)

하니족 창세고가(古歌). 윈난성 멍하이현[勐海縣], 징훙[景洪]시, 멍라현[勐臘縣] 하니족 거주지에 전승된다. 아득한 옛날, 천지가 열리면서 자빙아랑[加兵阿郞]이 하늘과 땅을 수리했다. 천지 간의 여러 신들이 하늘을 받치

---

13) 『雲南民族口傳非物質文化遺産總目提要·神話傳說卷』(上卷), p.279~280.
14) 『雲南民族口傳非物質文化遺産總目提要·神話傳說卷』(上卷), p.281.

고 땅을 튼튼하게 했으며 하늘에 해와 달이 생겼다. (…) 이 고가는 천지 간 여러 신들의 탄생과 그들이 하늘과 땅을 만든 공적을 노래한다. 해와 달을 만들고 하늘과 땅을 만들 때 신들이 남긴 신령스런 보석[神寶石]이 있는데 그것을 쟁탈하기 위해 천신과 지신이 천지대전을 일으킨다. 가난한 사람인 터우차이[頭才]가 천신과 지신의 싸움을 해결하기 위해 놀라운 힘으로 보석을 깨뜨려 보석 속의 보물을 나누어 주었다…(무명씨 창술, 가오허[高和] 수집·번역·정리, 『우번미번[吳奔米奔]』, 中國戱劇出版社, 1999)[15]

자료 4-터우차이[頭才]가 천지의 싸움을 화해시키다(하니족)

하니족 고가. 윈난성 멍하이현 하니족 거주지에 전승된다. 고가에서는 다음과 같이 노래한다. 천지가 탄생하고 1만 5,000년이 지난 후 신(神)·귀(鬼)·인(人)이 각각의 영역에 거주하며 바쁘게 살았다. 그러던 어느 날 터우차이라고 불리는 남자아이가 산에 나무를 하러 갔다가 빛깔이 찬란하고 투명하며 변화무쌍한 신령스런 보석[神寶石]을 하나 얻었다. 보석 안에는 붉고 하얗고 검은 세 필의 말이 들어있었고, 노란 색과 초록색, 푸른색 수탉 세 마리가 들어 있었다. 산의 바람이 그 소식을 천신과 지신에게 알려주었고, 천신과 지신은 천지개벽의 영웅들이 남긴 이 보석을 얻기 위해 끊임없이 싸웠다. 그래서 마침내 천지대전이 일어났다. 터우차이는 하늘과 땅의 싸움을 화해시키기 위해 천신과 지신이 부수지 못했던 보석을 인간의 지혜로 부숴 그 안의 보물을 하늘과 땅에게 공평하게 나눠주었고, 그때부터 하늘과 땅은 더 이상 싸우지 않고 사이좋게 공존하였다.(무명씨 창술, 가오허[高和] 수집·번역·정리. 『우번미번[吳奔米奔]』, 中國戱劇出版社, 1999)[16]

---

15) 『雲南民族口傳非物質文化遺産總目提要·史詩歌謠卷』(上卷), p.222.
16) 『雲南民族口傳非物質文化遺産總目提要·史詩歌謠卷』(上卷), p.240~241.

자료 5-어튀누주[俄妥努筑]와 중모이[仲墨依](하니족)

하니족 창세고가. 윈난성 위안양현 하니족 거주지에 전승된다. 고가에서는 이렇게 노래한다. 아득한 옛날, 우레신 어퉈누주가 수시로 인간세상에 이유도 없이 천둥번개를 내려 불을 일으켜 사람들이 살아갈 수 없게 만들었다. 능력 있는 인간이었던 중모이가 그를 찾아가 의논하기를, 천상의 우레신이 비를 잘 내려주기만 하면 하니족 사람들이 거두어들인 것의 반을 주겠다고 했다. 그러면서 중모이는 우레신에게 거둬들인 것의 어느 반쪽을 원하느냐고 물었다. 우레신은 뿌리를 달라고 했다. 중모이는 하니족 사람들을 데리고 고량과 옥수수, 메밀을 심었고, 거두어들인 것의 뿌리 부분만 어퉈누주에게 줏었다. 어퉈누주는 화가 나서 내년엔 머리 부분을 달라고 했다. 다음 해에 하니족 사람들은 고구마와 토란, 생강, 무를 거두었고 머리 부분을 얻은 어퉈누주는 여전히 아무 것도 먹을 것이 없었다. 분노가 폭발한 어퉈누주는 하니족과 철저히 적이 되기로 했다. 하지만 우레신이 중모이를 찾아왔을 때 조심하지 않는 바람에 중모이 집의 지붕에 깔아놓은 죽순 껍질을 밟아 미끄러졌고, 중모이에게 잡혀 나무 둥우리에 갇히게 되었다. 중모이가 밭을 갈러 나가면서 아들인 줘뤄와 줘바이에게 우레신한테 물을 주지 말라고 했다. 그러나 두 아이는 우레신이 애걸하는 바람에 돼지 여물통 속의 물을 주었고, 우레신은 힘이 강해져서 나무둥우리를 깨고 나왔다. 가기 전에 그는 남매에게 조롱박 씨앗을 주었고, 무슨 일이 생기면 그것을 땅에 묻으라 했다. 천궁으로 돌아간 어퉈누주는 여러 신들을 모아 지상에 홍수를 내렸다.(양피더위[楊批斗] 창술, 스쥔차오[史軍超] 수집·기록, 윈난성 사회과학원 스쥔차오 보존 자료)[17]

17) 『雲南民族口傳非物質文化遺産總目提要·史詩歌謠卷』(上卷), p.230.

자료 6-아우뤄阿務錄와 아피쩌阿皮則(이족)

이족[彝族] 창세신화. 윈난성 징둥[景東] 이족자치현 일대에 전승된다. 강술 내용은 다음과 같다. 아득한 옛날 하늘과 땅이 없었던 시절, 옥황대제玉皇大帝가 아우뤄라고 불리는 사람 일곱을 보내어 하늘을 만들게 하고 아피쩌라는 사람 셋을 보내어 땅을 만들게 했다. 하늘을 만드는 사람들은 사람 수가 많아 게으르게 잠을 잤고 땅을 만드는 자들은 숫자가 적어 열심히 만들었다. 하늘을 만드는 자가 깨어나 보니 이미 땅이 다 만들어졌는데 평평하고 넓었다. 그래서 매우 질투가 나 대지로 내려가 난리를 피우며 잡아당겨 높은 산을 만들고 눌러서 계곡이 생겼다. 옥황대제가 정해놓은 시간이 다 되었고, 아무뤄와 아피쩌는 떠났다. 그러나 하늘은 아직 다 만들어지지 않아 여전히 이지러진 곳이 있었다. 태상노군太上老君이 내려와 돌을 녹여 모자란 곳을 메웠기 때문에 하늘이 하얀색이 된 것이다.(쑨지콴[孫繼寬] 강술, 타오밍구이[陶明貴] 기록, 『景東縣民間文學集成』, 景東彝族自治縣民委, 文化局, 文化館, 1988)[18]

자료 7-하늘과 땅을 고치다(이족)

이족 창세신화. 윈난성 자오퉁시[昭通市] 이족 지역에 전승된다. 내용은 다음과 같다. 홍수가 범람한 후에 천지가 울퉁불퉁하여 평평하지 않았다. 천신과 지신이 인간세상에 힘센 신인 뉴뉴이허牛牛依和와 뉴뉴츠하牛牛慈哈를 보내어 고치게 했다. 둘이 누가 하늘을 고치고 누가 땅을 고칠 것인지를 갖고 다투다가 아푸[阿普]를 찾아와 판단해달라고 했다. 아푸는 뉴뉴츠하에게 하늘을, 뉴뉴이허에게 땅을 고치라고 말해주었다. 하늘을 고치게 된 뉴뉴츠하는 매우 부지런해서 다른 곳에서 지고 온 푸른색 진흙으로 하늘을 평평

18) 『雲南民族口傳非物質文化遺産總目提要·神話傳說卷』(上卷), p.5.

하게 고쳤다. 아직 이틀의 시간이 있는 걸 알고 빛을 내는 마아석馬牙石을 가져다가 하늘에 끼워 넣어 별을 만들었다. 뉴뉴이어는 힘이 많았지만 자는 걸 좋아해서 첫째 날에 지형만 살펴보고 잠을 자기 시작했다. 40일을 자다가 깨어나보니 시간이 부족했다. 그래서 얼른 손과 발을 움직여 만든 바람에 땅이 울퉁불퉁해졌고 높은 산과 골짜기가 만들어졌다.(양스룽[楊世榮]강술, 장린충[張林聰] 수집·정리. 『昭通地區民族民間文學資料選編』第二集, 昭通地區文化局, 民委 1985)[19]

자료 8-세상의 주인을 놓고 다투다(이족)

이족 서사가(敍事歌). 윈난성 홍허현 이족 거주지역에 전승된다. 노래의 내용은 다음과 같다. 반고가 천지를 열면서 세상엔 살아 있는 것들이 많아져 생존을 위해 서로 다툼이 끊이지 않았다. 후에 그들은 대표를 파견해 천신을 찾아가 천신에게 세상의 주인을 선택해달라고 부탁했다. 천신은 길짐승과 날짐승, 물고기를 사람과 재주를 겨루게 하여 승자를 세상의 주인으로 삼고 패자는 이긴 자의 말을 듣도록 하겠다고 했다. 여러 차례 각축 끝에 인류가 매의 도움으로 2개의 돌을 마찰시켜 불꽃을 일으켜 마른 풀에 불을 붙여 길짐승과 날짐승, 물고기 등을 모두 도망치게 만들었다. 그들은 슬피 울며 인간의 말을 듣겠다고 했다. 인간이 세상의 주인이 되어 각각 사물의 왕을 나누어주었다. 코끼리는 육지의 왕, 사자는 동물의 왕, 용은 물의 왕, 매는 날짐승의 왕, 올빼미는 야행성 날짐승의 왕 등등이었다. 그러나 매는 인류의 목숨을 구해주었기에 마음대로 닭이나 오리, 쥐 등을 잡아먹어도 된다고 허락해주었다.(바이완차이[白萬才] 강술, 바이뤼이이[白瑞義]·란위커[冉裕科] 기록·번역, 만푸[蠻夫]정리, 『紅河民族語文古籍研究』第6期, 紅河哈尼族彝族自治

19) 『雲南民族口傳非物質文化遺産總目提要·神話傳說卷』(上卷), p.20.

州民族硏究所, 1986)[20]

자료 9-천지가 원래 형제(다이족)

다이족 창세신화. 윈난성 징구[景谷] 다이족이족자치현의 다이족 지역에 전승된다. 내용은 다음과 같다. 아득한 옛날, 하늘과 땅은 친형제였다. 하늘이 형이고 땅이 동생이었는데 후에 둘이 갈라져서 점점 멀어졌다. 해와 달은 자매들인데 늘 천지간을 왔다 갔다 하며 지냈다. 그러나 하늘은 자매가 예쁜 걸 보고 사심이 생겨 땅으로 가지 못하게 하였다. 땅은 해와 달을 청해 지상을 비춰달라고 했지만 하늘이 허락하지 않았다. 그래서 하늘과 땅이 싸우기 시작했다. 수백 년 동안 싸움이 계속 되었지만 승부가 가려지지 않았다. 나중에 하늘이 독한 마음을 먹고 큰 비를 내려 땅을 물에 잠기게 하려 했으나 비가 그친 후에 삼림은 더욱 우거졌고 산은 오히려 더 푸르러졌다. 하늘은 다시 큰 불을 내려 땅을 재로 만들어버리려 했으나 땅에서는 불을 들고 집으로 돌아가 화덕을 만들어 불을 넣어놓고 불씨를 받들어 사람들이 사용했다. 하늘이 너무나 화가 나서 발을 동동 굴렀다. 별이 언제나 깜박깜박하는 것은 하늘이 땅을 미워하여 땅을 향해 눈을 부릅뜨고 있기 때문이다.(다오얼눠[刀二諾] 강술, 옌난룽[岩南隆] 기록·정리, 『雲南民間文學集成·景谷民間故事』(一), 景谷傣族彝族自治縣民間文學集成領導小組編輯室, 1989)[21]

자료 10-천지가 싸우다(다이족)

다이족[傣族] 창세신화. 윈난성 시 반나[西雙版納] 다이족자치주 다이족 지역에 전승된다. 내용은 다음과 같다. 하늘과 땅은 원래 형제라고 한다. 형인 하늘이 늘 동생을 못살게 굴어 두 형제는 반목하여 원수가 되었다. 형

---

20) 『雲南民族口傳非物質文化遺産總目提要·史詩歌謠卷』(上卷), p.17.

21) 『雲南民族口傳非物質文化遺産總目提要·神話傳說卷』(上卷), p.363.

은 큰 불을 내려 동생을 태워 죽이려 했지만 동생은 그 덕분에 오히려 불빛을 갖게 되었고 인류도 이로 인하여 불씨를 갖게 되어 다시는 날것을 먹지 않아도 되었으며 추위를 두려워하지 않아도 되었다. 이때부터 하늘과 땅 형제는 각각 따로 거주하며 영원히 왕래하지 않았다.(보옌볜[波岩扁] 강술, 옌원볜[岩溫扁] 수집·정리. 『西雙版納傣族民間故事集成』, 雲南人民出版社, 1993)[22]

자료 11-우레신과 장양의 대립(먀오족)

먀오족이 전승하고 있는 『먀오족고가(苗族故歌)』에서는 최초의 어머니인 나비엄마[蝴蝶媽媽]가 낳은 12개의 알에서 최초의 인간인 장양과 우레신, 여러 동물들이 탄생한다. 말하자면 인간 장양과 우레신은 같은 어머니에게서 태어난 형제이다. 이들이 인간세상을 누가 차지할 것인가를 두고 경쟁한다.

"새가 많으면 숲이 시끄러워지고/사람이 많으면 다툼이 많아지지
장양의 형제들 모두가 큰 형님 되려해/ 모두가 우두머리 되려해
너는 내게 기대려 하지 않고/ 나도 네게 복종하려 하지 않네

우레신 위풍당당해/ 장양이 꾀를 냈네
'큰 형님이 되려면/ 재주를 보여 봐라'"[23]

경쟁의 과정에서 그들은 여러 가지 내기를 한다. 우레신의 능력이 가장 뛰어났으나 결국 인간인 장양의 지혜(혹은 속임수)를 당해내지 못한다.

---

22) 『雲南民族口傳非物質文化遺産總目提要·神話傳說卷』(上卷), p.362~363.
23) 潘定智·楊培德·張寒梅 編 , 『苗族古歌』, 貴州人民出版社, 1997.

무엇보다 결정적인 것은 인간이 불을 사용한다는 것이다. 불을 사용하는 것에 놀란 우레신이 발을 그슬린 채 하늘로 도망쳐버리고, 마침내 인간인 장양이 인간세상을 차지하게 되는 것이다.

이상의 자료들을 통해 몇 가지 특징을 찾아낼 수 있다.

첫째, 대립의 주체는 주로 천신과 지신이다. 그리고 천신과 지신은 형제로 나타나는 경우도 있다(자료 9 · 자료 10.) 천신과 지신의 대립 구도는 때로 하늘(우레신)과 땅(인간)의 대립 구도로 나타나기도 한다(자료 5 · 자료 11).

둘째, 천신과 지신 대립 구도가 형성되는 이유는 크게 세 가지로 나뉜다. 인간세상을 누가 차지하는가(자료 1 · 자료 8 · 자료 9 · 자료 10 · 자료 11), 하늘과 땅을 각각 누가 고치는가(자료 2 · 자료 6 · 자료 7), 태초의 보물을 누가 갖는가(자료 3 · 자료 4) 등이다. 여기서 '인간세상을 누가 차지하는가'와 '하늘과 땅을 각각 누가 고치는가'는 결국 같은 맥락의 것으로 보인다. 결국 천신과 지신의 대립 구도가 형성되는 가장 중요한 이유는 인간세상, 즉 땅의 주도권을 누가 갖는가 하는 문제이다.

셋째, 하늘(우레신)과 땅(인간)이 대립하는 경우 이기는 것은 언제나 인간인데, 그 이유는 인간이 지혜(혹은 속임수)를 사용할 줄 알거나 불을 사용할 줄 알기 때문이다. '지혜'와 '불'이 바로 인간을 대표하는 능력임을 보여 주고 있다.

넷째, 이러한 대립 구도가 등장하는 신화들을 주로 전승하는 민족인 하니족과 이족은 그 민족 계통에 있어서 서북쪽 티베트와 칭하이[靑海] 고원 쪽에서 지금의 윈난성 지역으로 이주해온 민족이라는 점에 주목할 필요가 있다.[24] 특히 자료 7에서 잠들었다가 깨어나 땅을 만드는 지신이 '40일' 동안 잠들었다는 대목이 눈길을 끈다. '40'이라는 숫자는 현재 신장위구르 지역에 살고 있는 위구르족이 신성하게 여기는 숫자이며 히브리신화에서도 중요한 숫자이다.

2) 선신(빛)과 악신(어둠)의 대립

자료 1-스뤄와 지구가 법술을 겨루다(나시족)

나시족[納西族] 신화. 운남성 위룽[玉龍] 나시족 자치현, 샹그릴라[香格里拉] 나시족 거주 지역에 전승된다. 강술 내용은 다음과 같다. 딩바스뤄[丁巴什羅]가 출생한지 얼마 되지 않아 법술이 아주 높아졌다. 라마교 활불(活佛)인 지구[基古]가 승복할 수 없어 그와 법술의 고하를 가리기로 했다. 그래서 태양신에게 부탁해 심판을 해달라고 했다. 태양신도 그들의 우열을 가릴 수 없어 말했다. "너희들의 법술은 하늘처럼 높다. 둘 다 능력 있는 자들이다." 그러나 후에 법술 겨루기 과정에서 지구는 졌다고 인정하지 않을 수 없었다. 딩바스뤄가 최후의 승리자가 되었던 것이다. 그는 태양신이 준 황금 방울을 갖고, 활불이 바친 옷을 입고 고향으로 돌아와 강경講經을 했다.(뉴헝[牛恒], 허정차이[和正才] 강술, 무리춘[木麗春] 수집·정리, 『納西族民間故事集成卷』, 麗江地區文化局, 民委, 群藝館, 1988)[25]

자료 2-마타거우무밍[瑪它勾目命]이 오빠를 위해 복수하다(나시족)

나시족 신화. 운남성 샹그릴라 나시족 거주 지역에 전승된다. 강술 내용은 다음과 같다. 아득한 옛날, 미루둥주가 관할하는 둥 부락과 미리수주가 관할하는 수 부락이 장기적인 대립 상태에 있었다. 후에 미리수주가 미리둥

24) 이들의 창세신화와 민족의 이주 과정에 대해서는 김선자의 「영혼의 길 밝혀주는 노래(『지로경』)」, 『아시아의 죽음문화』, 소나무, 2010 참조.

25) 『雲南民族口傳非物質文化遺産總目提要·神話傳說卷』(下卷), p.100.

주의 아들을 죽였다. 미리둥주의 장녀 마타거우무밍이 오빠를 위해 복수하기로 결심하고 수 부락 내부로 들어가 자신의 아름다움으로 수 부락의 장군 커두디여우[克獨迪由]를 유혹하여 그를 죽게 했다.(겅가[更嘎] 강술, 양정원[楊正文] 정리, 『中甸縣民間故事』, 中甸縣文化局, 民委 編印)[26)]

자료 3-인류와 수족의 이야기(나시족)

나시족 신화. 운남성 위룽[玉龍] 나시족자치현에 전승된다. 강술 내용은 다음과 같다. 수(龍)족과 인류의 조상은 원래 동부이모 형제이다. 형제가 장성한 후에 분가하기로 결정, 하늘과 땅의 자산을 똑같이 반으로 나누기로 했다. 그러나 후에 수족이 약속을 지키지 않고 하늘과 땅의 자산을 9할이나 가져갔다. 인류가 생존할 수 없게 되자 신붕(神鵬)에게 가서 악한 수족을 징치해달라고 했다. 그리고 수족에게 재산을 돌려달라고 하고 다시는 지상에서 장난을 하지 못하게 해달라고 했다. 신붕은 쇠 발톱으로 수족을 잡아 큰 바다에 빠뜨렸다. 수족은 물보라를 일으켰으며, 그 물보라가 떨어져 호수와 연못이 되었다. 이때부터 수족의 자손은 호수와 연못에 살게 되었으며 인류와 수족의 규분은 철저하게 해결되었다.(허광[和光]·허스[和石]·허완칭[和万淸]·무진량[木金良]·허자오양[和紹陽] 강술, 무리춘[木麗春] 기록·정리. 『納西族民間故事集成卷』, 麗江地區文化局, 民委, 群藝館, 1988)[27)]

자료 4-하늘과 땅 만들기(징포족)

징포족[景頗族] 신화. 운남성 더훙[德宏] 다이족징포족자치주 징포족 지역에 전승된다. 강술 내용은 다음과 같다. 조물주 닝관와[寧貫娃]가 높은 태양산 위에 거주한다. 그는 힘껏 높은 산과 언덕을 파서 아홉 개의 큰 강을

26) 『雲南民族口傳非物質文化遺產總目提要·神話傳說卷』(下卷), p.105.
27) 『雲南民族口傳非物質文化遺產總目提要·神話傳說卷』(下卷), p.107.

만들었다. 그러나 땅에는 그 혼자뿐이었다. 그는 매우 적막하다고 생각하여 자신의 모양대로 작은 진흙 사람들을 만들었다. 작은 진흙 사람들을 땅에 내려놓으니 바로 살아났고 닝관와와 똑같이 컸다. 한 쌍씩 짝을 지어주어 집집마다 생활하게 하였다. (…) 그런데 마귀인 가오줘뤄레이[高佐洛雷]는 천지가 분명해지는 걸 싫어하고 혼돈을 좋아하였으며 세상에 만물이 출현하는 것을 싫어하였다. 닝관와가 하늘과 땅과 만물을 만들 때 그는 잠을 자고 있었다. 나중에 사람들 소리에 시끄러워서 깨어났다. 그리고 미친 듯이 우레를 내리치면서 닝관와에게 대지를 망가뜨리겠다고 하였다. 닝관와와 그는 천지가 어두워지도록 싸웠다. 결과적으로 닝관와는 가슴을 다쳐 태양산으로 돌아갔고 가오줘뤄레이는 몸의 반쪽이 갈라졌다. 하지만 그는 여전히 법술을 부릴 수 있어 은하수를 거꾸로 걸고 큰비를 내리게 하여 세상이 물로 가득 찼다. 대지에 홍수가 났고, 인간들 중에서 두 남매만이 소가죽으로 북을 만들어 그 안에 숨어 물을 피하고 살아남았다.(무명씨 강술, 웨즈밍[岳志明] 정리, 『景頗族民間故事』, 雲南人民出版社, 1983)[28]

자료 5-하얀 낮과 검은 밤(징포족)

징포족 창세가. 윈난성 룽촨현[隴川縣] 징포족 거주지에 전승된다. 내용은 다음과 같다. 빛의 신 와샹닝투이라[瓦襄能退拉]와 어둠의 신 닝싱닝루이무잔[能星能瑞木占]이 태어나자마자 세상을 두고 쟁패를 하기 시작했다. 와닝투이라는 세상을 영원히 낮으로 만들고 싶어 했고 닝싱닝루이무잔은 세상을 영원히 어두운 밤으로 만들고 싶어 했다. 그들이 끊임없이 싸우다가 지혜의 신 판와닝쌍저와닝장[潘瓦能桑遮瓦能章]에게 해결해달라고 했다. 판와닝쌍저와닝장은 환한 낮과 어두운 밤에게 각각 반씩을 나눠주었다. 하지만 반씩 차지한

28) 『雲南民族口傳非物質文化遺産總目提要·神話傳說卷』(下卷), p.153~154.

둘은 외로움을 느꼈고, 그래서 둘은 각각 별과 동물, 식물을 만들어 친구로 삼았다. 후에 빛의 신과 어둠의 신은 비바람, 우레, 높은 산과 골짜기, 강물과 호수를 낳았고 신들을 낳았으며 창세 영웅들이 사용할 도구와 무기도 만들었다.(무명씨 창술, 스루이石銳 기역記譯, 『景頗族傳統祭詞譯注』, 雲南民族出版社, 2003)[29]

자료 6-해와 달의 신화(징포족)

징포족 신화. 윈난성 더훙 다이족징포족자치주 징포족 거주지에 전승된다. 강술 내용은 다음과 같다. 창조신 닝왕라[能汪拉]와 닝판무잔[能斑木占] 부부가 달과 해를 창조했다. 최초의 달은 너무 어둡고 해는 너무 뜨거웠다. 그들은 아들 판와닝쌍저와닝장[潘瓦能桑遮瓦能障]이 가르쳐 준 방법대로 해를 물속에 담가두고 다시 달에게 빛을 좀 더 주어 해의 열기를 적당하게 만들었고 달빛도 적당하게 만들었다. 후에 이 한 쌍의 창조신은 다시 빛의 신 와샹닝투이라[瓦襄能退拉]와 어둠의 신 닝싱닝루이무잔[能星能瑞木占]을 창조했다. 두 신은 세상에 나오자마자 낮과 밤을 두고 싸움을 시작했다. 판와닝쌍저와닝장은 그들에게 각각 반씩을 갖게 하여 비로소 싸움이 그쳤다. 이에 세상엔 낮과 밤이 생겼다. 닝왕라와 닝판무잔은 낮과 밤에게 별이라든가 동물과 같은, 아주 많은 동료들을 만들어 주었다. 판와닝쌍저와닝장은 창조와 번영의 임무를 빛의 신과 어둠의 신에게 주게 하였다. 빛의 신과 어둠의 신은 비바람 우레, 높은 산과 골짜기, 강과 호수를 창조했고 다시 인류의 조상인 펑간즈[彭干支]와 무잔메춘[木占威純]을 만들었다. 후에 빛의 신이 산꼭대기에서 죽었는데 그 때문에 해가 산꼭대기에서 먼저 뜨는 것이다. 어둠의 신은 낮은 습지에서 죽어서 낮은 지역이 먼저 어두워지는 것이다.(무명씨 강술,

---

29) 『雲南民族口傳非物質文化遺産總目提要·史詩歌謠卷』(下卷), p.137.

스루이[石銳] 기록, 『景頗族文化習俗論』, 德宏民族出版社, 1998)[30]

자료 7-아부카허허와 예루리(만주족)

천신 아부카허허[阿布卡赫赫]는 버들천모라고 하여 버들여신의 성격도 지니고 있지만 원래 천신이며 빛와 온기의 여신이다. 아부카허허와 대립하는 예루리[耶路里]는 원래 여신 오친이었지만 남성신으로 변신하면서 악신이 되어 온 세상을 얼음으로 덮어버리려 한다. 아부카허허가 빛과 정의의 신이라면 예루리는 어둠과 악의 신이다.[31]

이상의 자료들을 통해 다음과 같은 특징을 찾아낼 수 있다.

첫째, 빛의 신과 어둠의 신이 대립하는 구도가 등장하는 신화를 전승하는 나시족은 토착종교에 불교가 결합된 둥바[東巴]교라는 종교를 갖고 있다. 둥바교의 최고신이 딩바스뤄인데 그가 티베트불교의 활불과 싸운다는 신화가 등장하는 자료 1은 토착종교와 불교의 갈등을 보여주고 있다. 무엇보다 이야기 속에서 딩바스뤄는 태양신(빛)의 후계자로 등장한다.

둘째, 빛의 신과 어둠의 신의 대립은 선신과 악신, 백과 흑의 대립으로도 나타난다. 나시족의 대표적 창세서사시 『어둠과 빛의 전쟁[黑白之戰]』(둥아이수아이)[32]은 '둥족과 수족의 전쟁'이라는 의미를 갖고 있는데, 이 이야기에 등장하는 미리둥주의 둥족은 빛과 정의를, 미리수주의 수족은 어둠과 불의를 대표한다. 자료 2와 자료 3은 모두 흑(어둠)과 백(빛)의

---

30) 『雲南民族口傳非物質文化遺産總目提要・神話傳說卷』(下卷), p.149.

31) 이 신화는 김재용과 이종주가 쓴 『왜 우리 신화인가』에 소개되어 있다. 원문 자료는 『천궁대전(天宮大戰) 시린안반마파[西林安班瑪發]』(谷長春 主編, 富育光 講述, 荊文禮 整理, 吉林人民出版社, 2009)을 참조하면 된다. 『中國各民族宗教與神話大詞典』(學苑出版社, 1993, p.401)에 간략하게 정리, 소개되어 있다.

32) 빛의 신과 어둠의 신들 사이에 벌어지는 장엄한 서사시인 '둥아이수아이'는 『어둠과 빛의 전쟁[黑白之戰]』, 楊世光 整理, 雲南人民出版社, 2009 참조.

대립에 관한 나시족 신화에서 나온 것이다.

셋째, 빛의 신과 어둠의 신의 대립을 보여 주는 징포족의 자료 4에서는 어둠의 신인 마귀가 질서를 싫어하고 혼돈을 좋아하는 존재로 등장하며 창세신 닝관와는 빛과 태양의 상징으로 나타난다. 어둠과 악의 신인 마귀는 아주 강한 힘을 갖고 있어서 사라지지 않는다. 악(어둠)은 선(빛)에게 늘 패하지만 절대 사라지지 않음을 보여 주고 있다. 석가와 미륵신화에서도 미륵은 질서를, 석가는 혼돈을 의미하며, 미륵이 귀환을 예고하고 있기는 하지만 악을 상징하는 석가는 결코 죽지 않고 인간세상을 차지한다.

넷째, 빛의 신과 어둠의 신은 대립하고 경쟁하지만 자료 5와 자료 6에 보이듯이 세상 만물을 창조해 내는 긍정적 힘이 되기도 한다(이 점은 몽골 창세신화에서도 찾아볼 수 있다).

다섯째, 빛의 신과 어둠의 신의 대립 구도가 등장하는 신화를 전승하는 나시족과 징포족 역시 서북지역에서부터 이주해 왔다는 역사를 갖고 있는 민족이다. 이러한 모티프는 북방지역의 몽골족과 만주족에게도 전승된다.

이상으로 3장에서 소개한 자료들을 종합하여 석가와 미륵 경쟁 모티프와 비교해 보면 대략 다음과 같이 정리해 볼 수 있다.

첫째, 선신과 악신, 천신과 지신, 빛의 신과 어둠의 신의 대립 구도는 대체로 인간세상을 누가 차지하는가에 그 목적이 있다.

둘째, 이러한 대립 구도가 등장하는 신화를 전승하는 민족은 주로 중국의 서북지역에서부터 이주해 왔다는 역사를 가진 민족들이라는 점에 주목할 필요가 있다. 선과 악의 대립 구도를 가진 신화들이 주로 북방계통 민족들에게 전승된다는 점은 이 신화 모티프의 시작이 어디인가에 대해 시사하는 바가 있어 보인다.

셋째, 선신과 악신, 천신과 지신, 빛의 신과 어둠의 신이 대립하고 경쟁하는 창세신화의 구체적 장면들에서 '꽃피우기'라는 요소는 거의 보이지 않는다. 본 논문의 주제인 석가와 미륵의 경쟁 모티프에 등장하는 '꽃피우기'라는 요소가 어디서 비롯된 것인지도 추적의 대상이 되어야 함을 보여 준다.

넷째, 석가와 미륵 경쟁 모티프에 독특하게 등장하는 '꽃피우기 내기'라는 것은 인간세상, 즉 땅을 차지하기 위한 신들의 경쟁과 같은 맥락의 것으로 볼 수 있다.[33]

4. 자료에 대한 분석

앞 장의 결론을 바탕으로 논의해야 할 문제들을 정리해 보면 대략 다음과 같다. 첫째, 석가와 미륵 경쟁 모티프가 선/악, 빛/어둠, 천신/지신의 대립 구도와 같은 신화적 기원을 가진 모티프라면, 그러한 대립과 경쟁의 신화 모티프는 어디서부터 비롯되었는가. 특히 석가와 미륵이라는 이름과 관련지어 살펴볼 필요가 있다. 둘째, 석가와 미륵 경쟁 모티프가 갖고 있는 지역성을 살펴볼 필요가 있다. 석가와 미륵이라는 '이름'보다 중요한 것은 물론 그 대립 '구도'에 있지만, 석가와 미륵이라는 이름이 창세신화의 대립하는 두 신의 이름을 대신하고 있다면 그 이유는 무엇인가. 셋째, 그런 면에서 석가와 미륵이라는 이름이 등장하는 아시아 지역의 창세신화들을 살펴볼 필요가 있다. 특히 '꽃피우기'라는 지역적 요소

---

33) 이 점에 대해서는 김헌선 역시 "꽃피우기 경쟁과 땅 차지 경쟁은 일정한 차이가 있으나, 그것은 하나에서 비롯된 두 가지 변이 정도로 이해해야 논리적 맥락이 닿는다."(「韓國과 琉球의 創世神話 比較 研究」, 『古典文學研究』 第21輯, p.290)고 말한 바 있다.

에 주목해야 한다. 넷째, 앞의 논의들을 바탕으로 하여 석가와 미륵이 등장하는 창세신화가 의미하는 바가 무엇인지, 그 종교적·정치적 맥락을 살펴보는 것이 중요하다. 여기에서 석가와 미륵의 경쟁 모티프가 '인도-유럽 신화소'[34]인지, 아니면 아시아라는 지역 속에서 탄생한 '지역적 신화소'인지 결론을 내릴 수 있을 것이다.

(1) 석가와 미륵 경쟁 모티프의 기원

앞 장의 자료를 통해 검토해 보았듯이 석가와 미륵 경쟁 모티프는 선(빛)/악(어둠), 천신/지신의 대립이라는 오래된 신화적 모티프와 같은 맥락의 것임을 알 수 있다. 특히 미륵의 어원이 '미트라'와 관련이 있다는 주장이 많다는 점에서 미륵이 빛(선), 석가가 어둠(악)의 역할을 맡고 있는 것으로 볼 수도 있다. 조현설은 석가와 미륵의 대립 구도에 대하여 미륵신앙과 석가신앙의 대립, 재래적 신앙(무교)과 외래적 신앙(불교)의 대결이라는 사회사적 맥락을 읽어낼 수 있지만 더 중요한 것은 이들 신격이 태평성대의 말세, 나아가 선과 악을 표상한다는 점이라고 했다.[35] 여기에 한 마디 덧붙인다면 신화학의 맥락에서 볼 때 그 선과 악은 더 나아가 빛과 어둠을 상징한다고 말할 수 있겠다. 석가의 속임수 때문에 인간세상에 악이 생겨났다고 말하고 있는 한국의 창세신화는 악이라는 것이 인간의 잘못 때문이 아니라 신들의 세계에서 이미 일어났던 것이다. 그래서 악은 인간의 외부에 있다는 인식을 바탕으로 한 낙관론을 보여 준다고

34) 이것에 대해서는 심재관이 「석가미륵 투쟁신화와 힌두신화의 한 유형」에서 묵직한 문제 제기를 한 바 있다. 그는 그 논문에서 "경쟁하는 두 집단의 신화는 여러 변천단계를 거치면서 기본적 백본(Back-bones)만을 갖고 그 토대 위에서 창세신화소를 포함한 여러 지방 유형이 첨가되었을 것"이라는 결론을 내렸다(p.147).

35) 조현설, 「한국 창세신화에 나타난 인간과 자연의 문제」, 『한국어문학연구』 제41집, 2003, p.260.

조현설은 말한다. 그리고 그것은 또한 말세에 대한 책임이 인간에게 있다는, 즉 인간이 가진 죄 때문에 홍수가 일어난다는 서구의 '기독교적 세계관'에 바탕을 둔 '비극적 인간관'과는 다르다고 한다. 하지만 홍수가 인간의 죄 때문에 일어나는 것은 서구 기독교 세계관에 기초한 지역의 신화뿐아니라 중국 남부 소수민족 신화에도 광범위하게 나타난다. 그들의 신화 속에서도 대홍수는 언제나 인간의 잘못 때문에 일어난다. 인간의 오만함, 불완전함 때문에 신은 인간을 홍수로 휩쓸어 버리는데, 이것은 '기독교적 세계관'에 바탕을 둔 것이 아니라 그저 아주 오래된 신화의 주제이다. 그런 점에서 본다면 이것을 반드시 '비극적 인간관'을 보여 주는 것이라고 해석할 필요는 없어 보인다. 인간이라는 존재 자체가 불완전하고 욕심 많으며 선과 악의 양면성을 지닌 존재이기에 세상에서 악은 결코 사라지지 않는다는 것을 아주 오래 전의 사람들도 이미 알고 있었다. 「천지왕본풀이」에서도 천지왕은 수명장자를 혼내주기는 하지만 제거하지는 못한다. 나중에 소별왕이 수명장자를 징치하여 그 몸을 가루로 만들지만 그것은 파리나 모기, 빈대 등이 되어 세상으로 퍼진다. 악은 그렇게 사라지지 않고 영원히 남아 인간에게 해를 끼치는 것이다. 만주신화의 예루리 역시 눈이 뽑힌 채 지하세계로 숨어버리지만 위대한 여신들은 결코 예루리라는 악을 소멸시키지는 못한다. 명진국 따님애기 역시 꽃피우기 내기에서 이기지만 동해용 왕따님애기는 사라지는 것이 아니라 저승할망이 되어 아이들의 목숨을 거둔다. 선(빛)과 악(어둠)의 신화를 만들어 낸 주체들은 신화의 적극적 기능 역시 이미 이해하고 있었던 것으로 보인다. 지극히 이기적이고 욕망덩어리인 인간의 파멸에 관한 이야기를 들려주면서 공동체의 생존을 유지하고자 했던 적극적 의도가 신화에는 들어있는 것이다.

박종성 역시 중동부 유럽 창세신화에 나타나는 선신과 악신의 관계를 중시하면서 그 관계가 "이미 기독교 사상에 침윤되어 있다고 볼 수 있다"[36]고 했는데, 선/악의 대립구도는 기독교 이전에 이미 이 지역의 신화에 등장했던 오래된 모티프이다. 기독교 사상이 오히려 고대 페르시아 등지에 퍼져 있었던 것으로 추측되는 선(빛)/악(어둠)의 구도를 받아들였다고 보는 것이 합리적인 것이 아닐까 하는 의문점이 든다. 그러나 그가 중동부 유럽 창세신화에 등장하는 선신과 악신의 관계, 그리고 그들이 '잠든 사이에' 세상이 만들어졌다는 모티프에 주목한 것은 매우 중요한 관점이라고 보인다. 중국 소수민족 지역에 전승되는 신화 속에서도 신들이 '잠든 사이에' 하늘과 땅이 만들어지는 모티프는 자주 등장하기 때문에 그 연관 관계 역시 주목하지 않을 수 없다. 그렇다면 선신(빛)과 악신(어둠)의 대립이라는 오래된 신화적 모티프는 어디서부터 시작되었을까? 많은 학자들이 그 기원을 페르시아 혹은 인도에서 찾고 있다.

페르시아와 중앙아시아 신앙 체계에 대해 신규섭은 '미트라교-조로아스터교-불교-수피즘-마니교-마즈닥교'로 연결된다고 하면서 기원전 15세기의 미트라교가 이란 중부의 케르만에서 시작된 고대 페르시아 종교라는 사실을 중시한다.[37] 그는 이 지역의 설에 해당하는 '노루즈(Naw Ruz)'에 대해 소개하면서 '새로운 날'이라는 의미를 가진 노루즈가 추운 겨울을 이겨내고 봄을 맞이하는 축제라고 한다. 그런데 여기서 중요한 것은 '봄은 선(善)을, 겨울은 악(惡)을 의미하며, 페르시아 이원론이 투영되어 있다'는 점이다. 이날 밝고 맑은 마음을 의미하는 거울과 촛불을 밝힌다는 것도 의미심장하다. 조로아스터교의 최고신인 아후라 마즈다는 빛을 의미하는 선신이다. 박종성은 아후라 마즈다가 힌두신화의 아수라에

---

36) 박종성, 「중동부 유럽과 한국의 창세신화 그리고 변주」, 『비교민속학』 35집, p.544. 그는 p.552에서도 이 지역의 창세신화에서 선신과 악신의 관계는 기독교 경전인 성서의 양상을 투영하면서 재편의 과정을 거친 것이라고 말하고 있다.

37) 신규섭, 「축제 문화의 원형: 노루즈(신년제)의 상징체계」, 『세계문학비교연구』 제27집, 2009년 여름호, p.68.

서 왔을 가능성에 대해 언급하였고 심재관 역시 힌두신화에 등장하는 데바와 아수라[38]가 페르시아에서 아후라 마즈다와 안그라 마이뉴(아리만)로 바뀌었다고 했지만, 신규섭은 오히려 "지금까지 문명의 전파과정이 인도에서 페르시아나 중앙아시아로 전이되었다고 알려져 있었으나, 이에 반해 페르시아나 중앙아시아에서 인도와 티베트를 거쳐 동남아시아로 전파되었다는 사실을 분명하게 직시해야한다"[39]고 말한다. 그는 '노루즈도 3,000년 전 아리안족이 이란에 유입되기 이전에 수메르 원주민이 이란 고원에 거주하던 시기의 전통'이라고 하며 불교 역시 브라만교에서 나왔으며 브라만은 조로아스터교의 사제에 해당하는 용어라고 한다. 대승불교 역시 조로아스터교의 직접적 영향하에 있다는 것이다. 푸후이[普慧] 역시 이렇게 말하고 있다.

> "어원학과 어의학의 각도에서 볼 때 미륵이라는 단어는 더 오래된 페르시아신화와 아케메니드 왕조 시기(138)의 국교였던 차라투스투라교[페르시아어(Zarathustra), 그리스어 조로아스터(Zoroaster)], 고대 인도신화와 베다 문화를 흡수하여 나온 것이다."[40]

말하자면 석가와 미륵 꽃피우기 내기 모티프의 바탕을 이루는 선(빛)과 악(어둠)의 대립이라는 오래된 신화적 모티프는 인도가 아니라 수메르

---

38) 힌두신화에 등장하는 우유의 바다 휘젓기, 즉 「아므리따 만타나(Amrta-Manthana)」에 나타나는 데바와 아수라의 경쟁구도에서 감로수를 주신 비슈누가 속임수에 의해 데바에게 넘겨주는 바람에 데바와 아수라의 전투가 일어나고 데바가 불사를 차지하며 아수라는 죽는다.

39) 신규섭, 앞의 논문, p.81.

40) 그는 인도-아리안인과 페르시아-아리안인은 모두 태양의 신인 수리야(Surya)를 숭배했는데, 이 신의 또 다른 화신이 광명의 신 미트라(Mitra)라고 했다.(普慧, 「略論彌勒, 彌陀淨土信仰之興起」, 『中國文化研究』, 2006年冬之卷, pp.138~139)

족이 거주했던 이란고원에서 시작되었을 가능성도 열어놓고 봐야 한다고 생각한다. 이란고원의 미트라[41]가 로마의 미트라스 숭배에 영향을 미쳤다는 주장도 낯선 것이 아니고 보면[42] '미륵'이라는 이름과 더불어 그 기원을 고대 페르시아의 '미트라'와 관련지어 볼 이유는 충분히 있다.

중국 민속학계를 대표하는 학자인 지셴린[季羡林] 역시 미륵을 뜻하는 범문 'Maitreya'나 팔리어 'Metteya'는 일찍 나왔지만 미륵이 '미래불'이라는 관념은 비교적 늦게 나왔다고 하면서 "서방(인도 서방)의 구세주 사상, 즉 메시아 사상이 다시 인도로 들어오면서 미륵의 미래불 지위와 구세주 지위가 융합되기 시작했고, 이런 신앙이 날로 성행하면서 영향력이 커졌다. 메시아 사상은 유럽인이 말하는 고대 동방에서 페르시아로 들어와 미트라신앙(Mithaism)을 형성했으며 유행하게 되었다. 페르시아에서 인근의 인도로 들어와 미륵 미래불과 융합하면서 발전하게 된 것"[43]이라고 말했다. 경스민[耿世民] 역시 『미륵회견기(彌勒會見記)』[44]에 관한

---

41) 아베스타어로 미트라는 '협정'과 '계약'을 의미한다. 우주의 질서를 통제했던 신으로 불 그리고 태양과 관계가 있었기 때문에 이란과 인도에서는 태양신으로 알려지게 되었다. 미트라의 많은 특성들 중에는 '정의감'이 있다. 은으로 만든 창을 갖고 금 갑옷을 입었으며 금으로 만든 화살과 도끼, 갈고리 달린 철퇴, 단검을 갖고 있다. 신의가 없는 인간과 악령 안그라 마이뉴에 맞서는 무기들이다.(베스타 S. 커티스, 임웅 옮김, 『페르시아신화』, pp.30~31)

42) 로마의 미트라스 숭배가 고대 이란의 미트라 숭배에서 비롯되었다는 프란츠 쿠몽(Franz Cumont)의 주장에 대해 김영신은 상당 부분 수긍하고 있다(김영신, 「미트라스 숭배의 이란 기원에 관하여」, 『역사와 담론』 제56집, pp.712~714).

43) 季羡林, 「彌勒信仰在新疆的傳布」, 『文史哲』 2001年 第1期(總第262期), p.14.

44) 현존하는 회골(回鶻) 불교문헌 중의 하나로서 고대 위구르 언어와 문학, 문화와 종교 등을 연구할 수 있는 중요한 자료이다. 20세기 초에 독일 고고학 팀이 투루판 지역에서 殘卷을 발견하였고, 1959년 하미에서 독일이 발굴한 것을 뛰어넘는 새로운 사본의 殘卷이 발견되었다. 그 내용은 미래불인 미륵의 사적을 적은 것인데 여기서는 미륵이 석가의 제자로 등장한다. 焉耆本을 통해 추측해볼 때 지금의 희극과는 다르지만 일종의 극본 형식을 갖추고 있다고 볼 수 있다. 28장으로 구성되어 있는데, 미륵이 바라문 가문에서 탄생하여 마가타국에 가 석가모니불을 만나 수계를 받아 불제자가 되는 것에서 시작한다.

논문에서 불교의 미륵불 관련 전설은 아마도 이란(특히 마니교)의 영향, 구체적으로 말하자면 고대 이란의 구세주 혹은 마니교의 빛의 사자가 세상으로 다시 돌아온다는 관념과 관련이 있을 것이라고 했다.[45] 8세기 돈황(敦煌) 문헌에도 미륵신앙에 관한 자료가 등장하는 것으로 보아 이 시기에 이미 이곳에도 미륵신앙이 퍼져 있었음을 알 수 있다. 이런 맥락에서 볼 때 미륵신앙의 시작은 인도뿐 아니라 고대 페르시아의 미트라교에서부터 찾아보아야 하는 것은 아닐까? 페르시아신화를 보면 아후라 마즈다와 안그라 마이뉴의 대립구도는 페르도우시가 1010년에 쓴 『샤니메』(왕들의 책)에서도 그대로 반복된다. 이 책의 앞부분에 등장하는 신화적 인물인 키유마르스(『아베스타』의 가요마르탄 또는 가요마르드)는 사랑하는 아들이 검은 악마인 디브(Div)에 의해 살해당한다. 페르시아에서 시작된 빛과 어둠, 선과 악의 신의 대립이라는 요소[46]는 북방지역 창세신화의 기본 내용이 되고 있다.

특히 고대 페르시아 지역에서 나타난 소위 메시아에 대한 사상이 아시아 미륵신앙의 중요한 부분이 되어있다는 점을 생각해 보면 미륵과 페르시아 미트라의 관계가 깊음을 추측해 볼 수 있다. 페르시아의 미트라[혹은 미이로(Miiro)]에서 한역(漢譯) 명칭 '미륵'이 유래되었을 것이라는 주장도 있고, 미이시 젠키치[三石善吉] 역시 초기의 불전 번역자 지루가참(支婁迦讖)이 쿠샨왕조 카니시카왕(재위 129-152) 시절 사람인데, 그 당시 쿠샨왕조의 화폐에 이란계 미트라가 '미이로'라고 기록되어 있다고 말하면서 '미륵'이 페르시아의 '미이로'에서 왔을 가능성을 열어두고 있

45) 耿世民, 「古代維吾爾語說昌文學『彌勒會見記』」, 『中央民族大學學報(哲學社會科學版)』 2004年 第1期 第31卷(總第152期), p.126.

46) 동부 이란어인 아베스타어로 쓰인 경전인 『아베스타』는 대략 기원전 1400~1200년 시기에 성립한 것으로 보며 조로아스터 역시 기원전 1000년경에 생존했을 것이라고 말한다(베스타 S. 커티스, 임웅 옮김, 『페르시아신화』, 범우사, 2003, p.17).

다.[47] 또한 중국의 미륵신앙이 인도에서 직접 들어온 것이 아니라 지금의 신장 투르판, 쿠처 지역을 통해서 들어왔을 것이라는 주장[48] 등을 생각해 보면 미륵신앙의 시작이 고대 페르시아일 가능성이 충분하다는 점을 인정하고 논의를 진행해야 할 것이다.

(2) 석가와 미륵 경쟁 모티프의 확산과 변이

아시아지역의 창세신화에 석가와 미륵이라는 이름이 등장하는 것에 대해 북전불교의 전파와 더불어 한국에 들어오게 된 것이라는 견해가 있었으나, 이 점에 대해서는 심재관[49]과 김헌선[50] 모두가 부정적 견해를 피력한다. 불교의 본생담이 미륵과 석가의 대결 신화소가 되지는 못한다고 김헌선은 말했고 심재관 역시 불경에서 석가와 미륵이 대립 구도로 등장하는 것을 찾을 수 없다고 했다. 김헌선은 이 유형 신화의 변천과정을 네 단계로 유추하고 있는데[51], 아시아 지역에 전승되는 석가와 미륵신화를

47) 미이시 젠키치, 최준규 옮김, 『중국의 천년왕국』, p.142~143.

48) 季羨林은 신장에서 발견된 8세기 무렵의 『彌勒會見記(Maitreya-Samit)』가 吐火羅語로 쓰였음을 들어 구자(龜兹)와 언기(焉耆) 지역에 특히 미륵신앙이 성행했었다고 말하고 있다. 신장지역은 중앙아시아에 속하는 지역이다. 이곳이 이란에서 시작된 미트라 신앙이 중국으로 들어오는 통로 역할을 했을 가능성 역시 충분히 있다. 그는 또한 '미륵'이라는 한자어가 토화라어 'metrak'의 음역이라고 말하면서 나중에 페르시아에서 온 구세주 사상과 맞물리면서 중국에서 큰 영향력을 발휘한 것이라고 해석한다(계선림, 「彌勒信仰在新疆的傳布」, 『文史哲』 2001年 第1期(總第262期), pp.5~6). 『미륵회견기』에 대해서는 曲六乙의 「『彌勒會見記』的發現與硏究」(『劇本』, 2010.8, pp.74~77) 참고할 것.

49) 심재관, 앞의 논문, p.134.

50) 김헌선, 「한국과 유구의 창세신화 비교 연구」, p.297.

51) 네 단계는 대략 다음과 같이 정리해 볼 수 있다. "처음에는 미륵과 석가라는 명칭이 사용되지 않고 전 세계에 자발적으로 두 신의 대결에 의해서 이 세상을 창조하거나 창조된 세상을 차지하는 신화소가 있을 가능성… 다음으로 특정한 신격의 명칭인 미륵과 석가가 사용되면서 둘이 꽃피우기 경쟁을 하는 신화소가 등장하고 이것에 의해서 대체되는 단계가 있었을 것… 세 번째는 미륵과 석가의 대결 신화소가 다시 하위의 요소로 작동하면서 특정한 지역

해석하는데 상당히 유용한 틀을 제공하고 있다. 이 점에 대해서는 박종성 역시 비슷한 견해를 제기한 바 있다. 그는 석가와 미륵신화가 불교의 영향을 받아 명칭만을 별도로 수용한 결과일 수 있다고 하면서 "공통적 연원을 가지는 창세신화의 원형이 선신과 악신의 창조행위와 대립을 중심으로 전승되다가 특정 종교의 특별한 서사적 전승과 교섭하면서 창세신화의 변천과 재편을 경험한 결과가 현재의 양상으로 나타났을 가능성"[52] 이 있다고 말했다. 말하자면 석가와 미륵이라는 이름은 물론 불교적 요소를 차용한 것이지만 그 기본이 되는 모티프는 선신(빛)과 악신(어둠)의 대립이라는 공통된 원형을 가진다고 말할 수 있다. 그렇다면 이제 석가와 미륵이라는 이름, 그리고 그들이 대립하는 존재로 등장하는 창세신화의 여러 중요한 키워드들, 즉 '꽃피우기'라든가 '내기'라는 대목에 대해 논의해 볼 필요가 생긴다. 그것은 공통된 창세신화의 원형인가 아니면 지역적 변이인가?

사실 대부분의 신화에서 '꽃'은 생명의 상징으로 등장하며, '꽃피우기'라는 것은 생명을 길러내는 중요한 능력을 의미한다고 본다. 그래서 박종성은 금병과 은병에 줄을 달아놓거나 성천강을 얼리는 시합, 그리고 꽃피우기 내기를 하는 신화를 비농경적 원리를 구현하는 미륵과 농경적 원리를 구현하는 석가의 대결로 파악한 바 있다.[53] 그러나 '꽃을 피운다'는 사실과 '세상을 차지한다'는 사실은 매우 상반된 이미지를 갖는다. 꽃을

에 동질성을 확보하면서 변형되는 단계… 네 번째는 미륵과 석가의 명칭이 사라지고 갖가지 신화에 맞춰서 독자적인 신화소로 작동하여 토착적인 신화로 변형되는 과정…"(김헌선, 앞의 논문, p.297)

52) 박종성, 「중동부 유럽과 한국의 창세신화 그리고 변주」, 『비교민속학』 35집, pp.557~558.

53) 석가와 미륵의 인세차지 경쟁 신화소에 대해 박종성은 『한국 창세서사시 연구』 제3장 「창세서사시 공통 전승의 신화적 의미」에서 모티프 별로, 판본별로 그 내용과 의미를 상세하게 분석하고 있다(박종성, 『한국 창세서사시 연구』, 태학사, 1999).

피워 생명을 일궈내는 일은 신화적 맥락에서 볼 때 여신의 일이었다. 하지만 세상을 '차지'하는 '내기'는 지극히 남성적이다. 게다가 '속임수'까지 들어간다. 생명을 상징하는 꽃피우기가 인간세상의 권력, 거기다가 속임수라는 기교까지 들어간 고도의 정치적 행위와 함께 등장한다. 그래서 석가와 미륵신화에서 중요한 것은 '꽃피우기'가 아니라 '남의 꽃을 속여서 훔쳐오기'라는 행위에 있는 듯이 보인다. 중국의 여러 지역에 전승되는 석가와 미륵신화에서 꽃이 하필이면 그들의 '지팡이' 위에 피어나고 있다는 점에 주목할 필요가 있다. 지팡이는 종교적·정치적 권력과 권위의 상징이다. 그렇다면 지팡이 위에 피어난 '꽃'이라는 것은 생명의 상징이라기보다는 인간세상을 차지할 수 있는 권력과 힘의 상징이 되며, 석가와 미륵의 꽃피우기 내기 신화는 권력과 힘의 이동에 관한 알레고리가 된다.

또한 그 '꽃'의 종류가 무엇인지에 대해서도 관심을 기울여볼 필요가 있다. 대부분의 경우 그 꽃의 종류가 무엇인지 명확하게 드러나지는 않고 있으나 앞에 소개한 중국의 자료를 보면 '용화' 혹은 '연꽃'이라는 단어가 등장한다. 「후산문의 내력」에서도 미륵과 석가가 다투는 자리는 '연화대'이다. 한국의 「창세가」에서는 모란꽃으로 등장하기도 한다. 모란은 아시아지역에서 부귀를 상징하고 연꽃은 더 말할 필요도 없는 불교의 상징물이다. 중국 남부지역에 전승되는 영혼의 꽃밭 신화에서 인간세상에 아이를 주는 여신들이 전해주는 생명의 꽃은 하얀 꽃과 붉은 꽃이다. 그러나 앞에 소개한 자료들에서는 그저 단순하게 색깔만 말하는 것이 아니라 용화 혹은 연꽃이라고 말하고 있다. 이것은 꽃이 생명의 상징이라거나 농경의 풍요를 의미하는 것이라고만 말하기엔 뭔가 부족해 보인다. 꽃은 당연히 생명의 상징이지만, 적어도 석가와 미륵 경쟁 모티프가 등장하는 신화 속의 꽃은 훔쳐가고 싶은 탐심을 불러일으키는 그 무엇이다. 과연 그것은 무엇일까? 여기서의 꽃은 결국 권력의 상징인 것이다.

하지만 그 권력과 힘의 상징이 왜 하필이면 '꽃'으로 나타나는 것인가? 여기서 중국 남부 소수민족 지역에 전승되는 영혼의 꽃밭에 관한 신화가 그 맥락을 이해하는데 조금 도움이 될 수도 있을 듯하다. 인도차이나반도에서부터 중국 남부지방을 거쳐 해안지역을 따라 제주도에까지 퍼져 있는 꽃의 여신에 관한 신화에는 꽃을 피워 인간세상에 전해주는 여신에 관한 이야기가 전승된다.[54] 광시[廣西]좡족[壯族]자치구를 중심으로 하여 푸젠성, 광둥[廣東]성, 타이완, 제주도, 오끼나와에까지 널리 퍼져 있는 영혼의 꽃밭과 관련된 신화에는 선신과 악신의 투쟁 구도라든가 최초의 여신들이 인간세상을 차지하기 위해 경쟁을 벌인다는 모티프는 보이지 않는다. 즉, 중국 남부지역에 거주하고 있는 백월(百越) 계통의 민족들이 전승하는 신화 속에서 꽃밭을 관장하는 여신들의 '내기'라든가 '속임수'라는 모티프가 거의 발견되지 않는다는 것이다. 꽃의 여신과 관련된 신화 중에서 여신들이 꽃피우기 경쟁을 벌이는 이야기는 제주도 「삼승할망본풀이」에만 보인다. 하지만 「천지왕본풀이」에 속임수 모티프가 등장하는 것에 비해 「삼승할망본풀이」에는 '속임수'가 등장하지 않는다. 면밀한 검토가 필요하긴 하지만, 선신(빛)과 악신(어둠)의 대립이라는 요소와 더불어 내기와 속임수 역시 북방적 요소라고 가정해 볼 수 있다. 이 두 가지 요소가 제주도신화에 모두 등장한다는 것은 제주도의 지정학적 위치나 역사와 관련이 있을 수 있다. 고려시대, 몽골의 침입이라는 역사적 사건[55]과 남북을 이어주는 지리적 위치가 북방과 남방의 신화적 요소를

54) 구체적인 상황에 대해서는 김선자, 「중국 남부 소수민족 신화에 나타난 꽃의 여신[花婆]과 민속, 그리고 서천꽃밭」, 『아시아 여성 민속』, 2011년 비교민속학회 춘계학술대회 자료집, pp.255~283 참조.

55) 허남춘은 "제주가 중세 국가의 직접적 통치를 받게 된 것은 고려 후반 혹은 조선 전반이기 때문에 상대적으로 중세 이념의 강요와 침투가 미약했고 그래서 무속이 배척당하기보다는

모두 받아들일 수 있는 조건을 제주도에 부여했다고 볼 수 있을 것이다.

이제 여기서 석가와 미륵이 등장하는 몽골신화와 한국의 신화를 잠시 짚어보고 넘어가기로 한다. 석가와 미륵의 경쟁 구도가 등장하는 신화의 발생 배경을 이해하는데 필요하기 때문이다. 동시에 미륵신앙과의 관련성 문제도 언급하기로 한다.

몽골의 창세신화를 보면 오치르반 보르항이 차강 슈헤르트를 시켜 바다 밑의 진흙을 가져오게 하고 그것이 지구가 된다. 그들이 잠든 사이에 악마가 나타나 그 둘을 물속에 던져버리려 했으나 물이 보이지 않아 실패하고 달아났다. 잠에서 깨어난 그들이 흙으로 사람을 만들었고, 오치르반이 숨을 구하러 간 사이에 차강 슈헤르트가 개를 만들어 진흙인간을 지키게 했다. 털을 주겠다는 악마에게 넘어간 개가 감시를 소홀히 한 틈을 타 악마가 나타나 인간에게 연기를 불어넣어 돌아다닐 수 있게 만들었고, 후에 돌아온 오치르반은 동물을 만들었다. 원래 함께 지구를 만들었던 오치르반과 차강 슈헤르트는 이 일 때문인지 알 수 없으나 어쨌든 사이가 갈라졌고 둘은 컵에 물을 붓고 서로 바라보고 앉아 있다가 누구 컵에 먼저 꽃이 피는지를 보고 이기는 자가 세상의 주인이 되기로 약속한다. 둘을 싸우게 한 것은 악마의 짓이었다. 차강 슈헤르트가 한쪽 눈을 뜨고 보니 오치르반의 컵에서 꽃이 피고 있었고, 차강 슈헤르트는 오치르반 컵의 꽃을 빼내어 자기 컵에 꽂았다. 이것을 오치르반이 알고 "세상 사람들은 서로 속이면서 거짓말쟁이, 위선자가 될 것"이라고 말하고 하늘로 가버렸다[56]고 한다. 그런데 데 체렌소드놈의 책에서는 오치르반이 석가모니, 차

무속 안에 유교와 불교를 포용하는 변화가 일어났다"고 했는데 그 말은 거꾸로 고려 후반, 조선 전반기는 제주도에 외래적 요소가 강력하게 들어온 시기라고 해석할 수도 있다(허남춘, 「제주 서사무가에 담긴 과학과 철학적 사유 일고찰」, 『국어국문학』 148, p.93).

56) 이안나의 『몽골 민간신앙 연구』(pp.69~70)에서 인용하여 정리했다. 같은 이야기가 『몽골 민족의 기원신화』(체렌서드놈, 이안나 옮김, 2001, p.19)에도 등장한다.

강 슈헤르트가 미륵(매다르 보르항)으로 나타난다.[57] 이것은 선과 악의 대립구도를 보여 주고 있지만 몽골신화에서는 악도 선을 확장시키는 힘으로 등장한다. 선과 악의 대립구도는 '세상의 확대·발전을 돕는 원동력'[58]으로 나타난다는 것이다.[59] 이안나의 이러한 해석은 우리나라에 전승되는 「창세가」를 풍요와 연결 지어 해석하는 이창윤의 논의와 맞닿아있다. 이창윤은 한반도의 창세신화를 북부형과 남부형으로 나누면서 김쌍돌본 「창세가」를 동부지역의 「제석본풀이」와 연결지어 북부형 창세신화에 등장하는 석가와 미륵의 대립 모티프를 정의와 불의의 대립구도이면서 동시에 풍요와 결핍의 대립구조로 파악한 바 있다. 그에 비해 남부형, 즉 제주 지역의 창세신화에 등장하는 대별왕과 소별왕의 인세차지 경쟁은 정의와 불의의 대립에 초점이 맞추어져 있다고 한다.[60] 하지만 이 논의에서 문제는 「창세가」와 「제석본풀이」를 연결되는 한 편의 창세신화로 볼 수 있을 것인가 하는 문제이다. 그래야 석가와 미륵을 풍요와 결핍 구도로 파악하는 것이 가능하기 때문이다. 그것이 해결되지 않을 경우, 북부형이나 제주형 창세신화의 기본적 모티프는 여전히 선/악, 정의/불의의 구도이다.

몽골 창세신화에 석가와 마이다르(미륵)가 등장하는 것은 불교의 영

---

57) 체렌소드놈의 책에 소개된 석가와 미륵의 꽃피우기 내기 관련 기록으로는 「우주와 사람의 기원 ①」, 「우주와 사람의 기원 ②」, 「우주와 사람의 기원 ③」이 있는데, ①에서는 꽃을 바꿔치기하는 신이 '샤지투브 보르항'(석가)이 아니라 '마이다르 보르항'(미륵)으로 나타난다. 그것과 달리 ③에서는 속임수를 써서 꽃이 핀 그릇을 바꾸는 신이 '식그무니 보르항'(석가)으로 등장하여 완전히 상반된 모습을 보여 준다(체렌소드놈, 이평래 옮김, 『몽골민간신화』, 대원사, 2001, pp.30~35). 손진태에 의해 수집된 우리나라의 김쌍돌본 「창세가」에서도 꽃을 바꿔치기 하는 신은 미륵이 아니라 석가이다.

58) 이안나, 앞의 책, p.71.

59) 이 점은 앞에 소개한 천신과 지신의 대립 모티프 자료 1, 자료 2, 자료 3, 자료 4, 자료 5, 자료 6에도 나타나며 선신과 악신의 대립 모티프 자료 5와 자료 6에도 나타난다.

60) 이창윤, 「북부형과 제주형 창세신화의 지역적 특성」, pp.117~118.

향임은 분명해 보인다. 예를 들어 샤지투브 보르항이 흙을 뿌려 만든 대지에 인간이 생겨나지만 어느 때인가 3개의 태양이 나타나며 지상에 세찬 바람이 불어 모든 것이 사라질 것이고, 오랜 세월이 흐른 후 '이 시기의 마지막'에 마이다르 보르항(미륵)이 나타나 새로이 대지를 창조할 것이라는 이야기도 몽골신화에는 등장하는데, 이것은 소위 '천년왕국신앙'과 관련된 미래불로서의 미륵에 관한 이야기이다. 이 이야기에 묘사된 세상은 거의 '종말'의 모습을 보여 준다. 세상이 폭염으로 뒤덮이고 지상에는 산과 산맥만이 남으며, "화염이 지나간 다음 하늘에서는 납이 섞인 비가 내리고, 산과 산맥은 평평해지고 세상은 온통 뜨거운 재로 뒤덮이게 된다고 한다. 그 뒤 세찬 바람이 불어 모든 것을 쓸어버리면 땅 밑에 남아있던 고래 두 마리와 거북이 한 마리가 자유의 몸이 되고, 지상에는 아무 생명체도 없이 텅 비게 된다."[61] 사실 미륵하생신앙과 관련된 이야기들을 보면 미륵이 내려오는 시기는 이런 무시무시한 풍경이 있는 시절이 아니다. 『미륵하생경』에 의하면 미륵이 도래하는 시기는 전륜성왕이 나타나는 시기여서 종말론적 성격은 전혀 보이지 않는 것이다. 미륵하생이 '종말'을 상징하는 이런 풍경과 함께 본격적으로 등장하는 것은 『열반경』이 한역된 421년 이후라고 차남희는 말한다.[62] 『열반경』에서는 석가모니가 열반한 후에 국토가 황폐하고 인민이 기아에 빠진다는 예언이 나온다. 중국에서 515년에 법경(法慶)에 의해 『열반경』에 기반을 둔 대승의 난이 일어나면서 미륵신앙은 소위 '마이트리아 니르바나 밀레니움'의 성격을 갖게 된다. 그리하여 미륵하생신앙과 결합된 종교적 결사들이 민중의 지지를 받게 되었던 것이고 이런 경향은 명·청대 민간종교와 미륵신앙이 결합되면서 더욱 폭발적인 힘을 갖게 된다.

61) 체렌소드놈, 이평래 옮김, 『몽골민간신화』, 대원사, 2001, p.29.
62) 차남희, 「천년왕국신앙과 전통사회의 정치변동」, 『동양정치사상사』 제3권 2호, p.209.

몽골의 경우, 불교가 국교가 되면서 전통 무교(巫敎)를 탄압하여 신상인 옹고드를 불태우는 일이 있었다. 물론 시간이 흐르면서 불교는 몽골 토착 신앙을 수용하는 정책을 시행했고 그 때문에 토착신이 보살과 부처로 변하게 되고, 신화에 등장하던 신들의 이름 대신 '석가모니, 미륵(매다르), 금강불(오치르반)' 등이 쓰이게 된다. 몽골 창세신화에 등장하는 오치르반 보르항은 원래 몽골 전통 신성인 '허흐대 메르겡'이 불교화된 것이라고 한다. 허흐대 메르겡은 천둥 번개의 신이라는 점에 주목하자. '보르항'이라는 단어 역시 원래는 조상신이라는 의미를 가진 단어이지만 불교에서 보살 개념으로 차용하여 광범위하게 사용하면서 불교를 보르항의 종교라고까지 불렀고 부처를 '보르항 박시'라고 했다.[63]

하지만 무엇보다 중요한 것은 이러한 호칭의 변화가 몽골에 불교가 들어오면서 강하게 불어 닥쳤던 전통 무교에 대한 탄압과 관련이 있어 보인다는 것이다. 16세기 이후에 달라이 라마 3세를 중심으로 하여 티베트 불교를 포교하는 과정에서 몽골 샤머니즘에 대한 대대적인 탄압이 이루어졌다.[64] 중국에서 민중에 대한 통치자의 수탈이 민간종교를 미륵신앙과 결합되게 하였다면 몽골에서도 샤머니즘이라는 전통 종교에 대한 탄압이 몽골 창세신화의 주인공 이름을 미륵과 석가로 치환하게 한 계기가 되었을 가능성을 생각해 볼 수 있다.

한국의 경우, 미륵신앙 중에서도 미륵하생신앙은 삼국시대의 신라에서 상당히 정치적 색깔을 띠고 있었다. 석가모니 부처님이 입멸한 후 56억 7천만 년이 지난 후에 미륵이 도솔천에서 강생하여 화림원(華林園) 용화수(龍華樹) 밑에서 성불하고, 세 번에 걸쳐 설법을 하는데 설법을 할

63) 이안나, 『몽골 민간신앙 연구』, p.21~22 참조.
64) 발터 하이이시, 이평래 옮김, 『몽골의 종교』 제4장 「샤머니즘에 대한 라마교의 탄압」, 소나무, 2003 참조.

때마다 각각 96억, 94억, 92억의 중생이 아라한(阿羅漢)으로 화(化)한다는 하생신앙[65]은 신라의 화랑도에서 발현되었다. 신라에서 그러한 미륵하생신앙이 성행했던 것은 전륜선왕의 출현과 깊은 관련이 있었다. 미륵이 나타나는 때가 바로 전륜성왕의 시대라고 했기 때문에 스스로가 위대한 군주 전륜성왕이 되기를 소망했던 진흥왕 등 신라의 군주들은 미륵신앙을 내세웠고, 그런 맥락에서 국보 제83호인 금동미륵반가사유상이 출현했다.[66] 최고의 예술품인 금동미륵반가사유상에는 최고의 정치권력을 향한 군주의 꿈이 들어있는 것이다. 물론 통일신라 이후 미륵하생신앙에 바탕을 두고 전륜성왕을 꿈꾸었던 군주의 소망은 대통합이라는 정치적 상황의 변화와 더불어 사라지지만 고통에 빠진 중생을 구제하러 온다는 미륵에 대한 신앙은 민중들 사이에 광범위하게 자리하게 되었고 그것을 효과적으로 이용한 인물이 통일신라 말기의 궁예였다. 김석근은 신라시대 왕들과 궁예가 미륵신앙을 이용한 것이 종류는 달라 보이지만 결국 그것은 같은 성격의 것이었다고 지적하면서 '정치와 종교의 얽힘은 언제 어디서나 그런 것'[67]이라고 말한다. 이후 유학이 정치 이념으로 등장하면서부터 미륵신앙은 정치권력에서부터 멀어졌지만 어지러운 세상에서 고통에 빠진 민중을 구제하러 언젠가 미륵이 나타날 것이라는 하생신앙은 민중

---

65) 이 내용은 '彌勒三部經'이라고 일컬어지는 『佛說觀彌勒菩薩上生兜率天經』, 『佛說彌勒下生經』, 『佛說彌勒下生成佛經』에 근거한다. 미륵삼부경의 내용 역시 그 이전의 『장아함경』이나 『증일아함』의 내용에 바탕을 둔 것이다. 『長阿含經』 「轉輪聖王修行經」에서는 인간의 수명이 8만 세로 연장되고 풍요로운 세상이 될 때 미륵여래가 태어난다고 했고, 『증일아함』에서는 도솔천에 있던 미륵이 인간의 평균 수명이 8만 4,000세에 달할 무렵 세상에 내려와 계두성 근처 용화보리수 밑에서 무상도과를 이룬 뒤 세 차례 모임에서 96억, 94억, 92억을 제도한다는 내용이 보인다.

66) 이러한 견해에 대해서는 김석근의 「전륜성왕(轉輪聖王), 미륵(彌勒), 그리고 메시아-미륵신앙의 정치적 기능과 함의에 대한 시론적 접근」(『동양정치사상사』 제9권 1호, p.6) 참조.

67) 김석근, 앞의 논문, p.20.

속에 뿌리를 내리면서 민간종교와 습합될 수밖에 없었다.

이런 배경에서 석가와 미륵은 민중에게 전해져오던 「창세가」 속에서 만나게 되고 김쌍돌본, 전명수본, 강춘옥본, 정운학본 「창세가」[68]에서 석가의 속임수에 분노한 미륵은 이곳이 더러운 세상, 악과 혼돈으로 가득한 곳이 될 것이라고 말하며 떠난다. 더러운 세상, 속임수로 가득한 세상이 바로 지금, 석가의 세상이다. 미륵이 처음에 만들어 놓았던 질서로 가득한 아름다운 세상이 지금은 석가의 속임수 때문에 사라져버렸지만, 떠나가는 미륵은 다시 돌아올 것임을 강력하게 암시하고 있다. 미륵삼부경에서는 그가 다시 돌아오는 때가 구체적 수치인 '56억 7,000만 년'이라고 적고 있지만 더러운 석가의 세상에서 살아가는 사람들은 그가 돌아오기로 한 '언젠가'가 머나먼 미래가 아닌 바로 지금, 자신들이 살고 있는 이 시점일 수도 있다는 믿음[69]을 가졌으며, 그러한 믿음은 그들을 더욱더 미륵에 열광하게 했다. 한국의 창세신화에 등장하는 두 신의 이름이 석가와 미륵으로 치환된 것은 민중 사이에 넓게 퍼져있던 강력한 믿음인 미륵신앙이 반영된 것이다. 그들은 석가가 훔쳐간 '꽃'으로 상징되는 민중의 권력을 다시 찾아줄 그 누군가를 염원했고, 그 역할을 민중종교의 슈퍼 히어로인 미륵이 담당했던 것이다.

중국의 경우, 당나라 이후 아미타신앙이 확장되면서 미륵신앙이 쇠퇴한 것으로 보이지만 송나라 때 유행했던 포대화상(布袋和尙)[70]의 경우에

---

68) 인세차지 경쟁 화소가 나타나는 창세신화의 양상을 김헌선은 『한국의 창세신화』 제4부 「'인세차지 경쟁' 신화소의 전승과 변이」에서 무속신화와 구전신화로 나누어 상세하게 분류, 비교하고 분석한 바 있다(김헌선, 『한국의 창세신화』, 길벗, 1994).

69) 차남희는 서구 중세에서 새로운 사회를 지향하는 체제 전복적인 민중의 반란이 의거했던 '천년왕국신앙'은 천년 후의 먼 미래가 아니라 바로 '지금 여기서' 이루어진다는 점에 의의가 있는 것이라고 말했다.(「천년왕국신앙과 전통사회의 정치변동」, 『동양정치사상사』 제3권 2호, p.198.

70) 五代 때 明州 奉化人이라고도 한다. 자칭 契此라 했으며 지팡이에 주머니를 하나 매달고

서 알 수 있듯, 미륵신앙은 민간종교와 결합하면서 오히려 민중의 전폭적 지지를 받게 된다. 미륵의 중국적 변이 양상을 보여 주는 대표적 예인 포대화상에 열광하는 민중이 그것을 대표한다. 앞에서 소개한 중국의 문헌 자료와 민간에 전승되는 이야기 속에서 석가와 미륵 중 꽃을 바꿔치기 하는 악역을 담당하는 것이 언제나 석가라는 것은 미륵에 대한 일반 대중의 호감을 잘 보여 주고 있는 것이다. 명나라 이후 민간에서는 나교(羅教)와 홍양교(弘陽教) 등 민중종교에서 최고신격으로 무생노모(無生老母)를 받들면서 무생노모가 연등불과 여래불, 미륵불을 세상에 보낸 것이라는 이야기까지 나온다.[71] 중국의 미륵신앙과 신화와의 관련성에 대해서는 아래 절에서 좀 더 구체적으로 다루기로 한다.

심재관은 "아시아 일대에서 발견되는 석가미륵의 경쟁관계는 불교와는 다른 종교적 집단을 상상할 수밖에 없다."고 하면서 그 종교적 집단을 '불교와 대등한 경쟁관계에 있거나 불교신앙집단에 쉽게 융화할 수 없었던 신앙체'라고 추측하면서 불교에 의해 '정신적 변방으로 물러나 무속종교의 흔적'일 수 있다고 가정하고 있다.[72] 김헌선 역시 미륵과 석가의 대결 모티프가 적극적으로 대체되고 무속신화에 투입된 시기를 고려 말로 추측하고 있으며 외래 종교인 불교를 토착적 신격의 관점에서 수용하고 극복하려는 무속신앙의 적극적 역사관이 개입되어 있다고 보고 있다.[73] 한국과 중국, 몽골의 경우를 종합해 볼 때 석가와 미륵이라는 이름이 창

다녀서 '포대화상'이라고 불렀다. 무엇이든 있으면 주머니에 넣어 불룩해진 모습이 넉넉해 보였고 그것은 '생활에 대한 민중의 열망과 포용, 겸양을 보여주는 것'으로 그 '상징적 의미가 무척 큰 것'이었다.(王忠林, 「可能與必然-論彌勒圖像的轉型與定型」, 『世界宗教文化』, 2010. 6, p.29)

71) 孔慶茂, 「民間宗教的創世女神-無生老母」, p.94.

72) 심재관, 앞의 논문, p.146.

73) 김헌선, 「한국과 유구의 창세신화 비교 연구」, pp.301~303.

세신화와 결합된 과정에는 토착 무교와 불교와의 갈등이 바탕에 깔려 있음을 알 수 있고, 특히 중국과 한국에 유행했던 미륵신앙이라는 민중종교의 힘이 중요한 기제로 작동하고 있음을 알 수 있다. 이제 석가와 미륵이라는 이름에 대해 생각해 볼 때가 되었다.

(3) 석가와 미륵 경쟁 모티프의 종교적·정치적 의미

왜 석가와 미륵인가? 그리고 왜 석가의 세상이 더럽고 축축한 세상이며 미륵의 세상이 질서정연하고 아름다운 세상으로 나타나는가를 생각해 볼 필요가 있다. 이야기를 전승하는 주체가 통치계층이 아니라 민중이었다는 점이 중요하다. 위진남북조시대에 성행했다가 그것이 민중반란과 연계되어 있다고 하여 당나라 개원(開元) 연간에 현종(玄宗)이 금지조치를 내린 후 미륵신앙이 시들해지면서 미타 신앙이 그것을 대신했다고는 하지만[74] 미륵을 구세주로 믿으며 그가 강림하여 고통에 빠진 자신들을 구해줄 것이라는 믿음은 시간이 흐를수록 민간 속에 깊이 뿌리를 내렸다. 미륵이 도솔천으로 올라간다는 신앙보다 인간세상으로 내려온다는 하생신앙이 더욱 유행하게 된 것에는 이유가 있었던 것이다.[75] 무엇보다 중요한 것은 미륵신앙의 본질이 '현세성'[76]에 있다는 점이었다. 그것은 당나라

---

74) 미륵신앙에서 미타신앙으로 바뀌게 된 과정에 대해서는 많은 논문들이 나와 있다. 塚本善隆이 쓰고 施萍峰이 번역했으며 趙聲良이 교열을 본 「從釋迦,彌勒到阿彌陀, 從無量壽到阿彌陀-北魏至唐的變化」, 『敦煌研究』 2004年 第5期(總第87期, p.36~39에 그 과정이 간단명료하게 서술되어 있다.

75) 敦煌에서 발견된 8세기 중엽의 경전인 『救諸衆生一切苦難經』의 내용을 보아도 민중이 원하는 것은 도솔천으로 올라가는 것도 아니고 지상으로 내려온 미륵의 설법을 듣고 성불하는 것도 아닌, 그저 미륵이 내려와 자신들을 고통스런 현실에서 벗어날 수 있도록 도와주는 것이었음이 나타난다(張子開·張琦, 「映照安史之亂的唐代民間彌勒信仰實物:敦煌寫本『救諸衆生一切苦難經』新探」, 『西南民族大學學報(人文社科版) 2009年 1期(總第209期), p.223).

76) 미이시 젠키치[三石善吉]는 "미륵이 석가를 이어 이 땅에 하생하여 중생을 구제한다는 확

나 송나라, 신라나 고려 모두 마찬가지였고, 명·청대로 올수록 소위 '백련교'[77]로 통칭되는 민중종교들과 관련을 맺으면서 더욱 강한 신앙으로 나타난다. 미륵이 가져다 줄 것이라고 여겨졌던 정토, 민중에게 정치담론의 힘을 찾아다주었던 말세론, 민중종교의 지도자들을 신격화시킬 수 있는 바탕이 되어주었던 미래불 사상 등이 민간에서 미륵신앙이 그렇게 오래 지속될 수 있는 요인이었다고 분석한 리샤오룽(李小榮)은 그 모든 것을 가능하게 했던 것은 결국 고통스런 현실이었다고 말한다.[78]

명·청대에 미륵신앙은 특히 무생노모신앙과 결합하면서 더욱 큰 힘을 갖게 된다. 무생노모는 명·청대에 가장 많은 숭배를 받았던 여신인데, 나교[79]를 비롯한 여러 민간종교에서 받들었고 '무생노모無生老母, 진공가향眞空家鄕'은 그 당시에 소위 '팔자진언八字眞言'이라고 불릴 정도로 유명한 주문이었다. 무생노모는 명나라 정덕 연간에 나온 나교의 보권寶卷인 『오부육책五部六冊』에 처음 나타나고 만력 시기에 유행했던 홍양교弘陽教에서 그 모습이 만들어졌다. 무생노모를 받들어 영원한 고향으로 돌아간다는 이 말에는 고통에 빠진 사람들을 안정시켜주는 깊은 매력

신이 미륵신앙의 중심주제인 이상 우선 미륵신앙의 본질은 이 현실성·차안성에 있다고 할 수 있다."라고 했다(미이시 젠키치, 최진규 옮김, 『중국의 천년왕국』, 1993, p.114).

77) 송요후는 청나라 때 민간에 나타났던 수많은 비밀종교 집단들을 학자들이 '백련교'라고 통칭하는 것에 대해 '오랜 역사적 전통을 가진 실체'로서 명대에 들어와 '정부의 탄압을 피하기 위해 다양한 이름들을 취하면서 나타난 현상'이라고 설명하고 있다(宋堯厚, 「中國 民間宗教 研究에 대한 새로운 패러다임의 摸索」, 『明淸史研究』第34輯, p.256).

78) 李小榮, 「略論民間宗教中的彌勒信仰」, 『固原師專學報(社會科學)』, 1998年 第4期(總第66期), p.78.

79) 나교는 羅夢鴻(1442~1527)에 의해 창시된 것으로서 그가 옥중에 있으면서 67세에 구술했다는 寶卷 『五部六冊』을 주요 경전으로 한다. 나교의 민간사회 사상에 대해서는 李慶龍의 「羅教寶卷 『五部六冊』과 명중기 민간사회사상」(『明淸史研究』 第15輯, pp.1~29) 참조. 그러나 宋堯厚는 무생노모의 출현 시기가 정확하게 언제인지는 알 수 없다고 했다(송요후, 「중국 민간종교 연구에 대한 새로운 패러다임의 모색」, p.260, pp.265~266).

이 있었다. 무엇보다 무생노모의 품에서 만민은 평등했다.[80] 무생노모는 민중종교에서 받드는 지고무상의 신으로, 중원지역의 창세신인 복희伏羲와 여와女媧도 무생노모에게서 탄생했으며 과거불인 연등불, 현재불인 석가모니도 무생노모가 보냈고 구제되지 못한 중생을 위해 미래불인 미륵불을 보내어 고통에 빠진 인간을 구제하여 영원한 낙원인 진공가향으로 인도한다고 한다. 게다가 무생노모는 여와, 서왕모西王母, 여산노모驪山老母 등 중국 고대 신화 속의 여신들의 신격을 모두 갖추고 있을 정도로 지고무상의 신이면서 외모는 친근한 시골 할머니의 모습으로 나타난다.[81] 이것은 중국에서 미륵불이 배가 뚱뚱하고 언제나 웃고 있는 포대화상의 모습으로 나타나는 것과 같은 맥락이다. 사람들은 그들을 구원하여 영원한 고향으로 데려갈 신의 모습이 옆집 할머니나 할아버지와 같은 친근한 모습이기를 원했던 것이다.

선종에 속했던 나교가 미륵보다는 무생노모 신앙에 좀 더 치중했다면 명·청대를 휩쓸면서 통치권에 의해 농민반란과 연결지어 배척의 대상이 되었던[82] 백련교는 미륵하생신앙과 합쳐지면서 민중의 희망으로 부상한다. 비록 통치권에서는 백성을 미혹시켜 반란을 꾀하는 집단이라고 하여

---

80) 『救苦忠孝藥王寶卷』에서는 "남자든 여자든 원래 다른 것이 아니다. 모두 무생노모에게 기대어 함께 선천에 있었다(或是男, 或是女, 本來不二, 都仗着無生母, 一氣先天)."라 하고 있고 『古佛天眞考證龍華寶卷』에서는 "남자와 여자를 함께 보이도록 분부하노니, 너희들은 너와 나를 가를 필요가 없느니라(吩咐合會男和女, 不必你們分彼此)."라 하고 있다. 보권의 원문은 崔震奎의 「淸中期 五省 白蓮教反亂」의 宗教的 계기」(『東洋史學硏究』第27輯, p.27)에서 인용하였음을 밝힌다.

81) 무생노모에 관한 구체적인 내용은 孔慶茂의 「民間宗教的創世女神-無生老母」(『文史知識』, pp.93~98), 蔡勤禹의 「明淸時期民間宗教的社會心理分析」(『東方論壇』 2000年 第2期, pp.76~77)을 참조하라.

82) 일찍이 명나라 태조 주원장은 정권을 잡으면서 백련교를 '愚民의 迷信'으로 규정지어 비난하였고 1397년의 『大明律』에서는 미륵불을 주창하는 백련교 금지를 명문화하였다(송요후, 앞의 논문, p.7).

아예 백련교 자체를 금지하였지만 미륵하생신앙을 믿고 무생노모를 구원자로 생각하는 민중에게 있어 백련교는 '반란'과 아무 상관이 없는 것이었다. 무생노모가 유교적 윤리관에 입각하여 지속되어온 종족 공동체와 국가에 정면으로 대결하는 성향을 갖고 있었다는 논의들이 있긴 하지만,[83] 민중에게 중요한 것은 고통스런 세상에서 살아가는 그들을 가까운 미래에 다가올 대겁大劫 혹은 '삼기말겁三期末劫'에서 구원해줄 구세주였을 뿐이다. 통치자들은 그들의 믿음에 '사교邪教'라는 딱지를 붙였으나 엄혹했던 그 시절, 민중은 무생노모와 미륵에게서 한없는 위로를 받았던 것이다.

명나라와 청나라 민간종교에서는 세계의 발전과정을 과거, 현재, 미래의 셋으로 나누면서 각각 그것에 대응되는 것으로 청양(青陽), 홍양(紅陽), 백양(白陽)을 상정하고 있다. 그것은 또한 미륵신앙의 과거불, 현재불, 미래불 개념과 맞물린다. '대겁'이라는 소위 말세는 홍양과 백양 교체기에 일어나는데 대겁은 현실이 파괴되면서 이상적인 사회가 도래하게 되는 시기를 가리킨다. 이것은 말하자면 기존의 세계가 파괴되고 아무것도 없는 세계로 돌아갔다가 새로운 세상이 도래하게 되는 것이라고 하는데, 이 부분에서 미륵하생신앙은 창세신화와 만난다. 이 세계에서 새로운 창조주의 역할을 맡는 인물이 바로 미륵이다. 명·청대에 유행했던 민간종교의 미륵하생 신앙의 내용과 비교해본다면 몽골의 창세신화나 한국의 「창세가」에서 미륵이 석가의 세상을 '사기꾼이 판치는' 세상이며 '더럽고 축축한' 세상이라고 말하는 것이 이해된다. 민중의 몫인 '꽃'을 통치자가

83) 이러한 논의들에 대해서는 송요후가 앞의 논문 p.265~270에서 상세하게 소개하고 있다. 戴繼誠은 미륵을 민중 반란의 상징으로 이용하려고 했던 시도들이 결국은 실패로 돌아갔다고 하면서 미륵신앙과 민중운동과의 관련성을 비판적 시각에서 바라보고 있다(대계성, 「彌勒信仰與中國民衆的反逆運動」, 『青海社會科學』, 2009年 第1期, p.146).

부정한 방법으로 가져갔으니 미륵은 즉, 민중은 그 '꽃'을 찾아 반드시 다시 돌아올 것이라는 강력한 은유가 석가 미륵 경쟁 모티프가 들어간 창세신화를 관통한다. 미륵은 떠났지만 민중은 석가에게 빼앗긴 꽃을 찾아다 줄 미륵의 귀환을 굳게 믿었다. 그러니까 이것은 창세신화의 형태로 나타난 민중 종교의 노래인 셈이다.

5. 나오는 말

석가와 미륵이 꽃피우기 내기를 하여 인세차지 경쟁을 벌였는데 석가가 속임수로 꽃을 바꿔치기 했기 때문에 세상은 석가의 것이 되었고, 미륵은 석가가 관할하는 인간세상이 더러운 곳이 될 것임을 예언하고 떠나버렸다는, 이 짤막한 이야기 속에는 참으로 많은 신화적 맥락들이 복잡하게 얽혀 있다. 그 복잡한 맥락들을 대략 다음과 같이 정리해 보기로 한다.

첫째, 석가와 미륵 경쟁 모티프는 선신과 악신, 빛과 어둠의 대립이라는 아주 오래된 신화적 모티프와 원형을 공유한다. 이것을 인도-유러피안 신화소라고 부를 수 있는가에 대해 필자는 매우 긍정적인 시각을 갖고 있다. 빛과 어둠의 대립, 선신과 악신의 투쟁이라는 대립과 투쟁의 구도는 아리안족이 가져왔을 것으로 의심되는 부성(父性) 원리와 관련되어 있다.

둘째, 유럽에서부터 아시아에 이르기까지 창세신화에 신들의 투쟁과 대립이라는 요소가 들어간 시기는 매우 오래된 것으로 보인다. 특히 미트라와 구세주 신앙은 페르시아적 요소이고 그것이 인도로 들어와 불교와 결합되면서 미륵이라는 존재로 나타나게 되었으며, 미륵신앙이 중국으로 들어오면서 미륵하생신앙, 구세주신앙, 종말론과 결합된 석가와 미륵 경쟁 모티프가 나타나게 된다.

셋째, 석가와 미륵 경쟁 모티프가 창세신화에 등장하게 된 것에는 전통무교와 불교의 갈등이라는 요소가 바탕에 깔려 있다. 또한 그 이야기가 아시아 지역에서 오랜 세월 동안 전승되어올 수 있었던 배경에는 중국과 한국에 깊게 뿌리내리고 있었던 미륵하생신앙이 있다. 그것이 민중종교와 결합되면서 미륵과 석가의 이름이 무속신화에 등장하게 되는 것이다.

넷째, 석가와 미륵 경쟁 모티프는 신화의 원형이라는 측면에서 보면 인도-유러피안 신화소라고 말할 수 있지만 신들의 이름이 석가와 미륵으로 치환되면서 지역적 변이라는 특색을 지니게 된다. 석가와 미륵 경쟁 신화에 등장하는 꽃피우기 모티프는 지역적 변이를 가장 잘 보여 주고 있다. 그것은 남방과 북방의 요소들을 고루 갖춘, 동아시아의 지역적 특색을 잘 보여 주는 모티프이다.

다섯째, 꽃피우기 내기라는 것은 종교적·정치적 권력의 헤게모니를 누가 장악하는가를 반영하는 화소이며, 이 신화에서 석가는 통치 권력을, 미륵은 민중 권력을 상징한다. 신화 속의 선신과 악신의 대립은 여기서 통치자와 민중의 대립으로 변이된다. 꽃은 이 모티프를 가진 신화에서 생명의 상징이라기보다는 권력의 상징으로 나타난다.

여섯째, 석가의 세상을 더러운 세상이라고 말하며 떠나간 미륵이 등장하는 창세신화는 오히려 미륵의 귀환을 강력하게 암시하고 있다. 석가와 미륵 경쟁 모티프가 등장하는 신화는 미륵의 귀환을 꿈꾸었던 민중의 소망이 반영된 민중종교의 노래이다.

참고문헌

金三龍, 『韓國彌勒信仰의 硏究』, 동화출판공사, 1983.

김석근, 「전륜성왕(轉輪聖王), 미륵(彌勒), 그리고 메시아-미륵신앙의 정치적 기능과 함의에 대한 시론적 접근」, 『동양정치사상사』 제9권 1호, 2010.3.

김석근, 「토착 민간신앙과 불교의 힘겨루기」, 계간 『전통과 현대』 가을호, 1997.
김선자, 「영혼의 길 밝혀주는 노래, 『지로경』」, 『아시아의 죽음문화』, 소나무, 2010.
김선자, 「중국 남부 소수민족 신화에 나타난 꽃의 여신[花婆]과 민속, 그리고 서천꽃밭」, 『아시아 여성 민속』(2011년 비교민속학회 춘계학술대회 자료집), 2011.6.
김영신, 「미트라스 숭배의 이란 기원에 관하여」, 『역사와 담론』 제56집, 2010.8.
김인희, 「韓·中 巨人神話 比較 硏究」, 『韓國民俗學』 제32집, 2000.6.
김재용· 이종주, 『왜 우리 신화인가』, 동아시아, 1999.
김헌선, 「삼승할망본풀이의 여신 투쟁이 지니는 신화적 의미」, 『민속학연구』 제17호, 2005.12.
김헌선, 「韓國과 琉球의 創世神話 比較 硏究」, 『古典文學硏究』 第21輯, 2002. 6.
김헌선, 『한국의 창세신화』, 길벗, 1994.
데 체렌서드넘 지음, 이안나 옮김, 『몽골민족의 기원신화』, 울란바타르대학교출판부, 2001.
멀린 스톤 지음, 정영목 옮김, 『하느님이 여자였던 시절』, 뿌리와 이파리, 2005.
미이시 젠키치 지음, 최준규 옮김, 『중국의 천년왕국』, 고려원, 1993.
박종성, 「중동부 유럽과 한국의 창세신화 그리고 변주」, 『비교민속학』 35집, 2008.2.
박종성, 『한국 창세서사시 연구』, 태학사, 1999.
발터 하이이시 지음, 이평래 옮김, 『몽골의 종교』, 소나무, 2003.
베스타 S. 커티스, 임웅 옮김, 『페르시아신화』, 범우사, 2003.
서영대, 「'세상차지' 경쟁 신화의 연원」
宋堯厚, 「中國 民間宗教 硏究에 대한 새로운 패러다임의 摸索」, 『明淸史硏究』 第34輯, 2010.
신규섭, 「축제 문화의 원형: 노루즈(신년제)의 상징체계」, 『세계문학비교연구』 제27집, 2009년 여름호.
심재관, 「석가미륵 투쟁신화와 힌두신화의 한 유형」, 『비교민속학』 제33집,

2007.2.
여익구 편, 『미륵경의 세계』, 지양사, 1986.
李慶龍, 「羅教寶卷 『五部六冊』과 명중기 민간사회사상」, 『明淸史硏究』 第15輯, 2001.
이안나, 『몽골 민간신앙 연구』, 한국문화사, 2010.
이창윤, 「북부형과 제주형 창세신화의 지역적 특성」, 『실천민속학연구』 제2호, 2000.11.
조현설, 「한국창세신화에 나타난 인간과 자연의 문제」, 『한국어문학연구』 제41집, 2003.
차남희, 「천년왕국신앙과 전통사회의 정치변동」, 『동양정치사상사』 제3권 2호, 2003.9.
체렌소드놈 지음, 이평래 옮김, 『몽골민간신화』, 대원사, 2001.
崔震奎, 「「淸中期 五省 白蓮教反亂」의 宗教的 계기」, 『東洋史學硏究』第27輯, 1988.5.
한국사상사학회, 『미륵사상의 본질과 전개』, 서문문화사, 1994.
허남춘, 「제주 서사무가에 담긴 과학과 철학적 사유 일고찰」, 『국어국문학』 제148호, 2008.5.
雲南省少數民族古籍整理出版規劃辦公室 編, 『哈尼阿培聰坡坡』, 雲南民族出版社, 1986.
『中國各民族宗教與神話大詞典』編審委員會 編, 『中國各民族宗教與神話大詞典』, 學苑出版社, 1993.
潘定智·楊培德·張寒梅 編, 『苗族古歌』, 貴州人民出版社, 1997.
李小榮, 「略論民間宗教中的彌勒信仰」, 『固原師專學報(社會科學)』, 1998年 第4期(總第66期).
蔡勤禹, 「明淸時期民間宗教的社會心理分析」, 『東方論壇』, 2000年 第2期
季羡林, 「彌勒信仰在新疆的傳布」, 『文史哲』 2001年 第1期(總第262期).

秦寶琦, 「明清時期秘密教門信仰體系與基本教義的形成與發展」, 『邵陽學院學報』(社會科學), 2002年 第1期(第1卷 第1期).
耿世民, 「古代維吾爾語說昌文學『彌勒會見記』」, 『中央民族大學學報(哲學社會科學版)』, 2004年 第1期 第31卷(總第152期).
塚本善隆 著·施萍峰 譯·趙聲良 校, 「從釋迦,彌勒到阿彌陀, 從無量壽到阿彌陀-北魏至唐的變化」, 『敦煌研究』, 2004年 第5期(總第87期).
濮文起, 「『彌勒尊經』蠡測-兼與馬西沙教授商榷」, 『中華文化論壇』, 2004.4.
普慧, 「略論彌勒, 彌陀淨土信仰之興起」, 『中國文化研究』, 2006年冬之卷.
普學旺 主編, 『雲南民族口傳非物質文化遺産總目提要·神話傳說卷』(上·下卷), 雲南教育出版社, 2008.
普學旺 主編, 『雲南民族口傳非物質文化遺産總目提要·史詩歌謠卷』(上·下卷), 雲南教育出版社, 2008.
普學旺 主編, 『雲南民族口傳非物質文化遺産總目提要·民間故事卷』(上·下卷), 雲南教育出版社, 2008.
張子開·張琦, 「映照安史之亂的唐代民間彌勒信仰實物:敦煌寫本『救諸衆生一切苦難經』新探」, 『西南民族大學學報(人文社科版)』, 2009年 1期(總第209期).
戴繼誠, 「彌勒信仰與中國民衆的反逆運動」, 『青海社會科學』, 2009年 第1期.
谷長春 主編·富育光 講述·荊文禮 整理, 『天宮大戰 西林安班瑪發』, 吉林人民出版社, 2009.
楊世光 整理, 『黑白之戰』, 雲南人民出版社, 2009.
武內房司, 劉葉華 譯, 「中國民衆宗教的傳播及其在越南的本土化-漢喃研究院所藏諸經卷簡介」, 『淸史研究』, 2010年 第1期.
王忠林, 「可能與必然-論彌勒圖像的轉型與定型」, 『世界宗教文化』, 2010.6.
孔慶茂, 「民間宗教的創世女神-無生老母」, 『文史知識』, 2008.3.
曲六乙, 「『彌勒會見記』的發現與研究」, 『劇本』, 2010.8.

중앙아시아

몽골 창세신화의 "꽃피우기 경쟁" 화소 검토

이평래(한국외대)

1. 머리말

여러 연구자들이 지적한 것처럼 몽골신화에는 창조신(또는 그 아들)들이 꽃피우기 시합을 하는 이야기가 나온다. 그 목적은 자기들(또는 아버지)이 만든 세상을 누가 주재할 것인가를 결정하기 위해서이다. 석가와 미륵, 차강 슈헤르트와 오치르바니, 신기빌과 톨티 칸 등 신화 주인공의 이름은 다르지만 꽃피우기를 통하여 세상에 대한 지배권을 결정하는 것은 공통적이다.

이와 관련하여 가장 궁금한 것은 형제 간(신기빌과 톨티 칸)은 그렇다 치더라도 불경 또는 불전 문학에서 우호적 관계에 있는 佛과 보살이 세상의 주도권을 놓고 다투는 관계로 묘사되는 이유가 무엇인가 하는 점이다. 또한 이 화소가 몽골뿐 아니라 한국, 일본(琉球 列島와 東北의 岩水縣[1]),

---

1) 依田千百子, 「神々の競爭」, 『東アジアの創世神話』, 東京: 弘文堂, 1989, p.147에 의하면 三浦佑之, 「花を盜む話と花を盜む蒙の話」, 『成城國文』 5, 1981에 이를 보고했

중국, 시베리아 등 여러 지역에 나타나고 있는데, 이를 어떻게 이해해야 할지도 문제이다. 이 중 어떤 것은 완전한 신화로 전해지고, 어떤 것은 흥미 위주의 옛 이야기 형태로 전해지기도 하지만 꽃피우기, 잠자기, 속임수, 이를 통한 세상 또는 특정 사항에 대한 권리 획득 등 서사구조는 유사하다. 이는 곧 꽃피우기 경쟁 화소가 특정 지역에서 발생하여 다른 곳으로 전해졌을 가능성을 말해 주는데, 그 기원과 이것이 몽골신화에 이입 또는 유포된 배경이 무엇인지도 따져 볼 필요가 있다.

몽골 연구자들은 이런 의문에 대하여 아무런 답변을 않고 있다. 일부 연구자들이 창세신화를 논하면서 이 화소에 대해 언급하고, 주인공의 이름이 佛과 보살로 나타나는 것을 불교의 영향이라는 점만 지적할 뿐 이 문제를 고찰한 본격적인 연구는 없는 것 같다. 필자가 두루 찾지 못한 탓도 있겠지만 몽골학의 또 다른 중심지인 중국과 러시아에서도 이를 주제로 다룬 연구는 확인되지 않는다. 이와 대조적으로 일본[2]과 한국[3] 연구자들은 오래 전부터 자국의 구전자료에 나타나는 꽃피우기 경쟁 화소의 의미를 해석해 보려고 했으며, 그 과정에서 몽골과 몽골계 부랴트족 신화를 유사사례로 다뤄왔다.

몽골을 주제로 한 것은 아니지만 이와는 다른 방향에서 이 문제를 다룬 연구도 있다. 그 대표적인 학자가 마나부 와이다[4]이다. 그는 한국·류

다고 하나 필자는 자료를 구득해 보지 못했다.

2) 大林太郎, 『神話の系譜』, 東京: 青土社, 1986, pp.149~153; 依田千百子, 1989, pp.138~148. 그밖에 田畑英勝(1972); 大林太郎(1975a); 大林太郎(1975b), 山下欣一(1978), 丸山顯德(1981), 三浦佑之(1981), 田畑博子(2003) 등도 직간접으로 이 문제를 언급하고 있다.

3) 본 주제를 직간접으로 다룬 한국 쪽 연구는 김헌선(1994, 2002, 2005), 서대석(1980), 노르브냠(1998), 박종성(1999, 2008), 편무영(1998), 조현설(2005) 등이 있다.

4) Manau Waida, "The Flower Contest between Two Divine Rivals, A Study in Central and East Asian Mythology", *Anthropos* 86, 1991, pp.87~109.

쿠 열도·몽골·부랴트·시베리아(그는 부랴트와 그 주변 시베리아 지역을 '중앙아시아'라 총칭함)를 비롯하여 그때까지 꽃피우기 경쟁 화소가 확인된 모든 곳을 연구범위에 넣고 각 지역의 차이점과 공통점은 물론 그 기원까지 밝혀 보려고 하였다. 또한 최근에는 불경이나 불전문학에서 우호적 관계로 그려진 석가와 미륵이 동아시아 창세신화에서 경쟁관계로 나타나게 된 근본 이유가 무엇인지를 찾아볼 필요성을 제기한 학자도 있다.[5)]

이처럼 꽃피우기 화소에 대한 연구는 한국과 일본 학자들이 주도해 왔다. 그 일차적 이유는 물론 양국에 관련 자료가 많기 때문일 것이다. 이들 연구에 의하여 각지의 자료가 알려지고 이 주제를 둘러싼 여러 문제도 해명되어 가는 추세이다. 그럼에도 불구하고 꽃피우기 경쟁 화소에 대한 선행연구에는 만족스럽지 못한 대목도 있다. 이 화소의 출현배경을 불교와 전통종교의 대립으로 보려는 시각도 그중 하나이고, 불교설화의 영향일 것이라고 한 초기 일본 학자들의 가설은 그 이상 논의가 진전되지 못하였다. 또한 꽃피우기 경쟁 화소의 근원을 추적해 보고자 한 마나부 와이다의 연구도 무슨 이유인지 모르겠지만 중국을 분석대상에서 완전히 배제했다는 점에서 한계가 있기는 마찬가지이다.

이에 필자는 몽골 자료를 논의의 중심에 놓고 위에서 제기한 문제에 대한 해명의 실마리를 찾아보려고 한다. 먼저 관련 자료의 내용을 살펴본 다음, 꽃피우기 화소가 몽골 창세신화에 이입 또는 유포된 배경을 종교학과 신화학의 관점에서 고찰하고, 끝으로 이 화소의 기원과 몽골신화로의 이입과 유포경로에 대한 필자의 견해를 제시해 보려고 한다. 이 논문은 몽골 창세신화 속의 꽃피우기 경쟁 화소를 검토하는 것이 일차적 목적이다. 그러나 위에서 언급한 것처럼 이것이 몽골을 넘어 시베리아와 동아시

5) 심재관, 「석가·미륵 투쟁신화와 힌두 신화의 한 유형」, 『비교민속학』 제33집, 2007.

아 여러 지역에서 두루 확인되기 때문에 다른 곳의 사례도 논의에 포함시킬 수밖에 없었음을 밝혀 둔다.

2. 기초자료 검토

현존하는 몽골신화자료는 전체적으로 불교와 불교문화의 영향으로 불교적 색채를 강하게 띠고 있다. 이 글에서 검토할 창세신화에서 미륵과 석가가 창조신으로 등장하는 것은 말할 것도 없고, 티베트와 인도신화가 거의 그대로 또는 일정하게 조정된 형태로 몽골신화 전당에 유입된 경우도 많다. 구체적으로 해와 달을 삼키는 라호[6](몽 rahu<산 rāhu) 이야기나 乳海 휘젓기 이야기는 모두 인도신화에서 직접 유입된 것이다. 특히 창세신화의 경우 문헌신화나 구전신화를 막론하고 불교와 인도·티베트 신화의 영향이 강하다. 이 때문에 몽골에는 고유 신화가 없고 있다면 몽골-티베트신화가 있을 뿐이라고 극단적인 말을 한 학자[7]도 있지만, 굳이 이렇게 말하려면 몽골-티베트-인도신화라고 해야 이치에 맞을 것이다. 아무튼 그 동안 여러 학자들이 몽골신화의 이런 특징에 대해 지적해 왔는데 최근 한 내몽골 학자[8]는 불교문화(인도와 티베트신화 포함)가 몽골신화에 미친 영향을 고찰한 일련의 논문을 발표하기도 하였다.

이 문제 하나하나가 별도의 연구주제이지만 이는 차후 과제로 미루고

---

6) 일부 관행화된 것과 고전몽골어 표기가 필요한 경우를 제외한 몽골어의 우리말 표기는 일괄적으로 현대몽골어 발음에 따른다.

7) L. Lorents, "O Mongol'skoi Mifologii", *Olon Ulsyn Mongolch Erdemtnii II Ikh Khural* 1 bot', 1973, pp.251~253.

8) 那木吉拉, 「蒙古神話與佛教文化關係硏究綜述」, 『內蒙古民族大學學報』, 2001-1; 「蒙古創世神話的佛教神話文化影響」, 『內蒙古民族大學學報』, 2003-6; 「蒙古神話與佛教神話比較硏究」, 『內蒙古民族大學學報』, 2005-1 등.

여기서는 위에서 언급한 사항을 염두에 두고 이 글의 기초자료인 꽃피우기 경쟁 화소의 성격을 살펴보려 한다. 지금까지 몽골족 거주지에서 확인된 꽃피우기 경쟁 이야기로 비교적 온전한 것은 네 가지 정도인데 모두 19세기 말에서 20세기 초기 현지조사를 통하여 수집된 구전신화이다.

1) 식그무니 보르한과 마이다르 보르한의 경쟁

이 자료는 러시아 학자 한갈로프가 부랴트족의 지파인 발라간(Balagan) 사람들의 거주지(Balagansk)에서 채록하여 자신의 저작에 수록한 것이다.[9] 몽골 학자 체렌소드놈(D. Tserensodnom)이 이를 몽골어로 복원하여 자신의 몽골신화자료집에 수록했으며, 이평래가 우리말로 번역하였다.[10] 참고로 이 자료는 핀란드 민족학자 우노 하르바가 자신의 저서에 그 일부를 인용했는데,[11] 일본과 한국 학자들이 이를 다시 자국말로 소개하였다.[12] 본고와 관련된 사항을 요약 정리하면 아래와 같다.

㉠ 아주 먼 옛날 이 세상에 대지는 없고 전체가 큰물로 덮혀 있었다.

㉡ 식그무니 보르한(Shigmüni burkhan), 마이다르 보르한(Maidar burkhan), 에첵 보르한(Etseg burkhan)[13]이 합심하여 세상을 만들려고 하였다.

---

9) M.N. Khangalov, *Sobranie Sochineniya V Trekh Tomakh Tom III,* Ulan-Ude: 1960(Ulan-Ude: Izdatel'stvo OAO Respublikanskaya Tipografiya, 2004), pp.6~7.

10) 체렌소드놈, 이평래 옮김, 『몽골민간신화』, 대원사, 2001, pp.33~35. 다만 아래 인용문에서는 일부 자구를 수정하였다.

11) Uno Holmberg(-Harva), *The Mythology of All Races.* Vol. 4 Finno-Ugric, Siberian, New York: Cooper Square Publishers, 1964, pp.375~376.

12) 大林太郞, 앞의 책, pp.151~152; 박시인, 『알타이신화』, 청노루, 1994, pp.363~364; 김헌선, 1994, pp.496~497.

13) 위의 신들은 원문 발음(부랴트어 발음)에 따라 시베게니 보르한(Shibegeni-burkhan), 마(이)다리 보르한(Ma(i)dari-burkhan), 에세게 보르한(Esege-burkhan)으로 표기해

㉢ 세 보르한은 앙가트(Angat)[14]에게 물속에 들어가 검은 흙, 빨간 흙, 모래를 가져오게 하였다.

㉣ 그들은 앙가트가 가져온 흙과 모래를 물 위에 뿌려 대지를 만들어 그 위에 나무와 식물들이 자라게 하고, 그 다음 사람을 만들었다. 빨간 흙으로 몸뚱이를, 하얀 돌로 뼈를, 물로 피를 만들었다.

㉤ 이런 식으로 세 보르한은 남자와 여자를 만들고 이들에게 생명을 불어넣은 다음 누가 이들을 보살필 것인지 의논하였다.

㉥ 세 보르한은 각각 자기 앞에 그릇을 놓아두고, 누구의 그릇에서 빛이 발하는가를 보고, 그가 사람들을 보살피기로 하고 잠을 잤다.

㉦ 다음 날 아침 식그무니 보르한이 맨 먼저 일어나 그릇을 보니 마이다르 보르한 앞에 놓인 그릇에서 꽃이 피어나고 빛이 났다. 식그무니 보르한은 마이다르 보르한 앞의 그릇을 자기 그릇과 바꿔 놓고 다시 잠을 잤다.

㉧ 셋이 모두 잠에서 깨어 그릇을 보니 식그무니 보르한 앞의 그릇에서 꽃이 피어나고 빛이 났다. 그리하여 식그무니 보르한이 사람들을 보살피게 되었다.

㉨ 식그무니 보르한이 그릇을 바꿔 놓았다는 것을 알게 된 마이다르 보르한은 "네가 나를 교활하게 속였기 때문에 네가 보살필 사람들 역시 서로 속이고 거짓말하고 도둑질하며 살 것이다."라고 말하고 에첵 보르한과 함께 하늘로 올라갔다.

자료 1은 몽골 창세신화의 한 유형인 잠수신화의 전형적 사례이다.

야 하지만, 체렌소드놈이 이들을 현대몽골어 발음에 따라 위와 같이 표기했기 때문에 우리말 번역도 거기에 따랐음을 밝혀둔다.

14) 앙기르(Angir), 즉 황오리(*Tadorna ferruginea PALLAS*)의 복수형인 듯하다.

대지와 사람의 창조, 인세경쟁 그리고 위에서는 생략했지만 그 후 인간과 개가 지금과 같은 모습을 갖추게 된 사연 등이 일목요연하게 나타나 있다. 창조신이 3명 나오지만 경쟁은 마이다르와 식그무니 사이에서 벌어진다. 두 주인공의 경쟁구도는 한국과 일본의 사례와 일치하며, 세상과 인간의 창조, 인세경쟁, 꽃피우기, 잠자기, 속임수, 그 후 혼탁의 예견 등 제반 신화적 장치도 큰 틀에서 차이가 없다.

자료에서 식그무니 보르한은 석가, 마이다르 보르한은 미륵이다. 에첵 보르한은 직역하면 아버지佛(또는 아버지 神佛)이지만 몽골 연구자 돌람(S. Dulam)[15]의 지적처럼 분명히 부랴트신화와 서사시에 등장하는 최고신 에세게 말란(Esege malaan, 어버지 대머리) 텡그리일 것이다. 이는 곧 창조신들이 불교의 옷을 입고 있을 뿐 이 자료가 몽골 고유 신화임을 말해 준다. 추측컨대 세 창조신이 등장하는 토착신화에 석가와 미륵이 등장하는 꽃피우기 화소가 유입되는 과정, 또는 불교설화의 영향으로 토착신화가 재편되는 과정에서 두 신의 이름이 교체되었지만 에세게 말란 텡그리는 그대로 남은 결과로 볼 수 있다. 자료에서 보듯이 특별한 역할을 맡지 못하면서 그의 이름이 남아 있는 것은 그가 매우 중요한 창조신이었음을 말해 주는 한편, 그런 만큼 그에 대한 전승이 후대까지 이어졌기 때문인 것으로 보인다.

마이다르와 에첵 보르한이 하늘로 올라갔다는 것도 그냥 지나칠 수 없는 대목이다. 무엇보다도 이는 곧이어 소개할 부랴트와 한국신화(제주)의 꽃피우기 시합에서 이긴 쪽(신기빌/소별왕)이 이승을, 진 쪽(톨티 칸/대별왕)이 저승을 다스리게 되었다는 이야기와 차이가 있다. 뒤에서 자세히 언급하듯이 자료 1은 미륵신앙의 영향으로 토착신화가 재편 조정된

15) 센덴자빈 돌람, 이평래 옮김, 『몽골신화의 형상』, 태학사, 2007, p.215.

것으로 볼 수 있는데, 그렇다면 마이다르 보르한이 하늘로 갔다는 것은 곧 도솔천으로 갔다는 말일 것이다. 불교의 영향이 강하게 느껴지지만, 그럼에도 자료 1에는 무속신 에세게 말란 텡그리가 함께 나오는 등 몽골의 고유전통이 여전하다. 이는 자료 1이 뒤에서 언급할 巫佛 통합의 산물일 가능성을 말해 준다.

2) 샤지투브 보르한과 마이다르 보르한의 경쟁

이 자료는 러시아 학자 포타닌이 오늘날 네이멍구자치구 오르도스(內蒙古自治區 鄂爾多斯)에서 채록하여 자신의 저작[16]에 실은 것을 체렌소드놈이 현대 몽골어로 복원하고 이평래가 이를 우리말로 번역하였다.[17] 이 글과 관련된 사항을 정리하면 아래와 같다.

㉠ 먼 옛날 황금세계에 사람은 없고 하나의 색인 매끄러운 물체만 있었다.

㉡ 그때 하늘에는 오직 해와 달 두 자매만 있고, 대지에는 물 한 방울도 없었으며, 식물이나 나무, 아무런 봉우리도 없었다.

㉢ 샤지투브 보르한(Shagjtüv burkhan)이 남자와 여자를 만들었다. 그리고 여자가 胃 모양의 어떤 물체를 낳았다.

㉣ 샤지투브 보르한이 그 물체를 여러 조각으로 나누어 여러 명의 아이를 만들어 사방으로 보냈다.

㉤ 어느 날 샤지투브 보르한과 마이다르 보르한이 누구의 그릇에 꽃이 자라는지 내기를 하였다.

㉥ 마이다르가 눈을 뜨고 샤지투브의 그릇에 꽃이 피는 것을 보고 자기

---

16) G. N. Potanin, *Ocherki Severno-Zapadnoi Mongolii IV, Materialy Etnograficheskie*, SPb.: 1883(Isdanie 2-e, Gorno-Altai: Ak Chechek, 2005).

17) 체렌소드놈, 앞의 책, pp.29~30. 다만 아래 인용문에서는 일부 표기를 수정하였다.

것과 바꿔놓았다.

ⓢ 온순하고 관대한 샤지투브는 모든 것을 알면서도 모르는 척하고 "잘된 일이구나. 다가오는 시대는 너의 시대가 될 것이다. 그러나 네 시대에 사람들은 거짓말쟁이, 도둑이 될 것이다"라고 말하였다.

번잡하여 생략했지만 자료 2의 서두에는 해와 달의 기원 이야기가 나온다. 따라서 이 자료는 일월기원과 사람의 기원 등 두 가지 이야기가 섞여 있다. 그런데다 서사내용의 일관성도 안 보이고 갑자기 샤지투브 보르한(석가여래)과 마이다르 보르한(미륵불)이 등장하여 꽃피우기 시합을 한다. 미륵과 석가의 인세경쟁 화소는 뚜렷하지만 무언가 축약되고 변형된 느낌이 역력하다. 그 하나가 자료 1과 달리 미륵이 속임수를 쓰고 석가가 속은 것으로 되어 있는 점이다. 그 결과 "다가오는 시대"의 혼탁이 예고된다. 이 말에는 현재의 안정 또는 평화가 전제되어 있다고 보아야 한다. 그래야 미래의 혼란에 대한 예견이 설득력을 갖기 때문이다. 그러나 지금까지 수합된 꽃피우기 경쟁에 관한 어떤 자료에도 현세의 혼탁함의 이유는 빈번히 나오지만 미래가 혼탁할 거라고 한 것은 거의 없다. 이런 점에서 자료 2는 매우 특이하다고 할 수 있겠다. 혹시 통역을 통한 채록과정에서 미륵과 석가의 역할이 바뀌었는지도 모를 일이다. 아니면 창조신의 역할과 관계없이 그들 사이의 경쟁 화소만 임의로 취하여 만들어진 자료일 수도 있으나 추측일 뿐이다.

3) 오치르바니 보르한과 차강 슈헤르트의 경쟁

이 자료는 러시아 학자 포타닌이 할하[18]의 파흐라스(Pakhras)라는

---

18) 현재 몽골국(속칭 외몽골)의 대부분 지역과 그곳 거주민의 통칭.

사람에게서 채록하여 자신의 저작에 수록한 것이다.[19] 몽골 학자 체렌소드놈은 여러 이본과 대조하여 이를 몽골어로 복원하여 자신의 몽골신화 자료집에 수록했으며, 이평래가 한국어로 번역하였다.[20] 참고로 이 자료 역시 우노 하르바가 자신의 책에서 중앙아시아 자료로서 인용했고, 일본과 한국 학자들이 이를 자국어로 소개하였다.[21] 본고 관련 사항을 정리하면 아래와 같다.

㉠ 태초에 이 세상에는 공기와 물 두 가지만 있었다.

㉡ 하늘에 있던 오치르바니 보르한(Ochirvani burkhan)[22]이 물 위에 대지를 만들려고 하였다.

㉢ 누군가의 도움이 필요하여 그는 차강 슈헤르트(Tsgaan Shükhert)[23]를 협력자로 선택하였다.

㉣ 그들은 물 가까이에 이르러 바다 한 가운데 있는 거북이 한 마리를 발견하였다.

㉤ 오치르바니는 차강 슈헤르트에게 거북을 뒤집어 놓고 물에 들어가 흙을 가져오게 하였다. 오치르바니는 그에게 늘 자신을 생각하면서 일을 하라고 당부하였다.

---

19) G. N. Potanin, 앞의 책, pp.220~223.

20) 체렌소드놈, 앞의 책, pp.30~33. 다만 아래 인용문에서는 일부 표기를 수정하였다.

21) Uno Holmberg(-Harva), 앞의 책, pp.319~320; 大林太郞, 앞의 책, p.151; 박시인, 앞의 책, 1994, p.359~360.

22) 체렌소드놈은 원문 오추르마니(Ochurmany)를 현대 몽골어 오치르바니로 복원하였다. 오치르바니는 바즈라파니(vajrapāṇi, 執金剛, 金剛力士)의 몽골어 변형이다.

23) 체렌소드놈은 원문 차간-슈쿠티(Chagan'-Shukuty)를 현대 몽골어 차강 슈헤르트로 복원하였다. 차강 슈헤르트는 티베트 불교의 둑카르(gdugs dkar, 흰 日傘을 가진 자)에 해당한다. 한편 몽골 연구자 돌람[센덴자빈 돌람, 앞의 책, pp.202~204]은 차간-슈쿠티를 몽골어 차강 슝고드(Tsagaan Shungud, 물속에서 잠수하는 흰새)일 것으로 보았다.

ⓢ 차강 슈헤르트는 처음 흙을 집으려고 했지만 실패하였다. 그는 속으로 그가 하는 일이 오치르바니가 시킨 것임을 상기하자 손에 흙이 쥐어져 갖고 나왔다.

ⓞ 오치르바니가 그 흙을 거북 등에 뿌리자 거북은 사라지고 대지가 생겨났다.

ⓩ 둘이 그 위에 앉아 있다가 깜박 잠이 들었다. 그 사이 숄마스(Shulmas)가 그들을 물에 던지려고 하지만 대지가 커져 실패하였다.

ⓒ 둘은 잠에서 깨어나 사람과 짐승을 만든 뒤 이들에게 줄 생명을 얻으러 떠났는데, 그 사이 추트구르(Chötgör)가 와서 사람에게 숨을 불어넣었다.

ⓚ 오치르바니와 차강 슈헤르트는 누가 사람과 짐승의 주인 노릇을 할 것인지를 놓고 다퉜다.

ⓣ 둘은 그릇에 물을 붓고 먼저 꽃이 피어나는 쪽이 사람과 짐승의 주인 노릇을 하기로 하였다.

ⓟ 차강 슈헤르트가 한쪽 눈을 뜨고 오치르바니의 그릇에서 먼저 꽃이 자라나는 것을 보고 그것을 자기 그릇에 갖다 놓았다.

ⓗ 오치르바니는 이를 알면서도 "이 세상 사람들은 서로가 서로를 속이는 사기꾼, 거짓말쟁이가 될 것이다."라고 말하고 하늘로 올라갔다.

서사구조나 내용은 자료 1과 크게 다르지 않지만 세부적으로 다른 점도 보인다. 우선 창조신의 이름이 다르고 그중 하나가 직접 물속으로 들어가 흙을 가져온다. 또한 거북이 등장하고 거북이 위에 흙을 뿌려 대지를 만든 점도 다르다. 거북이의 등 위에 대지를 만드는 화소는 몽골 창세신화에서 흔하게 볼 수 있고 이본도 꽤 많은 편이다.[24] 창조행위의 방해자로서 숄마스가 나오고 대지가 스스로 커지는 화소도 보이는데, 이는 동유럽에서 시베리아와 몽골에 이르는 중앙아시아 여러 곳에서 목격된다.[25] 여기서도 창조신들이 오치르바니와 차강 슈헤르트라는 불교의 옷을 입고 있지만, 오치르바니의 주술력에 의하여 大業이 성사되는 등 전통신앙의 흔적이 뚜렷하다. 그래서 일부 학자들은 잠수신화에 보이는 창조신의 이러한 행위를 샤먼의 주술행위와 관련지어 보기도 한다.[26] 이런 점에서 이 자료도 일단 巫佛통합이 만들어 낸 이야기로 볼 여지가 있다.

자료 1에서 마이다르에 해당하는 것이 여기서는 오치르바니이다. 그러나 협력자와의 다툼의 성격을 놓고 보면 두 자료 사이에는 현격한 차이가 있다. 즉, 자료 1에서 마이다르와 식그무니는 창세의 주도자이자 기획자로서 인세를 차지하려 하지만, 자료 3의 경우 오치르바니는 창세의 주도자이자 기획자로서, 차강 슈헤르트는 창세의 협력자이자 행위자로서 각각 자신의 우위를 주장한다. 따라서 후자는 몽골과 알타이 등 북방민족 신화에서 쉽게 볼 수 있는 창조신들의 협력에 의한 창조와 그들이 창조물을 놓고 다투는 전형적인 이야기라고 할 수 있다. 창조신들의 이름이 불교의 영향 또는 꽃피우기 화소의 이입으로 佛과 보살로 대체되었을 뿐이다. 여기서 오치르바니가 하늘로 갔다는 것은 자료 1과 마찬가지로 도솔천으로 갔다는 뜻일 것이다.

4) 신기빌과 톨티 칸의 경쟁

이 자료도 러시아 학자 포타닌이 부랴트족의 또 다른 지파인 알라르(Alar) 사람들의 거주지(Alarsk)에서 채록하여 자신의 책에 수록한 것이

24) 陳崗龍, 「蒙古族潛水神話研究」, 『民族藝術』, 2001-2, pp.10~11; 센덴자빈 돌람, 앞의 책, pp.215~220.

25) Uno Holmberg(-Harva), 앞의 책, p.313, pp.319~320; 박종성, 「중·동부 유럽과 한국의 창세신화 그리고 변주」, 『비교민속학』 35, 2008, p.549.

26) 陳崗龍, 앞의 책, pp.3~7.

다. 이는 몽골계 집단에서 수집된 꽃피우기 경쟁 화소가 나오는 이야기 중 드물게 佛과 보살 대신 토착신 이름이 등장한다. 포타닌 원문을 번역하여 그 내용을 소개한다.[27)]

추르무센(Churmusen') 텡그리 칸에게는 신기빌(Shingybyl'), 사가다이 에부군(Sagadai ebugun'), 톨티 칸(Tol'ty khan') 세 아들이 있었다. 세상을 누가 지배할 것인지를 놓고 형제 간에 다툼이 벌어졌다. 아버지는 그들의 싸움을 해결하기 위하여 자식들에게 금으로 만든 그릇(altn'-lonkhu)을 주고 말했다. "각자 자기 앞에 자신의 그릇을 놓고 잠을 자거라. 밤중에 (그릇에) 꽃이 피는 사람이 세상의 지배자가 될 것이다." 큰형(신기빌)이 잠에서 깨어나 보니 막내(톨티 칸)의 그릇에서 꽃이 피었다. 그는 그것을 자기 그릇과 바꿔치기 하고 다시 잠을 잤다. 아침에 일어나 보니 큰형의 그릇에서 꽃이 피어 있었다. 그러나 막내는 (지혜의) 책을 통하여 (자신의) 꽃이 도둑맞은 것을 알고, (다음과 같이) 말했다. "형이 (내) 꽃을 도둑질하였다. 아무튼 (형이) 세상의 지배자가 되고, 나는 에를릭(Erlik)이 될 것이다. 그러나 이것(형의 도둑질)에 때문에 나는 너(형)의 사람이 100살 이상 살지 못하고, 짐승이 40년 이상 살지 못하게 할 것이다. (나는) 너의 가장 좋은 사람과 짐승을 끊임없이 빼앗아 갈 것이다." 그리고 자신은 에를릭이 되었다.

자료 4는 여러 가지 점에서 특징적이다. 여기서는 몽골계 집단의 꽃피우기 경쟁 이야기 중 유일하게 부랴트 고유 신이 주인공으로 나온다. 추르무센 텡그리 칸은 칸 호르마스 텡그리, 즉 몽골 무속의 최고신 호르마스트(호르모스타)[Khurmast(Khormusta)] 텡그리를 가리킨다. 또한

27) G. N. Potanin, 앞의 책, p.329.

이 자료는 창조신이 아니고 창조신으로 보이는 아버지의 유산, 즉 이 세상에 대한 지배권을 두고 벌이는 다툼이라는 점에서도 앞의 세 자료와 차이가 있다. 논란은 세 아들 사이에서 일어나지만 최종 싸움은 큰형과 막내 사이에 벌어진다. 이 점은 앞서 소개한 자료 1과 마찬가지이다. 자료 1에서도 그랬듯이 여기서도 불교의 영향 또는 꽃피우기 화소의 이입으로 토착신화가 양자경쟁 구도로 재편되면서 '사가다이 에부군'이라는 토착신만 그대로 남은 경우라고 할 수 있다. 혹시 꽃피우기 화소가 통째로 이입되는 과정에서 자료 1에서는 분쟁 당사자의 이름이 불교식으로 바뀌지만, 자료 4에서는 꽃피우기 경쟁 사실만 옮겨왔는지도 모르겠다.

자료 4에서 또 하나 주목되는 것은 경쟁에서 패한 쪽이 하늘로 가지 않고 지하세계로 가서 그 주인, 즉 에를릭이 된다는 점이다. 알타이신화에서도 에를릭은 창세과정에 협력하지만 자신의 지분을 받지 못하고 지하세계로 간 비극의 주인공으로 나온다.[28] 이런 점에서 자료 4는 창조신의 이름만이 아니라 서사내용에서도 몽골의 고유전통을 보다 많이 간직하고 있다고 할 수 있다. 그 때문인지 자료 4에서는 경쟁에서 진 쪽이 이긴 쪽의 부정행위에 대한 항의로 "미래의 혼탁"을 예견하는 대신, 사람과 짐승의 목숨이 유한할 것이라는 점 그리고 지하세계의 주인인 자신이 항상 그들을 데려갈 것임을 선언한다.

마나부 와이다[29]의 지적처럼 이 자료는 한국의 창세신화와 여러 가지 점에서 비견된다. 먼저 자료 4에서 형제들이 이 세상의 지배권을 놓고 다투고, 꽃피우기 시합에서 이긴 쪽이 이승을 지배하고 진 쪽이 저승을 지배하는 것은 제주도의 <천지왕본풀이>와 서사구조가 일치한다. 또한 자

---

28) 센덴자빈 돌람, 앞의 책, pp.205~208. 알타이신화의 사례는 V.I. 베르비즈끼, 김영숙 옮김, 『알타이의 민족들』, 국립민속박물관, 2006, pp.168~208 참고.

29) Manabu Waida, 1991, p.102.

료 4의 꽃피우기 시합에서 패배한 쪽이 저승을 지배하면서 사람의 죽음을 관장한다는 점도 제주도의 <삼승할망본풀이>를, 이긴 쪽의 부정행위 때문에 세상 사람과 짐승의 생명이 유한할 것이라고 한 예언은 석가가 관장하는 세상에서 꽃이 피어 열흘을 못 갈 것으로 예언한 <창세가>를 연상시킨다. 아무튼 자료 4와 한국 창세신화와의 관련성은 이리저리 따져보아야 할 사항이 많다.

3. 꽃피우기 경쟁 화소의 이입과 유포 배경

그렇다면 꽃피우기 경쟁 화소는 어떤 배경하에서 어떤 과정을 거쳐 몽골신화에 이입 또는 유포되었을까? 필자는 이 문제에 대하여 두 가지 가능성이 있다고 생각한다. 하나는 처음부터 아예 이 화소가 통째로 외부에서 들어온 경우이고, 다른 하나는 불교설화의 영향으로 몽골신화가 재편 조정된 경우이다. 그러나 어떤 경우든 이 화소가 몽골신화에 들어오게 된 이면에는 이어 언급할 미륵신앙이 그 바탕에 깔려 있었던 것으로 보인다.

이 문제와 관련하여 맨 먼저 주목해야 할 것은 몽골 창세신화의 기본 구조이다. 일부 연구자들이 지적한 것처럼 몽골과 알타이 창세신화에는 창조신과 함께 그의 행위를 방해하는 적대세력이 등장하는 사례가 많다. 그리고 이때 적대자는 창조신의 협력자로 등장할 때가 많다.[30] 알타이신화에서 창조신 윌겐(Ülgen)은 에를릭이, 부랴트신화에서 창조신 에세게 말란 바바이(Esege malaan baabai)와 오이 하리한(Oi khar'khan)은 아라한 슈드헤르(Arakhan shüdkher)가 각각 물속에서 가져온 흙으로 세상을 창조한다. 문제는 창세과정에서 협력자들의 결정적인 기여에도

30) 大林太郎, 『日本神話の構造』, 東京: 弘文堂, 1975a, pp.198~202; 센덴자빈 돌람, 앞의 책, pp.201~209.

불구하고, 세상에 대한 지배권을 전혀 얻지 못한데서 발생하고 그들은 결국 지하세계로 들어가 창조신의 적대자가 된다는 점이다. 위에서 검토한 자료 3의 솔마스와 추트구르도 창조신의 적대세력이다. 솔마스는 창조신이 만든 땅을 그들과 함께 물에 처넣어 없애려고 하고, 추트구르는 이제 막 창조된 인간에 해를 입히려고 하였다. 그러나 솔마스의 행위로 인하여 대지가 지금처럼 커지고, 추트구르는 인간에게 생명을 불어넣었다. 따라서 두 악마 역시 창조에 관여했다고 볼 수 있고 이런 점에서 이들도 창조신이다.

또 다른 몽골신화에는 선신과 악신 집단이 엄연히 나눠져 있을 뿐 아니라 이들이 무리를 지어 패싸움하는 경우도 있다. 부랴트版 『게세르』 첫머리에는 호르마스트(호르모스타) 텡그리를 수장으로 하는 서방의 55 선신과 아타(이) 올란[Ata(i) ulaan] 텡그리를 수장으로 하는 동방의 44 악신이 나뉘어 우주의 주도권을 놓고 치열한 싸움을 벌이는 장면이 생생하게 묘사되어 있다.[31] 이른바 선악 이원 대립관념이 반영된 전형적인 자료이다. 몽골신화 속의 이원 대립관념에 대해서는 19세기 중엽 부랴트몽골 학자 도르지 반자로프(Dorj Banzarov)[32]가 이란 기원설을 주창한 이래 후대학자들이 대체로 이를 따르는 편이지만, 최근에는 인도에서 기원한 것으로 보는 학자[33]도 있다. 두 주장 중 어느 쪽이 옳다고 딱 잘라 말하기는 어려우나 몽골신화와 구비전승 속에 불교와 함께 들어온 인도신화 및 힌두신이 빈번하게 나온다는 점을 고려하면 그 근원과 상관없이 전파경로만 따지자면 이란만의 영향으로 보기도 어렵지 않은가 하는 생

31) 일리야 N. 마다손 채록, 양민종 옮김, 『바이칼의 게세르신화』, 솔, 2008, pp.43~47.
32) 道爾吉 班札羅夫, 「黑教或稱蒙古人的薩滿教」, 『蒙古史叄考資料』 17, 1965, pp.7~13.
33) 那木吉拉, 「蒙古族神話中騰格里形成初探」, 『西北民族硏究』, 2001-2, pp.49~53.

각도 해본다.[34)]

두 사례가 말해 주듯 몽골 창세신화는 창조자와 적대자 또는 선신과 악신의 대립이라는 이원의 대립구조를 갖고 있음 알 수 있다. 이는 곧 미륵-석가(또는 오치르비니-차강 슈헤르트, 신기빌-톨티 칸) 등 창조신들의 꽃피우기 경쟁 화소가 몽골신화 안으로 통째로 들어오거나, 두 佛과 보살이 화자로 나오는 불교설화의 영향으로 이들이 경쟁관계로 재편될 수 있는 가능성이 열려 있었음을 말해 준다. 문제는 창조신들의 경쟁 또는 대립을 설명하면서 미륵과 석가 등 佛과 보살 이름을 빌려온 이유가 무엇인가 하는 점이다. 이 문제를 풀기 위해서는 먼저 몽골 불교의 전파 과정을 살펴볼 필요가 있다.

여러 연구자들이 지적한 것처럼 몽골에 불교가 전파되는 과정은 세계사에서 그 유래를 찾기 어려울 정도로 무속과 불교 사이의 대립이 격렬하였다.[35)] 공격은 주로 불교 쪽에서 가해졌지만, 무속의 반발도 간단하지 않았음이 여러 자료를 통하여 확인된다.[36)] 물론 그 과정에서 양자는 상대방의 요소를 수용하고 통합과 공생을 도모하기도 한다. 즉, 불교는 전통신

---

34) 이평래, 「16세기 말기 이후 몽골 불교의 확산과 전개」, 『실크로드의 삶과 종교』, 사계절, 2006, pp.260~262.

35) 발터 하이시히, 이평래 옮김, 『몽골의 종교』, 소나무, 2003, pp.75~79; Christopher p.Atwood, "Buddhism and Popular Ritual in Mongolian Religion: A Reexamination of the Fire Cult", *History of Religion*, vol. 36, 1996, pp.135~136.

36) 구전자료이기는 하지만 불교 지지자들의 음모로 무속인들이 다수 살상되고, 그것이 20세기까지 진행되었다(色音, 「内モンゴルホルチン地方のシヤマニズムとその歷史的變容」, 『몽골학』 4호, 1996, p.162; O. Pürev, *Mongol böögin shashin*, Ulaanbaatar: Shinjleh Uhaany Akademiin Tüükhiin Khüreelen, 1999, p.51)고 전해진다. 무속 지지자들 역시 밤중에 승려의 방에 여자를 들여보내 동침시킨다든지, 억지로 사냥에 참가시켜 살상을 자행하도록 하는 등 여러 방법[O. Pürev, 1999, pp.53~54]으로 저항하였다. 특히 몽골 북부 스굴 지역과 내몽골 일부 지역 등 무속전통이 강한 지역에서 저항이 격심하였다. 아무튼 몽골의 무불투쟁의 역사는 세계 불교사에서 특기할만한데 이에 대해서는 별고로 발표할 예정이다.

앙의 특정 요소를 수용하고 이를 새로운 것으로 대체하는 한편, 이를 불교체계로 통합시키는데 힘을 쏟는다. 무속 또한 무가에 불교식 文句와 불교의 신격을 받아들이고, 승복의 특정 부분을 차용하는 등 여러 방법으로 살길을 모색한다.[37)]

그 결과 현존 무가 자료 중에는 끝까지 불교를 수용하지 않은 黑巫歌, 양자가 혼합된 혼합무가, 완전히 불교화한 黃巫歌가 전해지는데,[38)] 후자의 두 무가에서는 예외 없이 붓다, 차강슈헤르트, 오치르바니 등 여러 佛과 보살이 등장한다. 불교 쪽에서도 티베트의 경험을 바탕으로 무속의 여러 신을 자신의 교리체계로 끌어들이고, 무당의 위치와 기능을 승려로 대체하려고 노력한다. 그리하여 승려 중에는 무당처럼 활동하는 이른바 라마-무당(Lama-böö)이 출현하는데, 이들은 점을 치고 예언을 하고, 치병의례를 하는 등 무당 역할을 대행한다.[39)] 대중들이 무당에게 바라는 종교적 기대를 불승들이 담당한 경우인데 무당들이 무가에 불교 신격을 수용한 것도 똑같은 이치로 설명할 수 있다. 한편으로 불교의 공격을 피하고, 더 중요한 것은 불교의 권위를 빌러 佛心에 기운 대중의 관심을 끌기 위해서였다. 그 때문에 몽골 전파 이후 몽골인들은 무당이나 승려뿐 아니라 천신과 諸佛, 심지어 민간신앙의 諸神에 큰 차이를 두지 않았다.

따라서 상기 세 자료에 불과 보살이 등장하는 것은 단순하게 말하면 그냥 그들의 이름을 빌려다 쓴 것으로 볼 수 있다. 그래도 풀리지는 않는 의문은 오치르바니와 차강 슈헤르트는 그렇다 치더라도 왜 하필 그 많은

---

37) 몽골 불교 전파과정에 대한 자세한 사항은 이평래(2006) 논문 참고.

38) Sh. Gaadamba, D. Tserensodnom, *Mongol Ardyn Aman Zohiolyn Deej Bichig*, Ulaanbaatar, 1978, p.105.

39) 발터 하이시히, 앞의 책, pp.83~88; Buyanbatu, *Mongγol-un böge-yin šašin-u učir*, Kökeqota: Öbör Mongγol-un Arad-un Keblel-ün Qoriy-a, 1985, p.167.

보살과 佛 중에서 본 고장에서 우호적으로 묘사된 미륵과 석가인가 하는 점이다. 필자는 그 이유가 석가와 미륵의 본래 역할에 기인했을 것으로 본다. 즉, 불교의 영향으로 토착신화가 재편 조정되는 과정에서 현재는 현세불인 석가에게 위임하고, 미래는 미래불인 미륵에게 위임한 결과 두 주인공이 경쟁하게 되었다는 것이다. 세상은 어차피 혼탁하고 불완전하기 때문에 언젠가 다시 창조되어야 한다는 것이 신화의 진실이라면 이 세상은 석가에게 위임되고 미래의 세계는 미륵에게 위임되어야 마땅하다. 또 다른 몽골 창세신화는 이를 논리적으로 뒷받침한다.

> 샤지투브 보르한(석가여래)이 대지를 만들었다고 한다. 태초에 대지는 없고 온통 물바다였는데 보르한이 하늘에서 한 줌의 흙을 가져와 (물에) 뿌려 우리의 대지를 만들었다. 그 위에 풀, 식물, 짐승, 사람이 생겨났다. (중략) 최초의 사람은 보르한 말씀을 따르지 않고 죄를 범하여 벌을 받았다. 처음에 사람은 무릎을 뒤로 구부리고 어떤 짐승보다 빨리 달렸다고 한다. 그러나 이 벌로 인해 지금처럼 다리를 뒤로 구부리게 되고 움직임도 차츰 늦어지게 되었다. 또한 최초의 사람은 엄청나게 키가 크고 매우 오래 살았다. 그러나 지금은 뼈가 퇴화하고, 몸이 작아지고, 수명이 짧아졌다고 한다. 언젠가 사람이 7년을 살게 될 때가 되면 어제 태어난 아이가 다음 날이면 어른이 되고, 탈것으로 쓰는 말은 토끼만 하고, 사람은 팔꿈치에서 손끝까지 길이에도 못 미치게 된다고 한다. 그때 3개의 해가 나타나 세상을 폭염으로 뒤덮고 단지 산과 산맥만이 남는다. 화염이 지나간 다음 납의 비가 내리고, 산과 산맥까지도 평평해지고 온통 뜨거운 재로 변한다. 세찬 바람이 불어 이들을 쓸어버리면 땅 밑에 남아 있던 고래 두 마리와 거북이 한 마리가 자유의 몸이 되고 텅 빈 공간만이 남는다. 이러한 시기가 얼마나 계속될지는 아무도 모른다. 이 시기 마지막에 마이다르 보르한(미륵불)이 와서 새로 대

지를 창조할 때 지금 세상을 떠받치고 있는 그 고래와 거북의 등 위에 다시 세상을 만든다.[40)]

우주의 종말과 메시아의 도래를 상정한 소위 종말론신화의 전형이다. 여기서도 현세의 타락과 혼란이 언급되지만 그 원인을 창조신이 아닌 사람에게서 찾고 있는 점이 자료 1과 다르다. 그러나 그 원인을 어디에서 찾든 이 자료는 현재의 주인과 미래의 주인, 현재의 혼란에 기인한 종말과 또 다른 창조신에 의한 재창조의 불가피성을 분명하게 보여 준다. 이 세상(현세)에 이상이 생기면 그것을 바로잡을 존재가 필요하고, 불교적 논리로 따지자면 그 일은 미래불인 미륵이 관장할 사항인데, 이를 실증해 주는 것이 위의 인용 자료이다.[41)] 그리고 그 바탕에는 미륵이 下生하여 末法세계를 구제한다는 미륵신앙[42)]이 있었을 것이다.

---

40) 체렌소드놈, 앞의 책, pp.28~29.

41) 홍수가 세상을 휩쓴 후 여신 마이다르(미륵)가 다시 세상을 창조한다는 서몽골 오이라트족의 구전신화(滿都呼 主編, 『中國阿爾泰語系諸民族神話故事』, 北京: 民族出版社, 1997, pp.147~148)도 이러한 세계관에 따라 만들어진 자료로 볼 수 있다. 물론 여기서는 사람의 잘못보다 홍수라는 것이 전제되어 있지만, 아침에 태어난 아기가 저녁이면 말을 타고, 사람 키가 반자도 안 되고, 말이 토끼만 하다는 등 말세의 상징물은 상기 자료와 크게 다르지 않다.

42) 16세기 말 겔룩바 전래 이후 몽골 불교에서 미륵신앙은 특별한 위치를 점하였다. 그 근거는 여러 군데서 찾을 수 있다. 먼저 티베트 승려 쇠남갸초(제3대 달라이 라마)에게 달라이 라마 칭호를 주고 겔룩바의 몽골 傳來를 주도한 알탄 칸(1507~1582) 자신이 미륵불을 극도로 숭배하였다. 그의 장례를 주재한 제3대 달라이 라마는 그의 사후 영혼이 즉시 미륵불이 사는 도솔천에서 환생했음을 선언했다(吉田順一 外 共譯, 『アルタン=ハーン傳譯註』, 東京: 風間書房, 1998, 83, p.182)고 전해진다. 현재 네이멍구자치구 바오토우(包頭) 인근에는 전교 초기 겔룩바 중심지이자 알탄 칸 일족과 관계가 깊은 메이다이쟈오(美岱召, 즉 미륵사)가 있는데, 이곳에는 티베트에서 파견된 마이다르 호탁트(Maidar khutagt, 彌勒活佛)가 주재하였다(菅沼晃, 『モンゴル佛教紀行』, 東京: 春秋社, 2004, pp.143~147). 할하(외몽골) 불교 수장 제1대 복드 게겐(1635~1723) 역시 새로운 시대의 도래에 대한 희망으로 미륵불을 자신의 기도대상으로 삼았다. 유명한 예술가이기도

이 자료는 또한 자료 1의 속편이나 거기서 생략된 부분을 보완해 주는 보편 같은 느낌이 들만큼 서사구조에서 연속성을 갖는다. 이런 점에서 자료 1과 위의 인용 자료는 똑같은 세계관에 따라 만들어진, 똑같은 내용을 전하는 신화로 볼 여지가 충분하다. 한쪽은 세상의 혼란을 창조신에게서 찾고 다른 한쪽은 사람에게서 찾고 있으며, 전자는 원초적 창세시기와 현재를 말하고 후자는 현재와 미래를 말하는 차이가 있을 뿐이다. 그리고 바로 두 번째 차이 때문에 자료 1에서는 미륵과 석가가 경쟁해야 하지만, 위의 인용 자료에서는 그럴 필요가 없었다고 할 수 있다. 그렇다면 이들 모두는 토착신화가 신화학의 내적 논리와 미륵-석가의 고유 역할과 거기에서 생겨난 미륵하생신앙에 따라 재편된 것으로 볼 수 있다. 그렇지 않으면 아예 이처럼 재편된 설화가 몽골신화에 이입되어 몽골 고유의 창조신을 대체했을 수도 있다. 그러나 어떤 경우라도 몽골 창세신화의 이원대립구조 및 몽골 불교에서 차지하는 미륵신앙의 특별한 지위가 그 터전

한 그는 자신이 젊은 군주(政敎一致)이자 성스런 보살임을 보여 주기 위하여 많은 미륵상을 조각하였다. 또한 당시 몽골 각지의 사원에서는 매년 새해에 미륵의 하생을 기리는 彌勒祭(Maidar ergekh)를 거행하였다. 특히 미륵제는 가장 큰 신년행사로 20세기 초기까지 대대적으로 행해졌다. 그러나 티베트 불교권에서 미륵불을 중요한 숭배대상으로 만든 장본인은 겔룩바의 개창자 총카바 자신이었다. 그는 1409년에 처음 신년기원제(Monlam)의 하나로 미륵제를 시작했는데 몽골인들이 이를 받아들인 것이다. 개혁불교를 주창한 그의 입장에서는 새로운 시대의 상징인 미륵불은 여러 가지 의미를 갖고 있었다. 총가바가 자신의 최초의 사원을 도솔천을 의미하는 간덴(Ganden)이라 명명하였고, 총카바 이하 역대 달라이 라마들이 "단순히 죽지 않고 도솔천으로 갔다"고 여겨진 것도 이와 관련이 있다. 아무튼 겔룩바의 미륵불 숭배는 고스란히 몽골로 옮겨지고 그 전통은 20세기까지 이어졌다. 따라서 몽골의 미륵신앙은 정통 불교의 그것이지, 중국 등지의 민간신앙화한 것이 아니다. 다만 몽골 불교의 諸說 통합적 성격 때문에 그 안에는 중국이나 한국보다 훨씬 더 전통신앙 요소가 유입되었다. 이하 몽골의 미륵신앙과 미륵제 및 그 의미와 기타 관련 사항에 대해서는 Patricia Berger, "After Xanadu, Mongol Renaissance of the Sixteenth to Eighteenth Century, *Mongolia-The Legacy of Chinggis Khan*, Asian Art Museum of San Francisco, 1995, pp.62~64 참고.

이 되었을 것임은 두말할 필요가 없다.

따라서 필자의 무지인지는 모르겠지만 자료 1도 위의 인용 자료와 같이 훗날 미륵의 하생에 의한 세상의 구제, 즉 재창조가 전제된 이야기로 볼 수 있지 않을까 한다. 자료 3도 미륵과 석가가 오치르바니와 차강 슈헤르트로 이름만 바뀌었을 뿐 서사구조와 내용은 완전히 일치한다는 점에서 똑같은 설명이 가능할 것이다. 그러나 자료 1과 자료 3에서 세상을 빼앗긴 미륵과 오치르바니가 하늘(즉 도솔천)로 갔다는 데서 이야기가 끝나기 때문에 그 후 상황은 알 수 없으나 자료 1, 3과 위의 인용 자료가 모두 같은 성격의 자료라는 추정이 설득력이 있다면, 자료 1, 3에도 훗날 미륵의 하생에 의한 세상의 구제가 전제되었다고 볼 여지가 얼마든지 있다.

다만 이 논리가 정당성을 갖기 위해서는 미륵이 현세를 창조했다는 것이 전제되어야 한다. 그래야 편취자인 석가의 부당성이 폭로되고, 그 결과 세상이 혼탁하고, 훗날 미륵이 도래하여 세상을 평화롭게 한다는 것이 합리성을 갖기 때문이다. 자료 1에는 창조의 주체가 셋이고 다툼의 당사자인 미륵과 석가 중 누가 더 중요한 역할을 했는지도 분명하지 않다. 그러나 한국(창세가)과 宮古島 자료[43]에서 미륵이 보다 중요한 창조신으로 등장하는 경우에 빗대보면 몽골에서도 원래 미륵이 제1창조신이었을 가능성이 있다. 아니 그렇게 되어야 서사내용이 논리적으로 타당성을 갖는다. 자료 1에서 미륵과 같은 역할을 하는 자료 3의 주인공 오치르바니가 티베트 불교의 本初佛(Adi-Budha)이라는 것은 이 문제를 푸는데 실마리를 제공한다. 본초불은 고대 인도의 최고신 관념이 불교에 수용된 것으로 諸佛의 근원이자 세계와 인류 일체의 창조자를 가리킨다.[44] 이는 오

---

43) 大林太郎, 「ミルクボトケとサクボトケ」, 『伊波普猷全集』 月報 9, 東京: 平凡社, 1975b.

44) 長尾雅人, 『蒙古ラマ廟記』, 東京: 中央公論社, 1987, pp.170~178.

치르바니에 대응하는 자료 1의 주인공(미륵)이 세계 일체의 창조자, 즉 원초적 창조신이었음을 말해 준다.[45)]

그렇다면 기왕의 연구자들에 의하여 제기된 문제, 즉 꽃피우기 경쟁 화소가 巫佛갈등과 관련이 있을 거라는 추측은 다시 한 번 검토가 필요할 것으로 보인다. 미륵과 석가 등 佛과 보살의 경쟁 이야기가 불교전파 이후 불교와 전통종교의 상호관계에서 비롯되었을 것임은 분명할 것이지만 적어도 몽골의 경우 그 이유가 무속의 반발이나 저항에 있었다고 보기는 어렵지 않나 한다. 오히려 자료 1, 2, 3은 초기 巫佛의 투쟁과 대립이 어느 정도 해소된 통합의 산물일 가능성이 있다. 거듭 말하지만 傳敎 초기(16세기 말) 巫佛의 결렬한 대립에도 불구하고, 대체로 18세기를 전후하여 양자 간에 통합과 화해가 이루어지는데, 그 후 끝까지 불교에 저항한 특수한 경우를 뺀 대다수 사람들은 무속과 불교와 민간신앙을 사실상 하나로 받아들였다. 그래서 현재까지 몽골 무속과 민간신앙에는 불교적 요소가 뚜렷하고, 불교 안에도 무속과 민간신앙 요소가 오롯이 남아 있다.

따라서 자료 1, 2, 3은 두 등장인물의 화해불능의 경쟁의 산물이 아니라 그들 본연의 역할 또는 미륵하생신앙에 따라 서사내용을 맞추기 위한 조치에서 나온 것으로 볼 수 있다. 정리하자면 필자는 창조신들이 어떤 佛과 보살의 옷을 입고 있는가는 중요하지 않다고 본다. 특정 목적을 위해서는 창조신들이 무슨 옷을 입을 수가 있기 때문이다. 이를테면 몽골 창세신화 중에는 보르한 박시(붓다)가 활로 거북을 쏘아 대지의 바탕을 삼는다는 이야기가 나온다. 여기서 보르한 박시는 물론 一切智者로서 붓

---

45) 조금 전 언급한 서몽골 오이라트족의 사례에서 미륵이 창조신으로 등장하고, 몽골신화와 유사점이 많은 알타이신화(V. I. 베르비즈끼, 앞의 책, pp.168~208)에서도 '마이제레(Maidere)', 즉 미륵은 창조주 윌겐의 협력자이자 제2창조신으로 나온다는 것도 이를 설명하는데 도움이 될지 모르겠다.

다가 아니라 몽골신화의 창조신이다.[46]

이처럼 몽골인들은 고유의 창조신을 불교의 佛과 보살로 바꾸는데 아무런 거리낌이 없었다. 또한 그들의 행위에도 큰 제한을 두지 않았다. 자료 2에서 보듯이 때로는 석가와 미륵의 역할이 바뀐 경우도 있다. 심지어 어떤 혼합무가에서는 자료 3에서 경쟁관계로 설정된 오치르바니와 차강 슈헤르트가 나란히 무당들의 기도대상으로 등장한다.[47] 아마도 이렇게 해야 佛心에 기운 사람들의 관심을 끌고 불교의 공격을 피할 수 있다고 생각한 결과일 것이다. 위의 사례들은 결국 필요에 따라 창조신이 어떤 佛과 보살의 옷을 입어도 문제가 되지 않았음을 말해 준다.

따라서 미륵과 석가 등 창조신들의 경쟁 이야기는 생각만큼 심각하지도 않고 크게 문제될 것도 없다. 이는 오히려 불교가 몽골 사회에 큰 영향을 미치게 되었음을 반증하는 것이다. 이런 상황에서 무당들은 佛과 보살을 무가에 편입시키고, 구전자료에 나오는 것처럼 일반인들은 창조신을 역시 佛과 보살로 대체했다고 볼 수 있다. 설령 꽃피우기 경쟁 화소가 외부에서 통째로 들어왔다고 해도 몽골 창세신화의 이원 대립구조와 몽골 불교의 諸說 통합적 성격 및 미륵신앙이 특별한 지위를 점했던 토양 위에서 큰 충돌 없이 수용되었을 것으로 보인다.

4. 꽃피우기 경쟁 화소의 기원 모색

꽃피우기 경쟁 화소가 넓은 지역에 걸쳐 나타나는 것과 대조적으로 그 기원을 탐색한 논고는 거의 없다. 우노 하르바는 일찍이 이를 "불교의

---

46) J. Vacek, S. Dulam, *A Mongolian Mythological Text*, Prague: Charles Univ., 1983, pp.11~14; 센덴자빈 돌람, 앞의 책, pp.215~216.

47) Sh. Gaadamba, D. Tserensodnom, 앞의 책, p.112.

영향"이라고 간단히 언급하였고,[48] 오바야시 다료 역시 미야코 섬, 한국, 중앙아시아(그는 부랴트족 거주지와 그 인근 시베리아를 중앙아시아로 총칭함) 사례를 싸잡아 불교설화의 영향이라 말했을 뿐 이 화소의 기원에 대하여 더 이상 천착하지 않았다. 반면에 미야타 노로부는 비록 꽃피우기 화소를 분석한 것은 아니지만, 이를 미륵신앙과의 관련성 속에서 파악하고자 했다는 점에서 결과적으로 기원추적에 관한 큰 방향을 제시했다[49]고 할 수 있다. 필자가 아는 한 이 문제를 본격적으로 탐구한 유일한 연구자는 마나부 와이다이다. 앞서 언급했듯이 그는 류쿠 열도, 한국, 몽골족, 부랴트족, 시베리아 등지에서 수합된 방대한 자료를 바탕으로 각 지역 자료의 異同과 연관관계를 분석하고 글의 끝 부분에서 이 화소의 기원과 유포경로에 대하여 논의하였다.

어디까지나 추론이지만 마나부 와이다는 꽃피우기 경쟁 화소가 중앙아시아 어느 곳, 그중 몽골과 부랴트족 거주지에서 만들어졌을 가능성이 큰 것으로 보았다. 그는 부랴트족 거주지를 포함한 중앙아시아 창세신화의 바탕에 이란 신화의 특징이 있다는 것, 불교의 영향 등 두 가지를 그 근거로 들었다. 즉, 이원 대립구조와 人世를 차지하기 위한 형제(창조신)[부랴트와 제주도 사례] 간의 경쟁 등 이란 전승의 기반을 갖고 있는 중앙아시아 지역 창세신화가 불교전파 후 부랴트족 거주지에서 재편조정된 것이 현재 각지에 남아 있는 꽃피우기 이야기의 원형일 가능성이 있다는 것이다. 다만 그는 이 화소가 불교의 산물이라고 해도 그것은 미륵의 하생과 황금시대의 도래를 기대하는 신앙, 즉 정통 불교 외부에서 이루어진 것으로 보았다. 또한 그는 꽃피우기 화소의 유포경로에 대해서도 부랴트족 거주지와 몽골에서 그 동남쪽인 한반도로 전해지고, 이것이 다시 류쿠

48) Uno Holmberg(-Harva), 앞의 책, p.327.

49) 宮田 登, 『ミロク信仰の研究』, 東京: 未來社, 1975, 286, pp.305~324.

열도로 이어졌을 것으로 보았다.[50]

이런 주장의 사실 여부와 관계없이 꽃피우기 경쟁 화소에 대한 논의를 동북아를 넘어 시베리아까지 확장하고, 그때까지 막연하게 얘기되던 기원 문제를 따져보려고 했다는 점에서 마나부 와이다의 연구는 특기할 만하다. 그러나 꽃피우기 화소가 중국에서도 확인되고 있어 그의 가설을 어떻게 이해해야 할지 고민이 된다. 현재까지 필자가 확인한 중국 자료는 두 부류가 있다. 하나는 구전자료이고, 또 하나는 문헌자료이다.[51]

현재까지 확인된 구전자료는 몇 가지가 있는데 김선자가 보고한 4건[52]과 김인희가 보고한 1건이다. 대개 세상의 이치나 현상을 설명하는 민담으로 모두 석가와 미륵 등 주인공들이 꽃피우기 시합을 하여 어떤 사안에 대한 권리를 결정한다는 이야기이다. 이를테면 김인희가 소개한 자료는 春節 기원설화인데 미륵불을 下界로 보내 사람들을 다스리게 하려는 옥황대제의 계획에 대해 여래불(=석가)이 항의하여 두 부처가 꽃피우기 경쟁을 통하여 누가 하계로 갈인가를 결정한다는 내용이다. 그 후 사건전개는 여래의 술수와 승리 그리고 세상을 다스리는 권한쟁취 등 상투적인 이야기가 이어진다.[53] 김인희는 이를 미륵신앙의 산물로 보고 한국 창세가의 꽃피우기 경쟁담도 어쩌면 여기에서 비롯되었을 가능성이 있다고 하였다. 특히 고통스런 현세를 다스리는 여래불보다 미륵불이 민중들에게 더 사랑받았고 이러한 현실인식이 석가와 미륵의 경쟁 이야기가 만들

50) Manbu Waida, 1991 pp.103~107.

51) 중국의 문헌자료의 존재에 대해서는 서영대 교수의 구두 발표(「세상차지 경쟁 신화의 연원」)에서 처음 확인했음을 밝혀둔다.

52) 김선자, 「'창세신화. 미륵의 귀환을 꿈꾸다'-중국신화에 나타나는 석가와 미륵 경쟁 모티프를 중심으로-」, 『석가-미륵 경쟁 화소의 기원과 아시아적 전개』, 금강대학교 불교문화연구소 인문한국(HK)연구센터, 2011, pp.46~48.

53) 雪犁 主編, 『中華民俗原流集成-節日歲時卷』, 蘭州: 甘肅人民出版社, 1994, p.4.

어진 배경일 것[54]이라고 한 그의 지적은 꽃피우기 화소의 기원모색과 관련하여 어떻든 주목할 만하다.

문헌자료는 明末 또는 淸代의 것으로 보이는 「古佛當來下生彌勒出西寶卷」,[55] 「彌勒尊經」[56]에 나온다. 몇 가지 字句가 다를 뿐 두 자료 내용은 거의 일치한다. 이야기는 燃燈佛의 掌教가 끝나고 다음에는 누가 세상에 나아가 중생을 구제할 것인가를 놓고 논의하는 것으로 시작된다. 여기서 미륵과 석가는 형제 간인데 미륵이 형이고 석가가 동생으로 나온다. 두 사람은 사흘간 禪定에 든 후 金杖(또는 龍杖) 위에서 먼저 꽃이 핀 쪽이 먼저 세상에 나가고 나중에 꽃핀 쪽이 나중에 세상에 나가기로 한다. 그 후 이야기기는 석가가 부정한 방법을 써서 먼저 세상에 나아가게 된다는 비슷한 내용이 이어진다. 즉, 석가는 선정에 든 지 하루가 못되어 미륵의 금장에 龍華가 피어나는 것을 보고 이를 몰래 자기 금장에 옮겨 놓는데, 선정에 든 미륵은 天眼을 통하여 이를 알게 되지만 약속대로 동생에게 세상을 양보한다. 그러나 미륵은 동생의 부정으로 인한 세상의 혼탁, 즉 3천 년간 인민의 부귀와 고락이 공평치 못하고, 오곡이 익지

54) 김인희, 「韓中 巨人說話 比較 硏究 1-거인설화의 생성배경을 중심으로-」, 『한국민속학』 32, 2000, pp.65~66.

55) 이 경전은 明淸代 민간종교인 黃天道(皇天道)의 경전으로 '大明萬曆丙辰年'(1616)의 刊記가 있지만(張希舜, 濮文起/高可宋軍 主編, 『寶卷初集(19)』, 太原: 山西人民出版社, 1994, p.302), 일부 학자들(淺井 紀, 『明淸時代民間宗教結社の研究』, 東京: 研文出版, 1990, p.58)은 1616년 이후 사건이 편입된 것을 근거로 初刊 이후 많은 보완이 이루어진 것으로 보고 있다.

56) 이 경전은 그 동안 淸代 민간종교인 淸茶門의 경전으로 逸失된 「三教應劫總觀通書」(淸朝 초기 간행)로 알려졌지만, 최근 한 학자의 연구에 따르면 거기에 일부 수정을 가한 것이라고 한다. 嘉慶 18~19년(1813~1814)경 山西省 平陽府 岳陽縣 王家庄에서 발견되었다고 전해지는데 현재 남아 있는 것은 청 말기의 것으로 추정된다. 이에 대한 자세한 사항은 馬西沙, 韓秉方, 『中國民間宗教史)』, 上海: 人民出版社, 1992, pp.619~629; 濮文起, 「<<彌勒尊經>>蠡測」, 『中華文化論壇』, 2004-4를 참고.

않으며, 사방이 편안하지 못하고, 인민이 고통을 맛볼 것이라는 등등을 예견한다.[57)]

더 이상 설명이 필요하지 않을 만큼 이 글의 주제인 꽃피우기 경쟁 이야기의 판박이이다. 요지는 석가의 부정 때문에 세상이 혼탁해졌기 때문에 그가 물러나고 미륵이 세상을 지배해야 한다는 것으로 그 안에는 체제저항의 정치적 의미가 담겨 있다. 널리 알려진 것처럼 중국에 들어간 미륵신앙은 도교 등의 영향을 받아 민간종교로 발전하여 민중 속에 깊이 뿌리내리는데 그중에서도 末法에 미륵이 도래하여 중생을 구제한다는 미륵하생신앙이 널리 퍼졌다. 그리고 이는 천년왕국신앙으로 발전하여 중국 역대왕조에서 일어난 민중반란의 이념적 기반으로 기능했으며, 특히 明清代에는 미륵의 掌世에 의한 末法의 구제가 거의 모든 민간종교에서 공통적으로 나타난다.[58)] 위에서 언급한 구전자료나 문헌자료 모두 이러한 종교적 기반위에서 만들어진 이야기일 것이다.[59)] 물론 석가의 퇴출과 미륵하생을 노골적으로 언급한 것은 이미 宋代의 기록에도 나오지만,[60)] 꽃피우기 경쟁 이야기를 통하여 석가의 부정한 행위를 거론하는 것은 상기 두 자료가 처음이 아닌가 한다.

만약 그렇다면 몽골과 부랴트족 거주지, 한국, 류쿠 열도의 꽃피우기

---

57) 「古佛當來下生彌勒出西寶卷」의 해당 부분은 張希舜, 濮文起/高可宋軍 主編, 1994, pp.311~314; 「彌勒尊經」의 해당 부분은 濮文起, 2004, pp.2~3에서 재인용.

58) 澤田瑞穗, 『增補 宝巻の研究』, 國書刊行會: 東京, 1975, p.359.

59) 물론 두 부류의 자료 중 어느 것이 먼저라고 말하기는 어렵다. 합리적으로 추정하면 민간에 전승되는 이야기가 문헌으로 정리되었다고 볼 수 있을 것이다.

60) 이를 테면 北宋 慶歷 7年(1047) 貝州人 王則이 起義하면서 "釋迦衰謝 彌勒佛持世"를 宣稱하였다(『續資治通鑒長篇』 卷161)고 하는데, 이것이 후세의 弘陽의 소멸과 白陽의 當興, 석가 퇴위 및 미륵하생관념의 최초형태[馬西沙, 韓秉方, 1992, p.1008]라고 한다. 明清대 민간종교에서는 미륵신앙의 영향으로 과거, 현재, 미래를 青陽, 弘陽, 白陽으로 구분하고, 그 담당자를 각각 과거불, 현세불, 미래불에 대비하였다.

화소는 모두 여기에서 나왔을 가능성이 있다. 우선 지리적으로 중국에서 쉽게 남북으로 전파될 수 있고, 시기적으로도 근대기에 주변국, 즉 한국[61]과 베트남[62]에서도 유사한 천년왕국운동이 일어나기 때문에 그 가능성이 더하다고 할 수 있다. 몽골의 경우 지리적 인접성으로 보자면 중원의 민간종교가 유입되었을 가능성이 어느 곳보다 높다. 예컨대 明代 일부 白蓮教徒들이 漠北으로 들어갔다는 기록[63]도 있고, 역대왕조의 엄격한 단속에도 불구하고 기근이나 전쟁 등 재난이 있을 때마다 중원의 농민들이 몽-중 변경지대로 이주해 온 점을 고려하면 생활습속에서 종교 신앙에 이르는 여러 가지 것들이 몽골 땅에 유입되었다고 보아도 무리가 없을 것이다. 더구나 清朝의 몽골 지배 초기에는 漢人의 몽골 이주를 금하는 封禁政策 때문에 몽골 이주가 자유롭지 못했지만, 19세기 중엽 이후에는 몽-중 접경지대에 거주하던 몽골인들이 더 북쪽으로 밀려날 정도로 한인 이주민이 많아졌다.

이들 이주민 중에는 다양한 종교와 사상을 가진 사람들이 있었을 것이고, 이들에 의해 몽골 땅에 상기한 미륵신앙이나 천년왕국신앙도 전파되었을 개연성이 얼마든지 있다. 실제로 1891년에는 내몽골 조오드맹(昭烏達盟)과 조스트맹(卓索圖盟) 일대에서 민간종교의 한 갈래인 金丹教徒들이 폭동을 일으켜 수많은 사상자가 날 정도로 다양한 종교와 사상이

61) 일제기 천년왕국운동에 대해서는 鄭炳德, 「日帝時의 彌勒下生信仰」, 『韓國彌勒思想研究』, 東國大學校出版部, 1987 참고.

62) 베트남의 경우 미륵신앙 계통의 민간종교가 직접 중국으로 유입되었을 뿐 아니라 「彌勒尊經」(1939) 등 미륵신앙 관련 經卷이 현지어로 번역되었다. 이에 대해서는 武內房 司 著, 劉華 譯, 「中華民衆宗教的傳播及其越南的本土化-漢喃研究院所藏諸經卷簡介」, 『清史研究』, 2010-1을, 천년왕국운동에 대해서는 Hue-Tam- Ho Tai, *Millenariansm and Pesant politics in Vietnam*, Cambridge, Massachusetts, and London, Egland: Havard Univ. Press, 1983을 참고.

63) 『明史』 列傳 第九十七 沈錬傳.

몽골 땅에 유입되었다.[64] 또한 18세기 후반기부터 내몽골 일부 지역에서는 중국의 역사소설을 몽골어로 번역하고 이를 영웅서사시 구연방식에 맞춰 창조적으로 활용한 '벤센 울게르'(Bensen ülger, 벤센 설화)라는 구비문학 장르가 발생하여 내몽골에서 할하(외몽골) 중부까지 퍼질 만큼 문학 방면에서도 영향이 확인된다.[65] 그리고 이 과정에서 상기 두 경전 또는 석가와 미륵의 꽃피우기 경쟁 이야기가 전해졌을 수 있다. 이럴 경우 전파경로는 지리적으로 인접한 내몽골→외몽골→바이칼 호 주변의 부랴트족 거주지 순으로 전해졌다고 보는 것이 순리일 것이다. 앞서 논의한 기초자료 중 내몽골과 외몽골 자료에는 석가와 미륵 등 佛과 보살이 화자로 등장한 반면, 부랴트 자료에는 토착신만 나오거나(자료 4), 설령 석가와 미륵이 등장하더라도 토착신이 함께 나오고 있는데(자료 3), 이는 남에서 북으로 꽃피우기 화소가 전파된 선후관계와 관련이 있다고 볼 여지가 있다.

이렇게 보면 꽃피우기 화소의 몽골 이입에 관한 모든 문제가 해결된다. 이것이 필자가 제3절에서 언급한 본 화소가 외부에서 통째로 들어왔다고 한 경우이다. 물론 앞서 지적한 대로 몽골 창세신화의 이원 대립구조와 미륵불이 특별한 지위를 점하고 있던 몽골 불교의 토양이 꽃피우기 이야기가 이입될 수 있는 바탕이 되었을 것이다. 그렇다면 내몽골에서 외몽골을 거쳐 부랴트족 거주지에서 유포된 꽃피우기 경쟁 이야기는 모두 하나의 근원(중국)에서 비롯되었다고 할 수 있다. 문제는 부랴트족 거주지와 인접한 시베리아 일대에서 어떤 식으로든 꽃피우기 경쟁 이야기와

---

64) 白拉都格其, 金海, 賽航, 『蒙古民族通史』 第5卷(上), 內蒙古人民出版社: 呼和浩特, 2002, pp.67~76.

65) 체렌소드놈(D. Tserensodnom), 「몽골 벤센 설화와 한국 판소리 비교연구」, 『한·몽 관계의 어제와 오늘』, 동북아역사재단, 몽골과학아카데미, 울란바토르, 2010, pp.273~277.

계통이 이어지는 것으로 보이는 신화가 확인되고 있어 이를 어떻게 처리해야 할지 난감하다.

이를테면 시베리아의 바이칼 건너편(Zabaikal=Trans Baikal), 즉 바이칼 호 동남부에 거주하는 퉁구스족의 창세신화에는 이 세상을 놓고 창조신과 적대자 사이에 소나무 키우기 경쟁을 벌이는 이야기가 나온다. 먼저 창조신이 태초의 바다에 불을 보낸다. 그 불이 물의 힘을 누르고 바다 한 부분을 태우자 그것이 굳어진다. 이렇게 하여 현재와 같은 땅과 바다가 생겨난다. 신이 땅에 내려와 악마 부닌카(Buninka)를 만난다. 그 역시 세상을 만들고자 하여 둘 사이에 분란이 일어난다. 악마는 신이 만든 세상을 파괴하려 하고 신의 12줄짜리 악기를 부숴버린다. 그러나 신은 화를 내면서 "내가 만약 물속에서 소나무가 자라나게 하면 내가 너의 힘을 인정할 것이다. 그러나 내가 그렇게 하면 너는 나의 전능함을 받아들여야 한다."라고 말한다. 악마가 신의 제안에 동의하고 시합이 시작된다. 신이 물속에서 소나무가 생겨나라고 말하자 즉시 그것이 자라기 시작한다. 반면에 악마의 소나무는 자라나지만 이리저리 흔들거린다. 그래서 악마는 신이 자기보다 강하다는 것을 인정한다.[66]

마나부 와이다[67]의 지적처럼 이 신화는 엄밀한 의미에서 꽃피우기 경쟁 이야기는 아니지만, 두 신의 (세상에 대한) 권리다툼이 꽃피우기 경쟁과 유사한 시합을 통하여 해결된다. 또한 이 자료는 우노 하르바가 지적하듯이 그릇을 놓고 그 안에서 꽃이 자라나는 쪽이 세상을 차지하기로 한 기초자료 3, 4와의 유사점도 보인다. 오바야시 다료 역시 이들 두 가지 사항이 비슷한 데 대하여 지적하고 있는데,[68] 이렇게 보면 두 신화는

66) Uno Holmberg(-Harva), 앞의 책, p.329.

67) Manau Waida, 앞의 책, p.102.

68) 大林太郞(1975a), pp.200~203.

꽃과 소나무의 차이가 있을 뿐 세상에 대한 지배권을 식물 키우기라는 시합을 통하여 해결한다는 점에서 한 계통의 신화일 개연성이 매우 높다. 이 말이 설득력이 있다면 부랴트족 신화와 퉁구스족 신화의 해당 화소와 관련하여 두 가지 추론이 가능하다. 하나는 외부(중국)에서 들어온 이야기가 통째로 부랴트신화에 이입되고 그 영향으로 퉁구스족 신화처럼 변형된 경우이다. 또 하나는 꽃이건 소나무이건 이른바 식물 키우기 시합을 통한 세상에 대한 권리결정 화소가 시베리아와 몽골 등 북방지역 고유의 토착신화일 경우이다. 현재로서는 두 경우 중 어떤 것이 옳다고 확정할만한 결정적 단서는 없다.

우선 전자로 보는 데는 이런 문제가 있다. 첫째, 중국으로부터 전파설을 보다 쉽게 받아들일 수 있는 한국과 베트남과 달리 몽골에서는 『미륵존경』 등 경전의 유입이나 천년왕국신앙에 영향을 받은 운동이 확인되지 않는다.[69] 물론 이를 근거로 꽃피우기 경쟁 이야기의 몽골 이입을 완전히 부정할 수는 없지만, 그 이입경로가 매우 불투명한 것이 사실이다. 시기적으로도 중국 측 자료가 반드시 앞선다고 하기도 애매하다. 몽골과 부랴트족의 신화가 수집된 것은 19세기 말이고, 퉁구스족 신화는 18세기에 수집되었다[70]고 한다. 구전자료의 특성상 이들이 언제부터 민간에 유포되었는지는 알 수 없지만, 반드시 중국 측 자료보다 후대에 만들어졌다고 단정할만한 근거가 없는 것도 사실이다. 또한 본 화소가 중국에서 한반도

---

69) 역설적이게도 1920~1930년대 공산주의자들은 이른바 反라마교 투쟁과정에서 이를 이용하였다. 그들은 사회주의로의 전환을 메시아적 구원으로 선전하고, 특히 티베트 불교의 이상향인 샴발라(Shambala) 왕국의 도움에 의한 지상낙원의 건설을 약속하면서 북쪽의 샴발라를 소련과 동일시하려고 하였다. 이에 대한 자세한 사항은 Larry Wilhelm Moses, *The Political Role of Mongolian Buddhism*, Bloomington: Indiana Univ., 1977, pp.180~181; Michael K. Jerryson, *Mongolian Buddhism*, Chiang Mai: Silkworm Books, 2007, pp.67~96을 참고한다.

70) Manau Waida, 앞의 책, p.102.

로 직접 전해졌다고 하기에는 앞서 소개한 부랴트신화(자료 4)와 한국신화(창세가와 천지왕본풀이)의 서사구조와 내용이 너무나 유사하다.

그럼에도 불구하고 필자는 꽃피우기 화소가 중국에서 발원했다고 하는 첫 번째 경우를 완전히 배제하지는 않는다. 설사 상기한 문제가 있다고 해도 지리적 위치나 문헌 및 구전자료의 존재로 보아 그럴 가능성이 크기 때문이다. 다만 이 경우라도 부랴트족과 한민족의 창세신화가 그 바탕을 공유하고 있다는 점만은 주목해야 할 것이다. 무리하게 추정하자면 한국 창세신화의 기층은 부랴트 쪽에서 전해지고, 후대에 중국에서 꽃피우기 경쟁 이야기가 들어와 재편된 것이 현재 남아 있는 창세신화일 수도 있다. 만약 그렇다면 이는 한국문화 源流 탐색과 관련하여 한 가지 중요한 방향을 제시한다.

후자는 꽃과 소나무 등 식물 키우기 시합을 통하여 세상에 대한 지배권을 결정하는 이야기가 몽골과 시베리아 등 북방지역 토착신화이고, 이것이 불교의 영향, 구체적으로 혼란과 末法의 수습자로서 메시아의 도래를 상정한 미륵하생신앙의 영향을 받아 재편된 것이 꽃피우기 화소라고 보는 것이다. 이럴 경우 전파경로가 문제가 될 터인데 필자는 일단 북방신화가 중국과 한국 등 남쪽으로 전해졌을 수 있다고 본다. 그리고 중국에서는 이것이 주로 민담이나 「미륵존경」 등 민간신앙의 경전으로 남고, 한국에서는 그 원형대로 창세신화로 정착되었을 것으로 생각한다. 류큐열도의 경우 지리적 위치나 문화교류 양상으로 보아 한국과 중국 양쪽에서 두루 전해졌을 가능성이 크다. 해당 지역의 꽃피우기 화소가 대부분 민담으로 변형되지만, 일부가 창세신화 속에 남아 있는 것도 이 때문이 아닐까 하고 무리하게 추정해 본다.

5. 맺음말

지금까지 필자는 몽골 창세신화에 나타나는 꽃피우기 경쟁 화소를 여러 측면에서 살펴보았다. 꽃피우기 경쟁 화소가 나오는 관련 자료를 검토하고, 해당 화소가 몽골신화에 이입 또는 유포된 배경에 대하여 고찰하였으며, 해당 화소의 기원 문제를 두 가지로 가능성을 두고 살펴보았다. 이하 본론에서 마무리하지 못한 사항에 대한 필자의 생각을 정리하는 것으로 맺음말에 대신한다.

글을 마치면서 가장 마음에 걸리는 것은 미륵과 석가의 꽃피우기 경쟁 화소의 근원을 재대로 천착하지 못한 점이다. 사실 미륵과 석가, 꽃피우기, 잠자기, 인세 경쟁이 동북아 전역에서 일목요연하게 나타나는 것을 각 지역의 자생적 현상으로 보기는 어렵다. 전파라고 해야 이치에 맞을텐데 그렇다면 오래 전 서대석 교수의 지적대로 그 근원은 한 곳일 것이다. 필자는 그 근원지를 중국과 몽골(부랴트) 두 지역으로 좁혀 보았다. 앞서 언급했듯이 꽃피우기 경쟁 화소가 출현하는 자료만 갖고는 어느 쪽이 먼저라고 단정하기가 어렵다. 그러나 역시 앞에서 언급한 대로 "석가의 衰謝와 미륵의 持世"라는 주장이 北宋代부터 나오는 것을 보면, 석가와 미륵을 직접 대비시킨 화소의 근원지는 아무래도 중국일 가능성이 더 높다.

그렇다고 송대에 이 화소가 존재했던 것 같지는 않다. 이때는 석가와 미륵을 대립적인 존재로 그리고 있을 뿐 둘이 꽃피우기 경쟁을 하는 이야기는 확인되지 않는다. 따라서 문헌자료에 근거하는 한 이 화소의 생성 시기를 明末이나 청대 이후로 볼 수밖에 없고, 몽골(부랴트 포함)의 경우 확실히 그렇게 보아야 한다. 우선 꽃피우기 화소는 불교의 전파를 전제해야 하는데, 몽골에 불교가 전해지고 일상생활 전반에 걸쳐 영향을 미치는 것은 16세기 말 이른바 제2차 傳敎 이후, 특히 18세기를 전후해서이다. 물론 漢과 북방민들의 변경지대에 이미 4세기부터 포교사들이 활동했다는 기록이 있고, 몽골제국 시대에는 몽골인들이 자발적으로 티베트 불교를 수용하여 국교로 숭상하였다. 그러나 이때 전해진 불교는 여러 연구자들이 지적하듯이 황실을 비롯한 상층부에 한정되고 기층에 뿌리내리지 못하였다. 따라서 몽골에서 꽃피우기 화소가 형성되었거나 유입된 시기는 빨라야 16세기 말 이후, 아마도 巫佛통합이 이루어지는 18세기 전후라고 할 수 있다.[71)]

이를 가능하게 한 두 축은 전술한 대로 몽골 창세신화의 이원 대립구조와 미륵신앙이었다. 후자, 즉 몽골인의 미륵신앙과 관련하여 하나 주목할 것은 중국이나 마나부 와이다가 언급한 것처럼 정통 불교를 떠난 그 외부의 신앙이 아니고, 정통 불교, 즉 티베트 불교의 테두리를 벗어나지 않았다는 점이다. 원래 諸說 통합적인 티베트 불교는 몽골에 토착화하는 과정에서 무속 및 민속과 철저히 통합된 결과, 불교 속에 민속과 무속의 요소가 혼재하고, 반대로 민속과 무속 안에는 불교적 요소가 뒤섞여 있다. 필자가 앞에서 몽골신화 속의 꽃피우기 경쟁 이야기 속에서 巫佛 대립적 요소를 찾을 수 없다고 한 이유도 이 때문이다. 사실 중국 자료나 류쿠 자료 어디를 보아도 巫佛 대립의 특징은 보이지 않는다.

또 하나 중요한 것은 해당 자료의 전승집단이다. 명백히 무속집단의 노래인 무가와는 달리 자료 1, 2, 3, 4는 비록 무속적 요소가 남아 있지만 민간인들 사이에서 전승된 구전자료이다. 거듭 말하지만 끝까지 불교에 저항한 일부 黑무당을 제외한 대다수 몽골인들은 무속과 불교와 민간신앙에 차별을 두지 않았다. 따라서 이 자료는 두 인물의 화해 불능한 경

71) 방향은 다르지만 마나부 와이다[Manbu Waida, 앞의 책, p.106]도 이 화소의 형성시기를 18세기로 보고 있다.

쟁이 아니고 신화적 논리에 맞추기 위한 인위적 조치에서 나왔다는 것이 필자의 결론이다. 이와 관련하여 오래전 한국 창세신화의 꽃피우기 경쟁 이야기를 "巫佛習合"의 산물로 이해한 요다 치호코[72]의 지적은 주목할 만하다. 그는 이 이야기의 성립 시기를 신라 말 또는 조선시대로 보면서도 방점을 전자에 두어 필자와 생각이 다르지만, 巫佛의 대립이 아닌 통합의 결과로 이해한 점은 설득력이 있다. 필자는 물론 이중 후자, 즉 조선시대, 그것도 상당히 후대에 이루어진 것으로 본다.

참고문헌

V.I. 베르비즈끼, 김영숙 옮김, 『알타이의 민족들』, 국립민속박물관, 2006.

김선자, 「'창세신화. 미륵의 귀환을 꿈꾸다'-중국신화에 나타나는 석가와 미륵 경쟁 모티프를 중심으로-」, 『석가-미륵 경쟁 화소의 기원과 아시아적 전개』, 금강대학교 불교문화연구소 인문한국(HK)연구센터, 2011, 46-48쪽.

김인희, 「韓中 巨人說話 比較 硏究 1-거인설화의 생성배경을 중심으로-」, 『한국민속학』 32, 2000.

김헌선, 「'인세차지경쟁' 신화소의 전승과 변이」, 『한국의 창세신화』, 길벗, 1994.

김헌선, 「<삼승할망본풀이>의 여신투쟁이 지니는 신화적 의미」, 『민속학연구』 제17호, 2005.

김헌선, 「韓國과 琉球의 創世神話 比較硏究-彌勒과 釋迦의 對決 神話素를 중심으로-」, 『고전문학연구』 제21집, 2002.

노르브냠, 「한국과 몽골의 창세신화 비교연구」, 『비교민속학』, 서울대학교 석사학위논문, 1998.

72) 依田千百子, 앞의 책, pp.146~147.

박시인, 『알타이신화』, 청노루, 1994.
박종성, 「중·동부 유럽과 한국 창세신화 그리고 변주」, 『비교민속학』 제35집, 2008.
박종성, 『한국창세신화연구』, 태학사, 1999.
발터 하이시히, 이평래 옮김, 『몽골의 종교』, 소나무, 2003.
서대석, 「창세시조신화의 의미와 변이」, 『구비문학』 4, 1980.
서영대, 「세상차지 경쟁 신화의 연원」(구두 발표문)
센덴자빈 돌람, 이평래 옮김, 『몽골신화의 형상』, 태학사, 2007.
심재관, 「석가·미륵 투쟁신화와 힌두신화의 한 유형」, 『비교민속학』 제33집, 2007.
이평래, 「16세기 말기 이후 몽골 불교의 확산과 전개」, 『실크로드의 삶과 종교』, 사계절, 2006.
일리야 N. 마다손 채록, 양민종 옮김, 『바이칼의 게세르신화』, 솔, 2008.
鄭炳德, 「日帝時의 彌勒下生信仰」, 『韓國彌勒思想硏究』, 東國大學校出版部, 1987.
조현설, 『우리 신화의 수수께끼』, 한겨레출판, 2005.
체렌소드놈(D. Tserensodnom), 「몽골 벤센 설화와 한국 판소리 비교연구」, 『한·몽 관계의 어제와 오늘』, 동북아역사재단/몽골과학아카데미, 울란바토르, 2010.
체렌소드놈, 이평래 옮김, 『몽골민간신화』, 대원사, 2001.
편무영, 「한국의 무불습합론(2)-꽃의 민속성이 갖는 일경향을 중심으로-」, 『한국불교민속론』, 민속원, 1998.

菅沼晃, 『モンゴル佛教紀行』, 東京: 春秋社, 2004.
宮田 登, 『ミロク信仰の研究』, 東京: 未來社, 1975.
吉田順一 外 共譯, 『アルタン=ハーン傳譯註』, 東京: 風間書房, 1998.

大林太郎,『日本神話の構造』, 東京: 弘文堂, 1975a.
大林太郎,「ミルクボトケとサクボトケ」,『伊波普猷全集』月報 9, 東京: 平凡社, 1975b.
大林太郎,『神話の系譜』, 東京: 青土社, 1986.
山下欣一,「巫歌をめくる問題」,『東北アジア民族說話の比較研究』, 東京: 櫻楓社, 1978.
色音,「內モンゴルホルチン地方のシヤマニズムとその歷史的變容」,『몽골학』4호, 1996.
田畑英勝,『德之島の昔話』, 自費出版: 德之島, 1972.
三浦佑之,「花を盜む話と花を盜む蒙の話」,『成城國文』5, 1981.
依田千百子,「神々の競爭」,『東アジアの創世神話』, 東京: 弘文堂, 1989.
長尾雅人,『蒙古ラマ廟記』, 東京: 中央公論社, 1987.
田畑博子,「沖繩のミロク說話の比較研究」,『沖繩文化研究』29, 2003.
丸山顯德,「民間說話ににおける沖繩·韓國·日本本土の比較」,『民博通信』15, 1981.
那木吉拉, 「蒙古神話與佛教文化關係研究綜述」, 『內蒙古民族大學學報』, 2001-1.
那木吉拉,「蒙古族神話中騰格里形成初探」,『西北民族研究』, 2001-2.
那木吉拉, 「蒙古創世神話的佛教神話文化影響」, 『內蒙古民族大學學報』, 2003-6.
那木吉拉,「蒙古神話與佛教神話比較研究」,『內蒙古民族大學學報』,2005-1.
道爾吉 班札羅夫,「黑教或稱蒙古人的薩滿教」,『蒙古史叄考資料』17, 1965.
馬西沙, 韓秉方,『中國民間宗教史)』, 上海: 人民出版社, 1992.
滿都呼 主編,『中國阿爾泰語系諸民族神話故事』, 北京: 民族出版社, 1997.
『明史』(臺灣 中央研究員 漢籍電子文獻)
武內房 司 著, 劉華 譯,「中華民衆宗教的傳播及其越南的本土化-漢喃研究院所藏諸經卷簡介」,『淸史硏究』, 2010-1.
白拉都格其, 金海, 賽航,『蒙古民族通史』第5卷(上), 內蒙古人民出版社: 呼和浩特, 2002.
濮文起,「<<彌勒尊經>>蠡測」,『中華文化論壇』, 2004-4.
雪犁 主編,『中華民俗原流集成-節日歲時卷』, 蘭州: 甘肅人民出版社, 1994.
張希舜, 濮文起, 高可宋軍 主編,『寶卷初集(19)』, 太原: 山西人民出版社, 1994.
淺井 紀,『明淸時代民間宗教結社の硏究』, 東京: 硏文出版, 1990.
陳崗龍,「蒙古族潛水神話硏究」,『民族藝術』, 2001-2.

Atwood, Christopher P., "Buddhism and Popular Ritual in Mongolian Religion: A Reexamination of the Fire Cult", *History of Religion*, vol. 36, 1996.
Buyanbatu, *Mongγol-un böge-yin šašin-u učir*, Kökeqota: Öbör Mongγol-un arad-un keblel-ün qoriy-a, 1985.
Berger, Patricia , "After Xanadu, Mongol Renaissance of the Sixteenth to Eighteenth Century", *Mongolia-The Legacy of Chinggis Khan*, Asian Art Museum of San Francisco, 1995.
Gaadamba, Sh./Tserensodnom, D., *Mongol Ardyn Aman Zohiolyn Deej Bichig* , Ulaanbaatar, 1978.
Harva, Uno Holmberg, *The Mythology of All Races. Vol. 4 Finno-Ugric, Siberian,* New York: Cooper Square Publishers, 1964.
Hue-Tam- Ho Tai, *Millenariansm and Pesant politics in Vietnam,* Cambridge, Massachusetts, and London, Egland: Havard Univ. Press, 1983.
Jerryson, Michael K., *Mongolian Buddhism*, Chiang Mai: Silkworm

Books, 2007.

Khangalov, M.N., *Sobranie sochineniya, Tom III,* Ulan-Ude: 1960 (Ulan-Ude: Izdatel'stvo OAO Respublikanskaya Tipografiya, 2004).

Lorents, L., "O Mongol'skoi Mifologii", *Olon Ulsyn Mongolch Erdemtnii II Ikh Khural* 1 bot', 1973.

Moses, Larry Wilhelm, *The Political Role of Mongolian Buddhism,* Bloomington: Indiana Univ., 1977.

Potanin, G.N., *Ocherki Severno-Zapadnoi Mongolii IV, Materialy etnograficheskie,* SPb.: 1883(Isdanie 2-e, Gorno-Altai: Ak Chechek, 2005).

Pürev, O., *Mongol böögin shashin,* Ulaanbaatar: Shinjleh Uhaany Akademiin Tüükhiin Khüreelen, 1999.

Vacek, J., Dulam, S., *A Mongolian Mythological Text,* Prague: Charles Univ., 1983.

Waida, Manau, "The Flower Contest between Two Divine Rivals, A Study in Central and East Asian Mythology", *Anthropos* 86, 1991.

인도

불전문학에 나타난 석가와 미륵의 對照的 인물설정에 관하여
-『六度集經』과 『彌勒菩薩所問本願經』의 경우-

심재관(상지대)

1. 들어가는 글

구비문학에서 자주 다루어 왔던 인세차지 경쟁설화[1] 속의 두 등장인

1) 이 설화 유형은 한반도와 시베리아 일대, 몽고, 오키나와, 제주도 등에 폭넓게 나타나는데, 각 지역 사이의 類似에 대해서 비교연구도 진척된 바 있다. 한국에서는 김헌선 등에 의해서 폭넓게 연구되었다. 김헌선, 「韓國과 琉球의 創世神話 比較 研究-彌勒과 釋迦의 對決 神話素를 중심으로-」, 『고전문학연구』 제21집, 2002, pp.257~305; 김헌선, 「<삼승할망 본풀이>의 여신투쟁이 지니는 신화적 의미」, 『민속학연구』 제17호, 2005, pp.181~208 (특히 203이하); 김헌선, 「'인세차지경쟁' 신화소의 전승과 변이」, 『한국의 창세신화』, 길벗, 1994, pp.158~161. 이 외에 박종성, 편무영 등도 이 신화에 대한 논의를 보이고 있다. 박종성,「중동부 유럽과 한국의 창세신화 그리고 변주」,『比較民俗學 제35집, 2008, pp.541~572; 심재관,「석가-미륵 투쟁신화와 힌두신화의 한 유형-비교론적 관점에서- 」,『比較民俗學 제33집, 2007, pp.131~152 등. 박종성과 심재관이 선악대립의 창세신화적 특성에서 석가-미륵 인세차지 경쟁설화를 접근하고 있는데, 박종성이 동유럽신화를, 심재관이 불교 및 힌두신화를 통해 비교 접근한 점이 특이하다.

물, 석가와 미륵의 관계가 어떻게 또는 어떠한 변화를 거쳐 불교문헌 속에서 타 종교(문학)로 전이될 수 있었는가를 살피는 일은 불교학자나 구비문학 혹은 신화연구자들에게도 흥미로운 일일 것이다. 동일한 인물과 상황설정이라고 해도 그것이 놓이는 문학의 종교적 전통이나 그 문학을 소비하는 대중들의 사회적 환경에 따라 얼마든지 그 문학 속의 인물과 등장배경은 변주될 수 있기 때문이다.

일차적으로 인세차지 경쟁설화가 불교연구자에게 흥미를 끄는 이유는 석가와 미륵이 서로 경쟁관계, 혹은 대립적 관계로 설정된다는 점이다. 불경에서 이러한 사례가 전혀 발견되지 않는 반면, 아시아 여러 지역의 무가 속에서는 이들의 관계가 두드러진 경쟁관계로 설정된 것 자체가 일단 흥미롭다. 따라서 이러한 등장인물의 변형은 설화제작의 종교적 배경이 변화하면서 등장인물의 관계 설정도 변화된 것이 분명하다. 이러한 점은 사실 다른 종교문학의 사례를 통해 어렵지 않게 확인할 수 있으며, 필자도 작은 논문에서 이를 입증하고자 한 바가 있다.

이 글에서는 종교적 전통의 변화에 따라 인물관계나 인물성격의 설정이 변화가 발생할 수 있다는 점을 더 보강하려는 것이 아니라, 그 이전에, 석가-미륵의 관계가 경쟁이나 대립으로 이르기 전에 불전에서 어떻게 석가와 미륵을 관련짓고 있었으며 어떠한 맥락에서 그러한 관계를 제시했는가를 좀 더 짚어보고자 한다.

인세차지 경쟁설화에서 굳이 석가와 미륵을 등장시킨 것이 우연이 아니라면 불경 내에서도 이 두 등장인물을 내세워 설화제작에 임했을 것이

일본에서는 다바타 히로코(田畑博子)에 의해서 오키나와의 석가-미륵 경쟁설화와 한국의 창세가 양자를 비교하면서 분석한 것이 있다. 김헌선과 다바타에 따르면 오키나와 문화권에 약 15편에서 24편의 유사판본이 전해지는데 이들은 대체로 석가-미륵의 대결담을 중심으로 창조신화적 요소가 담겨져 있는 것들이다.

당연한 일이다. 다만, 그 두 인물이 무가에서 등장하는 것처럼 경쟁관계가 아니라 대조나 대비의 설정이었다면 그렇게 설정한 경전 제작자 나름의 의도가 담겨 있을 것이다. 이 글은 이처럼 불경에 나타나는 석가-미륵의 대조적 인물 설정의 의미에 대한 매우 단편적인 검토에 불과하다.

2. 불경 속의 석가와 미륵

먼저 불경에서 석가와 미륵이 어떠한 관계를 맺고 등장하는가를 살펴보자.

그 이전에 간단히 석가와 미륵이 동일한 설화에서 특정한 관계를 맺고 등장하는 문헌들을 살펴볼 필요가 있다. 먼저 자따까(Jataka)류를 고려해 볼 수 있다. 자따까 형태의 불전은, 붓다 자신이 화자가 되어 어떻게 자신이 전생에 치열한 수행정진을 통해서 깨달음에 도달했는가를 제자들에게 들려주는 형태를 취한다. 따라서 석가와 미륵이 곧바로 액자이야기(Frame Story)[2] 속의 등장인물로 등장하는 것은 아니며 전생 속에서 특정한 관계로 맺어지다가 이야기가 끝나면, 그 관계 속의 어떤 인물이 자신(석가)과 미륵이었는가를 밝히게 된다.

자따까류는 주로 보살이 수행해야 할 六波羅蜜(布施, 忍辱, 持戒, 精

2) 액자이야기 형식은 인도신화나 설화의 대표적인 형식 가운데 하나이다. 이러한 형태는 마하바라따나 라마야나뿐만 아니라 뿌라나(Purāṇa)에서도 쉽게 확인된다. 불경도 예외는 아니다. 잘 알려진 바대로, 자따까의 이야기 구조는 크게 3부분으로 나뉜다. 첫째는 붓다가 처해 있는 현재의 어떤 상황(paccuppanna-vatthu 序文)으로서, 뒤에 이어질 전생이야기가 어떤 계기나 상황에서 말해진 것인가를 보여 주는 부분이다. 두 번째는 붓다의 전생이야기(atīta-vatthu 主分)가 이어진다. 그 뒤를 따르는 세 번째 부분(samodhāna 結分)은 다시 서문의 이야기 시점으로 돌아와 主分의 전생이야기에 등장했던 과거인물들이 현재의 누구인가를 확인하는 내용으로 이루어진다. 따라서 이러한 서술구조는 액자소설(Frame Story)의 형식을 취하게 된다.

進, 禪定, 智慧)을 주제로 삼아 교훈적인 우화로 엮어간다. 물론 그 가운데에서 布施波羅蜜이 중요한 대목으로 부각된다. 그 가운데에서 『六度集經』[3]은 각 덕목을 차례로 예화해서 만들어진 설화들의 편집본이라고 말할 수 있다.

『육도집경』의 특이점은 석가와 미륵이 전생에 특정한 관계를 갖고 만나게 되는 이야기가 상당히 여러 편 실려 있다는 점이다. 91편의 전생담 가운데 13편이 석가와 미륵이 전생에서 함께 등장하는 설화로 나타난다. 그 가운데 또 다른 특이점은 석가와 다른 제자들이 전생에서 만날 때는 서로 동물이 되어 만나는 경우가 종종 있는데, 석가와 미륵이 전생에서 조우할 때는 거의 인간과 인간, 또는 인간과 신(특히 帝釋天)의 모습으로만 등장한다는 점이다. 본생담의 주역들이 천신에서 동물, 기타 자연물에 이르기까지 모든 有情物에 해당할 뿐만 아니라 그 관계도 상당히 다채롭다는 것을 상기한다면 석가와 미륵이 주로 인간과 신, 인간과 인간의 관계로 등장한다는 것은 상당한 특이성을 보인다고 할 수 있으며 육도집경 편집자의 의도가 다분히 개입된 것이라고 추측된다. 특히, 과거 석가가 다른 제자들과 전생에서 만났을 때 동물과 인간, 동물과 동물의 관계로 등장했던 경우를 고려하면 석가와 미륵의 관계는 유별나다고 할 수 있다.

이러한 자따까류의 문헌과 달리, 과거 전생이야기가 아니라, 석가와 제자 간의 대화나 질문형태로 이루어진 일반적인 형식의 경전 속에서도 석가와 미륵의 관계가 '설명'되는 경우가 있다. 석가와 미륵의 관계가 대조적으로 비교 평가되는 경전으로 대표적인 것은 『彌勒菩薩所問本願經』과 그 이역본들이다[4]. 이 경전들은 자따까류에서 예화되었던 석가와 미륵

---

3) 『육도집경』에 대한 일반적인 논의는 변귀남, 「《六度集經》의 寓言特色小考-動物寓言을 중심으로-」, 中國語文學, 第49輯, 2007을 참조할 수 있다.

4) 미륵보살소문본원경(*Maitreyaparipṛcchā*)은 303년경 西晉의 竺法護가 한역한 것(T.

의 관계가 왜 그러한 관계로 그려질 수밖에 없었는가를 해명해 주는 구체적인 사상적 단서를 제공하고 있다. 그러니까 자따까류에 예화되어 나타나는 석가-미륵의 관계와 미륵본원경류에 설명되는 미륵의 위상은 서로 동일한 맥락 속에 있는 것이다. 적어도 필자에게는 그렇게 보인다.

3. 자따까의 예(例)

이제 자따까류의 문헌 속에 그려지고 있는 석가와 미륵의 관계를 살펴보자. 양자의 관계는 다채롭게 엮이는데, 왕과 왕, 태자와 천신, 보살과 천신, 백성과 왕, 형과 아우, 부인과 남편, 부인과 천신, 비구와 비구, 보살과 보살 등으로 설정되고 있다. 동물의 전생은 석가와 미륵이 동시에 등장하는 일화 속에는 나타나지 않는다. 몇 가지 이야기를 예로 들어보자.

(1) 「14화 : 須大拏經」[5](T. 152, 07c27-11a27)

유명한 수대노경의 이야기는 무한한 보시를 강조하고 있는 대표적인 경이며 한국과 일본에서도 이 이야기가 변주되어 일찍이 전해진 바가 있다[6]. 비교적 긴 이야기지만 요약하면 다음과 같다.

---

12. 186c4 이하) 외에, 唐代에 菩提流支가 한역한 『大寶積經』 「彌勒菩薩所問會」이 있다.

5) 須大拏(Sudāna)經(말 그대로 "훌륭한 보시"라는 뜻이다. 이야기 주인공의 이름이 보여주듯이 수다나/수대나 경은 보시바라밀의 보살행을 보여 준다.). 이 경에 대한 연구는 국내에서 매우 적은데, 최근 일문학계 비교논문으로 김태광의 연구가 있다. 김태광,「須大拏太子설화의한일비교연구 -『三宝會』와『釋迦如來十地修行記』작품의 비교고찰을 중심으로-」, 日本語文學 제33輯, 2007.

6) "한국에서는 고려 충숙왕 15년(1328)에 초간된 本生系 불전문학「釈迦如来十地修行記」등에 보인다. … 「釈迦如来十地修行記」는 全10地중, 제9地까지는 본생담 9화가 연속적으로 구축되어 있고 제10地에는 「悉達太子」成道까지를 구체적으로 다룬 佛傳이 수록되어 있다. 「須大拏經」 설화는 본생담의 마지막을 장식하고, 「悉達太子」 바로 앞에 위치한

옛날 한 나라에 왕자가 있었는데 이름이 須大拏였다. 자비와 효심이 뛰어난 태자는 나라의 보물을 아낌없이 가난한 백성들에게 보시하였고 그의 보시와 자비의 마음에 관한 이야기가 이웃나라까지 파다하였다. 그런데 부왕에게는 끔찍이 아끼는 코끼리가 있었는데, 이 코끼리는 전쟁에서 늘 승리를 하는 흰색의 코끼리였다. 이 코끼리 때문에 이웃 적국에서도 감히 나라를 넘볼 수 없었다. 때문에 적국의 여러 왕들이 모의하여 그 흰 코끼리를 얻을 목적으로 바라문들을 파견해서 왕자에게 코끼리를 달라고 부탁했다. 바라문들이 성문에 들어오는 것을 보고 급히 뛰어나가 그들이 얻고자 하는 것이 무엇인가를 물어 그들의 뜻을 알고 흰 코끼리에 보석치장을 하여 선뜻 내어준다.

나라의 보물을 내어준 왕자는 이 일을 계기로 왕과 대신들의 노여움을 사서 10년 동안 나라 밖으로 쫓겨난다. 쫓겨나면서도 왕자는 자신이 가지고 있던 모든 재물을 백성들에게 나누어주는 일을 잊지 않는다. 쫓겨난 왕자는 아내와 두 아이를 데리고 21일 걸려 히말라야의 산중에 있는 아주타(Ajita) 선사에게 도를 배우며 살게 된다. 이러한 숲속생활을 지속하던 도중에 鳩留孫이라는 한 늙은 바라문이 찾아와 왕자의 아이들을 종으로 달라고 요구한다. 이 늙은 바라문에게는 젊은 아내가 있었는데 물을 길러 갔던 아내가 놀림을 당하자 수모를 당한 이유가 자신이 늙었기 때문이고 만일 종이 있었다면 아내가 놀림을 받을 일이 없었을 것이라는 이유였다. 늙은 바라문은 왕자가 보시의 정신을 숭상한다는 소문을 듣고 왕자를 찾아오게 된다. 왕자의 부인이 아이들을 숨겨놓고 과일을 따러 숲속으

제9地에 수록되어 있다. 한편 일본에서는 宇津保物語 <俊蔭>에 須大拏經의 영향이 지적되고 있으며, 永観2년(984) 성립의 불교설화집「三宝絵」등 많은 불교설화집에 나타난다.「三宝絵」상권 <佛寶>에는 본생담 13화가 연속적으 로 수록되어 있는데 본 설화는 제12화에 등장해 있다." 김태광, 앞의 책, pp.192~193.

로 가지만 늙은 바라문의 사소한 요청에도 왕자는 기꺼이 자신의 아이들을 바라문의 종으로 삼도록 보시한다. 심지어 늙은 바라문이 아이들이 도망갈까 염려되니 손을 묶어 달라 하니 공손히 그의 말에 따라 자식들의 묶어 보시한다. 과일을 따러간 부인이 불길한 징조를 알고 집으로 서둘러 가고자 하지만 帝釋天이 사자로 변신해서 아내의 귀가를 늦춘다. 남편이 아이들을 타인에게 주어버린 것을 알고 부인은 비탄에 빠진다. 그 슬픔이 하늘에 전해지고 천신들은 모여 한번 더 왕자의 보시를 시험하기에 이른다.

제석천이 바라문으로 변하여 왕자에게 내려와 그의 부인이 매우 덕과 자색이 뛰어나니 자신의 아내로 달라고 부탁한다. 왕자는 이번에도 흔쾌히 자신의 부인을 보시한다. 이러한 왕자의 마음에 감동한 제석천은 본래 자신의 정체를 이야기하고 부인을 돌려준다. 왕자에게 제석천이 소원을 묻자 욕심이 없는 부자가 되어 많은 보시를 할 수 있기를 희망한다. 한편, 늙은 바라문 부부의 시종으로 갔던 두 아이들은 제석천의 도움으로 무사히 본래 추방되었던 왕국으로 되돌아가 국왕에게 인계된다. 왕은 마침내 자신의 잘못을 깨닫고 왕자를 불러들여 나라의 보배를 모두 왕자에게 맡기고 보시를 권장하기에 이른다. 이러한 정책에 이웃나라의 국민들도 귀화해 오고 적국과는 원한이 사라지고 도둑이 없는 이상국가로 변모한다. 왕자는 성왕이 되고 나중에 도솔천에 태어나 하생 성불한다.

그 전생 당시의 태자가 지금의 나(붓다)이고, 왕은 아난, 부인은 구이, 제석천은 미륵, 아지따는 대가섭 등이었다.

여기서 붓다와 미륵은 각각 왕자와 제석천으로 그려지는데, 제석천은 왕자를 시험하거나 도움을 주기 위해 등장한다.

(2) 「제71화 : 彌勒爲女人身經」(T. 152, 37b23-38a09)

옛날 보살이 제석천이 되어 열심히 보살도를 닦고 있었을 때였다. 옛

도반이었던 친구가 여인의 몸을 받아 부자의 아내가 된 것을 알게 된다. 그 여인은 재물에 현혹되어 無常의 도리를 깨닫지 못하고 시장에서 방종한 생활을 하고 있었다. 제석천이 상인으로 변신하여 시장에 있는 그 여인에게 다가가니 부인이 기뻐하며 아이를 시켜 의자를 가져오게 하였다. 상인은 웃기만 했고 부인은 그 이유를 알지 못했다. 의자를 가져오는 것이 늦어지자 여인이 아이를 때렸다. 그때도 상인은 웃기만 했다. 북을 치는 한 아이를 보고도 웃었고, 병든 아버지를 위해 소를 제사지내는 아들을 보고도 웃었다. 아이를 데리고 시장을 지나가는 부인이 있었는데 그 아이가 부인의 얼굴을 할퀴어 피가 흘러도 상인은 웃기만 했다. 상인의 태도가 이상해 그 이유를 묻자, "그대는 나의 좋은 친구였는데 그대는 날 잊어버렸는가(卿吾良友 今相忘乎)"라고 말한 후에 조금 전 지나간 사람들의 과거인연을 설명해 준다. 그리고 여인을 경책하며 육바라밀을 행할 것을 설하고는 사라진다.

이때의 제석천이 석가였고 그 시장의 여인이 미륵이었다.

이 이야기의 뒤를 이어서 육도집경의 제72화에서도 석가와 미륵은 부부지간으로 등장한다. 이때 미륵은 석가의 남편으로 등장하는데 석가의 지혜로 미륵이 불도에 전념하게 된다는 이야기를 담고 있다.

(3) 「제64화 : 佛說蜜蜂王經」(T. 152, 34b12-35a11)

정진바라밀을 예화하는 일화로서, 지속적인 불법의 탐구에 임했던 과거의 석가와 미륵이 서로를 일깨우기 위해 경책하는 내용이다.

精進度無極章 석가와 미륵은 전생에 각각 精進辯과 德樂正 두 비구로 등장하는데 서로 불법을 공부하던 중 미륵은 졸음을 참지 못했다. 徑行을 해도 졸음이 왔고 앉아 명상에 잠겨도 졸음이 왔다. 이미 부처를 만나 經法에 성숙해 일가를 이룬 석가는 미륵을 잠의 유혹에서 벗어나게

하기 위해 꿀벌왕으로 변해 그를 위협해가며 일깨우게 된다. 그로 인해 덕락정 비구는 불퇴전의 경지를 얻을 수 있었다. 이때 꿀벌왕으로 변신하는 방편을 썼던 비구 정진변이 석가였고, 그로 인해 정진을 할 수 있었던 덕락정 비구가 미륵이었다.

여기서 석가와 미륵은 대등한 비구로 등장하지만 미륵은 석가에 의해 일깨워지는 존재로 그려지고 있다.

(4) 「46화 : 보살국왕이야기」[7](T. 152, 26c06)

이 이야기는 라마야나(Rāmāyaṇa)의 기본적인 이야기의 뼈대를 추려서 불교적으로 짧게 각색한 것이다. 다만, 라마야나의 마왕 라바나(Rāvaṇa)가 외삼촌으로 바뀌어 등장한다는 점이 다를 뿐이다.

보살이 왕이 된 후 나라를 지극한 애정으로 다스리고 있었다. 그 이웃한 나라는 그 왕의 외삼촌이 왕으로 있었으나 포악하여 민심이 흉흉했다. 왕은 이웃한 외삼촌의 시기를 받아 위험에 빠진다. 외삼촌이 자신의 나라를 노리고 침략하고자 하자, 백성들이 자발적으로 군대를 일으켜 나라와 왕을 지켜려 한다. 그 모습을 본 왕은 스스로 자신으로 인해 백성들이 죽을 것을 염려한 나머지 왕비와 함께 나라를 버리고 숲으로 들어가 살게 된다. 왕비와 숲에서 정착하는 동안 왕비의 정숙함에 미혹된 바다의 용왕이 바라문으로 변모해 왕과 왕비에 접근한 후에 왕이 집을 비운 사이에 왕비를 납치한다. 왕비를 납치해가는 용왕을 새가 가로막고 왕비를 지키려 했지만 용왕의 손에 죽고 만다. 집으로 돌아온 왕이 왕비를 잃어버린 것을 슬퍼하는 동안 같은 처지에 처한 원숭이 왕을 만난다. 원숭이 왕도 외삼촌에게 자신의 왕국을 빼앗겼던 것이다. 왕은 원숭이를 도와 다시 원

7) 경명이 없이 곧바로 과거 전생이야기가 시작되고, 나중에야 붓다가 자신의 5백 비구들에게 이 이야기를 들려주는 것임을 확인하게 된다.

숭이 왕이 자신의 왕국을 찾도록 도와준다. 이에 대한 보답으로 원숭이 왕은 인간의 왕이 왕비를 찾는 것을 도와주게 된다. 원숭이 무리들이 왕비가 바다 건너 섬에 있다는 것을 알게 되지만 바다를 건널 수 없었다. 이를 알게 된 제석천(여기서는 天帝釋)이 원숭이로 변하여(라마야나의 하누만 역할) 돌다리를 건설케 하고 용왕과의 전투에서 상처 입은 원숭이들을 구해내는 역할을 한다. 뿐만 아니라 왕에게 용왕과 싸워서 이기는 방법도 일러준다. 용왕을 죽인 후에 왕비를 되찾은 왕은 산으로 돌아오고, 곧 이웃나라 외삼촌도 죽게 되어 그의 본래 백성들이 왕을 찾아 다시 왕좌에 오르게 한다. 한편 용왕과 함께 있었던 왕비에게 정절을 묻지만 땅이 갈라지면서 왕비의 정절을 증명해 준다.

라마야나의 내용에 익숙한 사람이라면 이것이 라마야나의 매우 짧은 요약본이라는 것을 쉽게 알 수 있다. 여기서 왕은 석가, 그를 도운 제석천은 미륵임을 붓다는 비구들에게 전하는 것으로 끝맺는다.

(5) 「67화 : 殺身濟賈人經」(T. 152, 36a29)

석가가 500명의 비구 앞에서 설하는 옛이야기이다.

한 보살이 500명의 상인들과 함께 바다를 건너고 있을 때 풍랑을 만나 모두가 죽음을 당할 위험에 처하게 된다. 보살이 생각하기에 그 풍랑은 海神의 의도인데 자신이 피를 뿌리면 해신이 이를 꺼려하여 상인들을 살릴 수 있을 것이라 생각한다. 서로가 서로를 부둥켜안게 하고 보살은 칼로 스스로 목을 쳐서 피를 낸다. 이렇게 해서 배는 무사할 수 있었다. 목숨을 구한 500명의 상인들은 보살이 비범한 존재임을 알고 비통해하면서 하늘에게 보살을 죽이지 말라고 간원한다. 그 소리를 들은 하늘에서 제석천이 내려와 약을 먹이고 보살을 살리고 상인들은 더 많은 보화를 얻을 수가 있었다. 돌아온 상인과 보살로 인해 온 나라가 덕이 가득한 나라가 되었다.

그때의 보살이 석가, 그를 소생시킨 제석천은 미륵, 500명의 상인은 지금의 500명의 비구였다.

이야기는 중생을 위해 자신의 몸은 돌아보지 않는 헌신적인 석가의 보시바라밀을 예화하고 있다. 이때에 미륵은 석가를 돕는 우호적인 천신으로만 등장한다.

(6) 「제82화 : 題耆羅와 那賴 두 보살이야기」(T. 152, 43c21-44b04)

덕과 비범한 능력이 있었던 두 보살 제기라와 나뢰가 60여 년간 숲속에서 도를 닦으며 지내고 있었으며, 세상의 백성들은 어리석고 사악해지고 있었다.

어느 날 제기라가 먼저 경전을 암송하고 잠에 들었는데 나뢰가 그만 제기라의 머리를 밟게 된다. 잠에서 깨어 화가 난 제기라는 나뢰에게 내일 날이 밝는 대로 일어나 제기라의 머리를 조각내버릴 것이라고 선언한다. 이를 두려워한 나뢰는 아침이 오지 못하도록 5일간 해가 뜨지 못하도록 만든다. 세상이 5일간이나 암흑천지로 변하자 왕과 백성은 두려워하게 되고 암흑천지가 된 사연을 추적하게 된다. 결국 두 수도승들의 다툼으로 세상이 암흑천지가 된 것을 알고 국왕과 신하가 찾아가 둘을 화해시킨다. 그리고 싸움으로 인해 세상의 종말이 올 수 있음을 깨닫고 모두 불법을 닦기를 명하게 된다.

이때의 두 보살 중 나뢰는 석가, 제기라는 미륵이었다.

흥미롭게도 석가와 미륵의 전생이 서로 다투는 모습을 보이지만 이것은 실제로 중생들이 불법을 멀리하고 사악해질 것을 염려하여 반대로 왕과 백성들이 불도를 닦을 기회를 만들어 주기 위함이었다. 해를 사라지게 함은 불법의 소멸을 암시하는 방편이었을 것이다.

위에서 예시한『六度集經』본생담 속에서 석가와 미륵의 역할은 마치 劇속의 매우 가까운 파트너로 등장하며 비교적 조력자의 입장을 취한다. 이러한 인물의 설정이 경전 속에서 무작위적으로 이루어진 것이 아니라는 증거를 여기서 얻을 수 있다. 특히, 본생담 속의 석가와 미륵의 관계는 전생 속에서 형제나 도반 남녀지간, 인간과 천신 등의 관계로 나타나며 서로 깨달음을 일깨우는 助力者의 모습을 보인다. 약간의 차이가 느껴질 뿐 거의 대등한 관계로 볼 수 있다. 이것은 앞서 말한 대로 다른 석가의 제자들을 전생담 속에 등장시킬 때보다 미륵이라는 주인공을 훨씬 존귀하게 설정하려는 의도가 드러나 보인다. 뿐만 아니라 일부 전생담 속에서는 석가의 전생이 미륵을 '동료'라는 표현으로 부르고 있을 정도이다. 실지로 석가와 미륵의 전생은 도반으로 등장하는 경우가 종종 있다. 이는 이미 현세에 무상정각을 이룬 석가와 내세에 정각을 이루게 될 미륵 존재를 의식한 본생담 제작자의 의중이 드러난 것일 수도 있다.

그렇지만, 한편으로 석가와 미륵은 과거 전생 속에서도 약간의 다른 품격을 지니고 있음을 보인다. 석가의 전생은 늘 미륵을 일깨우는 역할을 하고 있다. 만일 그렇지 않은 경우라면 석가의 전생이 헌신적으로 육바라밀을 수행할 때, 그의 진정성을 시험하거나 또는 돕는 역할을 하는 것이 미륵이 전생에서 하는 역할이었다. 석가에 비해 미륵은 다소 중생이 처한 사태에 대해 관조적이며 수동적이다. 반면 석가와 미륵의 전생에서 석가는 수행과 공부에 있어 미륵을 능가하고 있었음을 강조한다. 그것은 전생담 속에서 육바라밀의 보살행을 행하는 과정 속에서 석가가 미륵을 경책하여 일깨우는 장면이 다소 있으며, 미륵의 전생보다는 보다 적극적으로 석가의 布施波羅蜜을 포함한 육바라밀의 보살도를 행하는 일화가 많이 그려지기 때문이다.

4. 보살도(菩薩道)의 대조적 두 인물

그렇다면, 왜 굳이 석가와 비등한 역할의 미륵을 등장시켜(道伴, 夫婦, 兄弟, 두 명의 왕 등) 미륵을 경책하거나 일깨우는 우화를 만드는 것일까? 또는, 왜 이렇게 석가와 미륵을 대조적인 짝패(Conterpart)로 그려내고자 하는 것일까? 이에 답하기 위해서 우리는 『彌勒菩薩所問本願經』을 향할 수밖에 없을 것이다. 왜냐하면 이 경은, 마치 본생경류에서 그랬던 것처럼, 석가와 미륵을 화자로 등장시켜 서로의 다른 입장을 직접 대조해서 보여 주기 때문이다. 이 경의 후반에 이르면 說者인 붓다는 자신과 미륵을 비교해 그 대조적인 입장을 설명해 주고 있다. 이 말은 이미 이와 동일한 계통의 경전들이 성립할 즈음에 미륵이라는 존재로 대표되는 교리적 가치가 결정되어 있었고 그가 지닌 가치의 한계를 보다 적극적으로 환기시키기 위해서 본생경류나 경전 속에서 그를 석가와 대비하여 등장시켰음을 의미한다.

본 논문의 의도에 관련해서,『미륵보살소문본원경』에서 인상 깊게 다가오는 대목은 석가모니불이 阿難에게 왜 미륵이 자신보다 일찍 오래전에 發菩提心했음에도 불구하고 석가 자신이 먼저 성불할 수 있었는가(阿耨多羅三藐菩提心)를 설명하는 부분이다[8]. 이 질문은 이 경전의 異本에 해당하는 『大寶積經』[9]「彌勒菩薩所問會」[10]에서 더 구체적으로 밝히고

---

8) 그렇지만 이 질문, '왜 미륵은 일찍 발보리심했음에도 석가모니 자신보다 늦게 성불하게 되는가'는 비단 『미륵보살소문본원경』에서 시작된 것은 아니다. 당대 인도불교승려들 사이에서 이에 대한 확고한 인식이 있었음은 이에 대한 관점이 여러 경전에서 확인되고 있다.

9) 대보적경에 대한 문헌학적인 정보와 이 경전이 담고 있는 보살사상의 의미에 대해서는 Ulrich Pagel, *The Bodhisattvapiṭaka, Its doctrine, Practices and their Position in Mahāyāna Literature*, The Institute of Buddhist Studies: Tring, U. K., 1995를 참고하는 것이 유용하다.

10) T. 11. 628a10-631c11

있으므로 이 부분을 참고하기로 하자. 보적경의 「미륵보살소문회」는 미륵보살이 석가모니불에게 몇 가지의 법을 구족해야 惡道를 물리치고 속히 깨달음을 얻을 수 있는가를 물으면서 시작한다. 이 질문에 석가모니불은 그를 칭찬하며 악도를 물리치는 10법에 대해 설명한다. 이 설명에 대해 미륵보살이 석가모니불을 찬탄하자 옆에 있던 아난이 미륵을 칭송한다. 거기에 화답하듯 석가모니불이 미륵의 과거 전생을 이야기한다. 즉, 미륵은 과거 전생에서 賢壽라는 이름의 바라문 자제로 태어나 부처를 만났으며 그때에 발보리심을 하여 당시 부처로부터 無生法忍을 증득하였다는 내용이었다.

그러자, 이때 아난이 다시 석가모니불에게 질문을 던진다. 그 질문이 바로 '그렇다면 과거 오래전에 무생법인을 얻었던 미륵은 어찌하여 아뇩다라삼먁삼보리를 얻지 못했는가(世尊, 若彌勒菩薩, 久已證得無生法忍, 何故不得阿耨多羅三藐三菩提耶)'이다. 그리고 이에 대한 석가모니의 대답이, 석가모니 자신과 미륵이 어떻게 다른가를 설명하는 부분이 된다. 이 부분은 그대로 옮겨보도록 하자.

붓다가 아난에게 말하였다. '보살에게는 두 종류의 莊嚴과 두 종류의 攝取가 있다. 말하자면 衆生을 받아들여 중생을 장엄하는 것이며, (또하나는) 佛國을 받아들여 불국을 장엄하는 것이다. 미륵보살은 과거전생동안 보살행을 하는 동안 항상 불국을 받아들여 불국을 장엄하는 것을 즐겨했으며, 과거전생에 나는 보살행을 수행하며 항상 중생을 받아들여 중생을 장엄하는 것을 즐겨했느니라. 그리고 저 미륵보살이 과거전생 40겁 동안이나 보살행을 행한 연후에야 나는 그때 아뇩다라삼먁삼보리심을 일으킬 수 있었다. (그때) 내가 용맹정진한 까닭으로 9겁을 뛰어넘어 賢劫중에 아뇩다라삼먁삼보리를 얻을 수 있었던 것이다.[11)]'

이 대답에서 석가와 미륵 두 수행자의 길은 대조되어 나타난다. 중생과 불국토이다. 석가는 중생을 택했고, 미륵은 불국토를 택했다. 두 수행자가 각각 중생과 불국토를 선택해서 그 지향점을 향해 노력한다는 것(장엄)이 무엇을 의미하는지는 곧 이어지는 석가모니불의 추가 설법을 통해 분명해진다.

석가모니불은 계속해서 아난에게 설명하기를, 자신이 아뇩다라삼먁삼보리를 얻을 수 있었던 것은 두 종류의 10법이 있었기 때문이라고 말한다. 이 가운데 첫 번째 10법은 열 가지의 보시를 말하는데, 이는 자따까류 등에서 많이 예화되는 바로서, 어떤 중생이 물건이 필요할 때는 물건을, 처와 아들이 필요할 때는 처와 아들을, 자신의 신체인 머리, 눈, 뼈와 몸, 골수, 팔다리를 필요하면 그것들을, 또는 왕위와 같은 신분이나 보물 등도 아낌없이 내어주는 보시를 말한다. 이같이 보시를 철처하게 했기 때문에 신속히 깨달음을 얻었다는 것이다. 나머지 열 가지의 또 다른 법은 육바라밀의 덕목을 포함하는 것이다. 이러한 덕목들을 보면 육바라밀의 수행도 가운데 布施波羅蜜이 가장 강조되고 있는 것이다.

석가모니불은 이 같은 자신의 보살수행과는 다른, "대조적인 보살행"을 취한 미륵의 경우를 설명한다. 석가모니불은 아난에게 이렇게 설명한다.

'아난아, 미륵보살이 과거 전생 시 보살도를 행할 때에, 기꺼이 (다른 중생에게 자신의) 손과 발, 그리고 머리와 눈을 보시하지는 못하였느니라. 다만, 훌륭한 방편(善巧方便)과 안락한 수행법(安樂修行道)으로 최상

---

11) T. 11. 629c16-629c23 : 佛告阿難 °菩薩有二種莊嚴二種攝取 °所謂攝取衆生 °莊嚴衆生 °攝取佛國 °莊嚴佛國 °彌勒菩薩 °於過去世修菩薩行 °常樂攝取佛國 °莊嚴佛國 °我於往昔修菩薩行 °常樂攝取衆生 °莊嚴衆生 °然彼彌勒 °修菩薩行經四十劫 °我時乃發阿耨多羅三藐三菩提心 °由我勇猛精進力故 °便超九劫 °於賢劫中 °得阿耨多羅三藐三菩提 °

의 정등보리를 쌓았을 뿐이다'. 그때 다시 아난이 붓다에게 물었다. '세존이시여, 어떻게 미륵은 과거전생 보살도를 행할 때에 훌륭한 방편과 안락한 수행법만으로 정등보리를 쌓았을 뿐입니까?'[12]

이로써 석가모니가 아난에게 설하는 내용을 통해 석가 자신의 과거 수행도와 미륵의 과거 수행도의 대조가 매우 선명하게 드러낸다. 석가는 일체중생을 흔쾌히 끌어안고 그들의 애환을 같이하는 방법을 통해 깨달음에 이르고자 하는 보살도를 취했고(이것이 중생의 섭취와 장엄이다), 미륵은 자신이 추구하고자 하는 아뇩다라삼먁삼보리의 획득을 위해 방편과 안락한 수행의 보살도를 추구했다는 것이다(이것이 불국의 섭취와 장엄이다).

깨달음을 추구하는 과거의 두 수행자(보살)가 서로 다른 입장을 보이고 있는데, 「미륵보살소문본원경」 혹은 「미륵보살소문회」의 저자는 붓다와 아난의 대화를 빌어, 두 보살도의 관점 가운데 중생의 섭취와 장엄의 수행도에 더 강조를 두고 있다. 그러니까 이 경전에서 석가와 대조를 보이는 미륵(의 관점)은 "선교방편과 안락수행도"를 추구하는 존재로 그려지는 것이다. 이것은 단순히 이 경전에서만 나타나는 우연이 아닌데, 이러한 대조는 다른 경전에서도 나타나기 때문이다.

따라서 경전상에 나타나는 석가와 미륵의 대조적 인물의 구도는 보살도의 수행에서 나타나는 대조적 입장을 표명하기 위한 것이었다.

이 대목에서 우리는 인도불교사에서 제기되었던 매우 근본적이고 중요한 사상적 국면과 만나게 된다. 바로 菩薩이라는 존재다. 보살은 주지

---

12) T. 11. 630a08-630a13 : 阿難 °彌勒菩薩往昔行菩薩道時 °不能捨施手足頭目 °但以善巧方便安樂之道 °積集無上正等菩提 °爾時阿難白佛言 °世尊 °云何彌勒 °往昔行菩薩道時 °但以善巧方便安樂之道 而能積集無上菩提 °

하다시피 대승불교의 시작을 말하는 가장 중요한 키워드이다. 그런데 주지하다시피 보살이라는 존재는 사상사적으로, 독자적인 깨달음을 통해 최우선적으로 자기 스스로를 완성시키고자 했던 緣覺 혹은 聲聞의 소승적 한계를 극복하고 중생의 구원을 자신의 깨달음보다 중요시 여겼던 승단 내부의 새로운 롤모델로 등장한 존재였다. 이때 보살을 추구하는 수행자의 내면에서는 두 가지의 구심점이 자리 잡는데, 하나는 보리이며 또 하나는 중생이다. 보살의 지향점은 어디인가. 이 두 가지는 양립할 수 있는 것인가? 이 구심점을 어떻게 조화시키느냐에 따라 불교의 수행론과 경전해석학이 발전해 왔다고 해도 과언이 아닐 것이다. 흔히 "上求菩提 下化衆生"이라는 말도 이러한 보살도를 수행하는 자들의 상투화된 결론이라고 할 수 있다.

5. 맺는 글

이상과 같은 짧은 검토를 통해서 우리는 다음과 같은 작은 결론에 도달할 수 있을 듯하다.

첫째는 무가에 등장하는 인세차지 경쟁설화 속의 석가-미륵의 대결이라는 화소를 제공하기에 적합한 석가-미륵의 관계가 주로 초기 대승경전류의 불전들 속에서 등장한다는 점이다. 이 불전들은 본생경(本生經)류를 포함해 이들은 보살이라는 존재가 어떤 존재이고 어떤 수행을 했던가를 예시적으로 보여 주고 있는 경전들이며 최소 기원 후 1~2세기를 전후해서 대거 등장했다는 점에 대해서는 거의 학계가 동의하는 바이다. 특히 중생을 위해서 육바라밀의 완성, 특히 보시바라밀의 보살도를 강조하는 문학과 불경이 이 시기에 많이 등장한다. 적어도 기원 후 1~4세기까지 이러한 경향은 계속 지속되는 것으로 보인다. 초기 대승불전의 전성기라고 볼 수 있다. 위에서 선택한 『육도집경』이나 『미륵소문경』 등도 이 시기에서 벗어나지 않을 것인데, 실제로 자타카류가 1~2세기에 많이 편집된 것이라고 본다면, 이것들을 포함해 『미륵소문경』과 그 이본들, 대보적경 등이 한역된 것은 4세기 전이라고 판단되기 때문이다. 필자의 생각으로 이 경전류들이 동아시아 일대로 유포되면서 다른 종교나 종파의 설화 제작에도 영향을 끼쳤을 가능성이 크다고 짐작된다.

둘째, 이들 불전 속에 다른 인물이 아닌 석가와 미륵이라는 인물을 등장시켜 보살도를 예화하는 본생담을 만들고 있는 이유를 생각해 볼 필요가 있다. 이러한 경향은 특히 육바라밀의 완성을 예화하고 있는『육도집경』의 경우에서 두드러진다. 여기서 석가와 미륵은 다른 전생들의 경우와 다르게, 서로 비등한 위상을 가진 인물로 등장한다. 그러면서 서로 조력하고 경책하는 역할을 주고 받는 것이다. 하지만 석가와 미륵의 보살도 수행에 대한 관점에서 일정한 간격을 보여 준다. 이는 이미 그 불전의 창작자들이 석가와 미륵으로 대변되는 세계와 경계를 따로 인지하고 있었다는 것을 의미한다. 예를 들어, 석가와 미륵이 친연관계로 그려지는 공동의 전생 이야기 속에서도 일정한 정신적이고 수행도상의 위계를 읽을 수 있기 때문이다.

두 인물이 동일한 이야기 속에 등장하지만 강력하게 보살도의 정신을 표방하는 주체는 석가로 그려지고 미륵은 그러한 석가의 태도에 때로 동조적이고 방관적인 인물로 묘사되는 경우가 대부분이다. 심지어는 게으르기도 하다. 이러한 대조적인 인물배치가 보이는 석가와 미륵의 전생담은 초기 대승불교에서 추구하고자 했던 종교적 지향점과 관계가 있다.

초기 대승불교경전에서 성문승과 보살승을 의도적으로 구분하려는 시도가 있었는데, 앞에서 보았던 자따까류의 설화나 『미륵보살본원경』 등은 그러한 의도가 보다 명확해 보인다. 성문승과 보살승의 구분은 대승불교운동이 僧團 내부에서 강하게 일어났던 당시 대승적 보살사상을 개진했던 일군의 승려들이 의도적으로 만들어 낸 수행론적 유형범주를 의미한다. 성문이나 연각에 대한 부정적 시각은 따라서 초기 대승경전류들이 편집되던 당시 더 강력하게 표출되고 있다고 볼 수 있다.

필시 앞서 보았던 자따까류의 내용과 『미륵보살본원경』 등의 내용에서 미륵보다는 석가의 공덕이 칭송되고, 붓다의 입을 통해 미륵의 정등각이 늦어졌던 이유가 설명되었던 이유는 이러한 대승불교 초기의 경향성을 반영한 것이라고 볼 수 있다. 이것을 『미륵보살본원경』은 중생과 불국의 대비로 설명했던 것이다.

이러한 잠정적인 결론은 다만 불교 내의 설화와 교리 간의 상관성을 설명할 수는 있어도 어떻게 이러한 석가-미륵의 대비적인 화소가 무가의 석가미륵경쟁설화로 발전해 갔는지는 조금 더 시간을 두고 고민해 보아야 할 것이다. 여기서는 다만 불교설화 내의 석가-미륵의 대조적 화소가 만들어질 수 있는 내부적 근거를 검토하는 데 만족하고자 한다.

종합

「彌勒과 釋迦의 對決」 神話素의 世界的 分布와 變異

김헌선(경기대)

1. 머리말

창세신화의 신화소 가운데 세상을 만든 후에 세상을 누가 다스리는가 다투는 내용의 신화소가 있다.[1] 이 주체들의 이름이 제각각인데 이 신화소를 그간에 주목하고 다룬 연구사의 성과가 있었다.[2] 이 신화소는 전통적인 관점에서 인세차지 경쟁신화소라고 지칭되어 왔다.[3] 매우 타당한 지

1) 이 논문에 대한 지정 토론자인 나경수 교수의 질의에 대해서 고맙게 생각한다. 이 의문과 비판에 입각해서 글을 다시 고친다. 모두 여섯 가지 지적이 있었다. 이에 대해서 주석에 밝히면서 논문을 보완하고 수정한다.

2) 이 신화소에 대한 연구는 신화학계에 고전적인 주제 가운데 하나였다. 가령 다음과 같은 저작이 이를 증명한다.
Uno Holmberg Harva, The creation of man, *The Mythology of All Races: Finno-Urgic Siberian. Volume IV,* Cooper Square Publishers, 1964, pp.375~376.

3) 서대석, 창세시조신화의 유형과 변이, 『구비문학』제4집, 한국정신문화연구원 어문연구실, 1980 ; 『한국신화의 연구』, 집문당, 2001.
김헌선, 『한국의 창세신화』, 길벗, 1994.
박종성, 『한국창세서사시연구』, 월인, 1998.

적인데도 불구하고 인세차지 경쟁의 의미와 의의를 부각시키기 위해서 새로운 접근이 필요하다. 그 필요성은 두 가지 이유 때문에 제기된다.

인세차지 경쟁의 신화소라고 보기 어려운 이유 가운데 하나는 이 신화소가 지니고 있는 의미가 인세차지에 있으나 달리 세상 창조에서 흔히 발견되는 트릭스터를 통한 평행창조 또는 이중창조의 특성을 담기에 온전하지 않은 한계가 있다는 점 때문이다.[4] 다른 하나는 이 신화소가 가지는 세계적인 분포와 변이를 위시하여 이 신화소의 특정 주체 다툼을 포괄하기에 적절하지 못한 개념이기 때문이다.

특정한 주체의 다툼이 세계적인 범위로 확장되고, 둘 사이의 다툼을 드러내는데 적절한 것은 미륵과 석가의 대결 신화소라고 하는 것이 적절하리라고 기대된다. 이 신화소는 동아시아 문명권에 한정되어 있지만 세계적인 비중과 위상을 가진다. 그러므로 이 자체를 따지는 것은 세계적인 분포와 변이를 따지는 것으로 상정할 수 있다.

미륵이 창조한 세상을 석가가 훔쳐서 인간세상의 질서를 새롭게 만든 것이 바로 이 대결 신화소이다. 석가는 이러한 각도에서 미륵과 달리 트릭스터적 면모를 지니고 있으며, 이렇게 보게 되면 세계적인 각도에서 이러한 이야기의 특성을 달리 해석해 낼 수 있을 것으로 본다.

우리나라 학계의 작업과 달리 이웃하고 있는 일본학계의 연구는 이 주제에 대한 지속적 연구와 작업이 있었다.[5] 가령 이에 대한 여러 학자의

정진희, 류큐설화의 미륵설화와 민속적 배경, 『류큐 열도를 통해서 본 동아시아 문화』, 서울대학교 인류학과, 2008년 10월 31일, pp.43~54.

4) 이중창조 또는 평행창조라는 용어는 본래 일본의 대림태랑에 의해서 규정된 용어이지만 이 신화소의 특징을 드러내기 위해서 적절한 것으로 판단되고, 동일한 용어로 서양의 용어도 학문적으로 논의되고 있으므로 이를 수용해서 사용하고자 한다. 서양의 용어는 이를 double creation 또는 parallell creation라고 한다.

5) 大林太郞, ミルクボトケとサクボトケ, 『伊波普猷全集月報』 第九號, 平凡社, 1975.
大林太郞, 「花咲かせ競爭モチ-フ」, 『神話の系譜』, 講談社, 1991, pp.137~141.

연구는 매우 시사적이고 거칠지만 의의가 있는 작업이므로 이를 중심으로 연구를 새롭게 할 필요가 있다. 이 신화소를 평행창조로 명명한 오바야시 다료(大林太郞)의 논의는 선구적인 의의를 지니고 있다.[6] 뒤를 이어서 자료를 확장한 요다 치요코의 작업은 더욱 진전된 해석을 내놓고 있다.[7]

특히 오키나와를 중심으로 하는 일본인 학자들의 일련의 논의는 이 문제를 더욱 새롭게 연구해야 하는 관점을 가지지 않을 수 없게 하였다.[8] 자료가 새삼스럽게 보강되면서 많은 의문이 생기고 동아시아 전체를 대상으로 하는 논의가 가능하게 되었음을 말해 주는 증거이다. 논의를 진전시키면서 이러한 신화소가 어떠한 의미와 의의가 있는지 재론할 필요가 있다고 하겠다.

우리나라에서 이룩된 새로운 연구 성과가 있으므로 이를 중심으로 하는 작업이 새로이 보강될 필요가 있다. 특히 몽골의 자료가 다수 추가됨으로써 이에 대한 자료의 확장에 의한 논의를 새로이 하는 것이 바람직하리라고 본다.[9] 몽골의 자료는 구전과 문헌의 자료가 다수 발견되었으며

依田千百子, 神神の競争, 『東アジアの創世神話』, 弘文堂, 1999.
山下欣一外, 『日本傳說大系』巻15, みずみ書房, 1992.

6) 大林太郎, 「花咲かせ競争モチ-フ」, 『神話の系譜』, 講談社, 1991, pp.137~141.

7) 依田千百子, 神神の競爭, 『東アジアの創世神話』, 弘文堂, 1999.

8) 酒井卯作, ミロク信仰の流布と機能, 『南島硏究』, 南島硏究會, 1970.
田畑博子, ミロク信仰-沖縄と韓國ミロク說話の比較硏究, 『沖縄文化硏究』第29號, 法政大學出版部, 2003.
古谷野洋子, ミルク加那志の成立, 『次世代人文社會硏究』第二號, 韓日次世代學術FORUM, 2006.
古谷野洋子, 琉球文化圈におるミロク信仰の硏究, 『沖縄文化硏究』제33호, 法政大學出版部, 2007, pp.251~287.

9) 노로브냠, 「한국과 몽골의 창세신화 비교 연구」, 서울대학교 석사학위논문, 1996.
체렌소드놈, 이안나 옮김, 『몽골민족의 기원신화』, 울란바타르대학교출판부, 2001; 『몽골의 설화』, 문학과 지성사, 2007.
체렌소드놈, 이평래 옮김, 『몽골민간신화』, 대원사, 2001.

이를 통해서 분포와 변이를 논할 수 있는 단서가 마련되었다.

중국과 월남에서도 동일한 자료가 발견되었으므로 이 점을 중점으로 해서 새로운 연구가 필요하다.[10] 특히 월남의 자료는 그간에 학계에서 널리 인정되지 않던 것인데 이러한 자료가 나옴으로써 월남의 신화에 대한 재인식을 할 수 있는 계기를 부여받게 되었다고 하겠다. 중국과 월남의 자료가 바로 이러한 각도에서 의의를 가질 수 있게 되었다.

자료 발굴을 통해서 우리는 미륵과 석가의 대결 신화소에 대한 논의를 새롭게 하고자 한다. 그렇게 하기 위해서 이 글에서는 세 가지를 주목해서 새롭게 해명하고자 한다. 첫째, 특정 신화소의 분포와 변이를 새롭게 자료로 예시하면서 여기에 흐르고 있는 공통점이 무엇이고 어떻게 공통점을 발현할 수 있는지 정리하기로 한다. 그러한 정리는 동아시아 전체의 판도를 정리할 수 있는 계기를 부여하고 세계 신화에서 이 신화소의 중요성을 부각시킬 수 있을 것으로 판단된다.

둘째, 이 신화소의 궁극적인 의미를 어떻게 해독할 수 있을 것인지 해명하고자 한다. 의미는 작품의 구조적인 대립 요소가 구현하는 작품 자체의 의미이다. 창세신화소로서 이 신화소가 가지고 있는 바를 정리할 수 있을 것으로 보인다. 신화소의 의미가 어떠한 측면에서 규명될 수 있는지 다양한 신화소와 견주기로 한다.

셋째, 이 신화소의 왕권신화적 속성만이 전부는 아닐 것이다. 신화학

김헌선, 한국과 유구의 창세신화 비교 연구, 『고전문학연구』제21집, 한국고전문학회, 2002, pp.257~305.

10) 王見川·林德萬編, 『明清民間宗教經卷文獻』7, 新文豊出版公司, 1999, pp.137~141. (日本國會圖書館本)張希舜 主編, 『寶卷初集』19, 山西人民出版社, pp.299~426.
喻松清, 彌勒出西寶卷研究, 『周紹良先生欣開九秩慶壽文集』, 中華書局, 1997, pp.444~460.
Hue-Tam Ho Tai, *Millenarianism and Peasant Politics in Vietnam,* Havard Univesity Press, 1983, p.31

적 위상과 신화사적 의의가 무엇인지 함께 규명하기로 한다. 특히 이러한 각도에서 지니고 있는 본질적인 면모를 하이누벨레신화와 같은 원시신화와 견주면서 이를 통해서 고대신화와 함께 중세신화적인 특성을 어떻게 구현하고 있는지 해명할 수 있을 것으로 기대된다.

자료의 발굴과 이론의 규명은 서로 분리될 수 없는 것이다. 새롭게 출현한 자료를 모두 휘어잡아 이를 하나씩 소개하는 것은 어려운 일이라고 생각한다. 자료 소개를 자세하게 하면서 논의하는 것은 적절하지 않으므로 필요한 대목만을 정확하게 찍어 말하면서 다음 단계의 논의의 서론격에 해당하는 것이 이 글이 된다. 아직 신화적인 가설과 이론이 빈약하지만 새로운 논의를 하자는 관점에서 시론의 성격을 가지고자 한다.

2. 미륵과 석가의 대결 신화소의 분포와 변이

미륵과 석가의 대결이 중심에 있는 신화 자료의 분포와 변이를 알아보는 것이 여기에서 하고자 하는 일이다. 미륵과 석가의 대결 신화소가 있는 자료 고찰은 우리나라로부터 출발하는 것이 바람직하다. 잘 알고 있는 것으로부터 출발해서 잘 모르는 데까지 나아가는 것이 정상적인 순서이다. 각국의 자료를 핵심적인 사항을 요약하고, 자료의 성격과 의의를 간추려서 말하기로 한다.

1) 제주도와 한국

제주도에서는 본풀이로 전승된다. 체계적인 창세신화의 여러 요소들과 결부되어 있으며, 미륵과 석가의 대결은 핵심적으로 나타난다. 그러나 명칭은 미륵과 석가가 아니라, 대별왕과 소별왕으로 되어 있는 것이 아주 특이한 점이다. 단순하게 구전설화로 전승되지 않고, 본풀이로 현재까지도 전승하는 점이 가장 분명한 사실이다.

제주도의 본풀이는 매우 이례적인 자료이지만 이 본풀이에서 주목되는 바는 둘 사이의 경쟁이 우주적 혼돈과 사회적 혼돈의 양측면에 걸쳐서 나타난다는 점이다. 우주적 혼돈은 하늘의 해와 달이 2개인 점이고, 사회적 혼돈은 인간사회에 선악이 생기게 되는 점이다. 어느 쪽을 다스리든 둘은 대별왕과 소별왕의 대결과 관련이 있다.

한국에서는 오산지역과 북부지역 등에 걸쳐서 나타난다. 오산지역에서는 선문이와 후문이가 나타나는데, 둘은 대결하지 않고 각각의 좌정처를 활을 쏘아서 결정하고 해와 달을 결정하는 점이 확인되기도 한다. 대한국과 소한국의 나라 차지 대결이 일부 흔적으로 남기고 있을 따름이다. 이 자료는 본풀이로 전승되었던 것이고, 20세기 후반부까지 전승되다가 단절되었다.

북부지역에서는 본풀이로 전승된다. 여기에서는 미륵과 석가로 명칭이 되었으며, 본풀이로 전승되는데 핵심인 이 세상을 누가 차지하는가를 전승하고 있다. 함흥지역과 강계지역에 온전한 자료가 전하고 있으며, 평양 지역에도 일부 자취를 남기고 있다. 무당들의 본풀이로 이 신화소가 남아 있는 점은 각별하다.

본풀이가 아닌 예사 구전설화로 전하는 것도 있으며, 이와 달리 불교의 경전으로 미륵과 석가의 이야기가 전하고 있는 점도 주목된다. 미륵과 석가의 대결 신화소가 핵심적으로 전해지며, 기록되어 전하고 있는 점 역시 간과할 수 없는 중요한 사실이다. 그런 점에서 한국의 자료가 가장 풍부하고 다양하게 전승되는 점을 확인할 수 있다.

2) 중국

중국에서는 구전자료와 문헌자료가 전승된다. 구전자료는 절강성 지역에서 전승되는데, 대체로 두 편의 이야기가 전승되고 있다.[11] 절강성에 전승되고 있는 두 자료는 <하늘을 떠받치는 기둥>과 <미륵과 석가>이다. 내용은 대체로 대동소이하다. 두 가지 내용은 미륵과 석가 또는 미륵과 여래의 대결로 되어 있음이 확인된다.

이 자료는 기본적인 특징을 갖추고 있으며, 미륵과 석가의 대결에 의해서 세상의 주도권을 차지하게 되었으며, 그 결과 세시절기의 유래를 해명하거나 이와 달리 특정한 세속적 유래담을 갖추고 있는 점이 확인된다. 사람들이 정월에 놀게 되는 이유를 확인하는 것을 볼 수가 있다. 이와 달리 양심을 속이는 일이 벌어지게 되면 얼굴이 빨개지는 현상이 어디에서 비롯되었는지 기원담처럼 부가되어 있다.

중국에서 특이한 자료는 문헌자료이다. 문헌에 전하는 것으로 미륵과 여래에 대한 대결의 내용을 상세하게 전하고 있다.[12] 이 자료는 매우 특별한 내용을 전하고 있다. 미륵과 석가여래가 친형제로 되어 있어서 우리의 대별왕과 소별왕의 다툼을 이해하는데 긴요한 구실을 하고 있으며, 중국의 구전설화에서 사라진 부분이라고 할 수 있는 이 둘의 대결에 의한 세상 주도권을 잡는 이야기가 선명하게 드러나고 있다.

더구나 미륵이 현재 자신의 세상을 부정한 속임수로 차지한 석가여래의 세상을 인정하면서도 3,000년 뒤에 자신이 와서 이 세상을 다시 공정

---

11) 中國民間故事集成全國編輯委員會·中國民間故事集成浙江卷編輯委員會, 「撑天盤」, 『浙江省民間故事』, 1997, pp.217~218.
中國民間故事集成全國編輯委員會·中國民間故事集成浙江卷編輯委員會, 「彌勒和如來」, 『中國民間故事集成-浙江卷』, 新貨書店北京發行所, 1997, pp.218~219.

12) 王見川·林万傳, 「彌勒授記品第一」, 『明淸民間宗教經卷; 第7冊-佛說彌勒石佛尊眞教』, 1999, pp.188~189.
張希舜 主編, 『寶卷初集』19, 山西人民出版社, pp.299~426.
喩松淸, 彌勒出西寶卷硏究, 『周紹良先生欣開九秩慶壽文集』, 中華書局, 1997, pp.444~460.

하고 맑게 다스릴 것임을 예언하는 내용이 있어서 주목된다. 전형적으로 메시아사상에 입각한 내용 전개를 핵심으로 하고 있는 자료임을 보이고 있다. 미륵과 석가의 대결은 그러한 의미에서 종교적인 성향에 근거하고 있는데 이 자료에서는 불교와 민간신앙이 결탁된 측면을 보여 주고 있다.

구전자료에서는 핵심적인 면모가 세시절기와 풍속의 기원으로 되어 있는 이야기가 핵심임을 알 수가 있다. 이와 달리 문헌자료에서는 민간신앙화하고 불교의 세속적인 측면을 강조하고 있는 이야기를 핵심으로 삼고 있음이 확인된다. 구전과 문전의 거리가 특별하게 먼 것은 아니지만 중국의 자료적 특징을 알 수 있는 단서이다.

중국의 구전신화 가운데 미륵과 석가라고 하는 이름으로 되어 있지 않으나, 평행창조의 흔적을 가지고 있는 자료가 있으므로 이 역시 주목해야 마땅하다. 핵심적인 내용은 세 자매가 각기 해와 달의 신이 되고, 낮과 밤의 유래를 해명하는 신화이다.[13] 세 자매 가운데 위의 두 자매는 각기 하늘의 해와 달이 되었는데, 막내는 직분을 부여받지 못했다.

해와 달이 하루 종일 하늘에 매달려 있었으므로 언니들도 힘이 들고 우주적 혼란이 지속되었다. 그런데 막내가 위의 두 언니가 무척 힘이 든다는 것을 알고, 이를 아버지 옥황상제에게 고하고서 자신이 닭이 되어서

---

13) 中國民間故事集成全國編輯委員會·中國民間故事集成浙江卷編輯委員會, 日夜是咋分开的,『中國民間故事集成-浙江卷』, 新貨書店北京發行所, 1997, p.24. 舟山市定海区에 전하는 이 이야기는 원문이 다음과 같다. “相传很久以前, 大地一片漆黑, 旡没太阳, 也旡没月亮 °当时神界有三姐妹, 三姐妹心地统交关善良 °她们很想为人做点好事, 就奏禀天帝 °天帝就把大姐封为太阳神, 二姐封为月亮神, 小妹妹只因太小, 暂时没有封 °太阳神和月亮神受封后, 整天不歇息, 高高地挂在天空上 °这样, 大地就亮猛了, 人们分不出白天也分不出夜, 统辛苦煞 °这事被未受封的小妹知道了, 她便请求天帝, 让他也像大姐 ˋ二姐那样, 为人做点好事 °天帝就封小妹为鸡神 °俗话说 : 鸡啼五更 °小妹受封当了鸡神后, 每天五更定时定点为两个姐姐啼叫 °太阳神和月亮神就按鸡神的啼叫, 有规有钜地从东边升起, 到西边落下 °这样, 就有了日夜 °”라고 되어 있다.

새벽에 울어서 달과 해의 임무 교대를 시키고 오늘날처럼 낮과 밤이 되게 하였다고 하는 것이 결말이다. 닭이 오경이 되면 우는 것이 이 때문이다.

위의 이야기는 미륵과 석가의 대결 신화소와 같은 평행창조의 사례로 매우 소중한 자료이다. 그런데 속임수를 사용하는 트릭스터와 같은 구실을 막내가 하지 않으면서도 서로 다른 임무를 교대하게 하는 특징을 갖추고 있다. 이 점에서 미륵과 석가의 대결이 원래 어떠한 면모를 가지고 있는지 알게 하는 보완적 의미가 있는 자료이다. 우리나라의 <해와 달이 된 오누이>가 가장 근접한 자료이다.

3) 유구

오키나와에도 미륵과 석가의 전승이 다각도로 확인된다. 오키나와에 전승되는 자료는 여러 가닥이 있다.[14] 크게 갈라서 이해한다면 먼저 미륵과 석가로 되어 있으며, 이 세상을 누가 차지할 것인가에 대한 내용을 중심으로 전개된다. 이와 다르게 전혀 다른 각도에서 이 세상을 누가 차지할 것인가 하는 내용을 꽃피우기 경쟁으로 하는 것이 있다. 그러므로 이 점을 명확하게 갈라서 다룰 필요가 있다.

미륵과 석가가 세상을 차지하는 일로 내기를 벌었지만 세상에 필요한 불씨나 특정한 문화적 수단을 차지하는 일을 하는 것이 이 이야기의 전부인 것이 있다. 이와 달리 동물이나 곤충 유래의 이야기가 있고, 이와 달리 빈부의 차이, 쥐와 고양이의 유래가 이어지는 것이 있기도 하다.

특별하게도 미륵과 석가가 꽃피우기 내기를 하는데 석가가 미륵의 꽃을 훔쳐가고 이로 말미암아서 석가가 세상을 다스릴 수 있는 꽃을 차지해서 이 세상에 일정한 부분이 모자라거나 빈곤이 깃들게 되었다고 하는

---

14) 大林太郎, ミルクボトケとサクボトケ, 『伊波普猷全集月報』 第九號, 平凡社, 1975. 山下欣一外, 『日本傳說大系』卷15, みずみ書房, 1992.

것이 이 이야기의 핵심적인 전개이다. 그러나 문화적 도구인 물과 불을 가져간 것이 대부분이다. 결과는 위의 사례와 다르지 않다.

그러나 더욱 주목해서 보아야 할 것은 <달과 태양>이다. 이 자료는 전승지가 鹿兒島縣 大島郡 喜界町이다. 주된 내용은 하늘에 있는 낮의 태양과 밤의 달이 서로 내기를 하게 되었는데, 그것이 시야카나로(シヤカナロー)의 꽃을 피우는 내기이다. 태양이 몰래 달의 것을 훔쳐가서 자신의 것으로 삼았는데, 이 때문에 태양은 정면에서 볼 수가 없고, 달은 정면에서 얼마든지 보게 되었다고 하는 내용이다.

다음으로 <세상의 시작>으로 이 자료의 전승지는 鹿兒島縣 大島郡 德之島町 花德이다. 주된 내용은 天照大神과 어떤 신이 꽃피우기 경쟁을 하였는데 이를 어떤 신이 훔쳐갔으므로 세상에는 도둑의 종자가 끊이지 않게 되었고, 곡식이 제대로 열리지 않게 되었으며, 인간에게도 장애인이 생기게 되었다고 하는 것이 이 내용이다.

류큐열도에는 아주 풍부한 이야기가 전승되고 있으며, 이 이야기를 통해서 미륵과 석가의 명칭이 있는 자료와 그렇지 않은 자료가 별도의 전승 속에서 다양한 내용을 전하고 있는 것을 볼 수가 있다. 미륵과 석가로 명칭이 되어 있어도 속임수로 떠날 때에 불씨를 감추었다고 하는 것과 이러한 명칭을 사용하지 않아도 꽃을 피우는 내용이 있음이 확인된다.

4) 일본

일본에서 미륵과 석가의 대결은 발견되지 않는다. 그러나 우리가 흔히 알고 있는 중요한 신화소에 이러한 잔형이 확인된다. 평행창조 또는 이중창조의 신화소를 간직하고 있는데 그것 가운데 三貴子의 평행창조는 이러한 사례에 해당한다. 가령 『古事記』에 전하는 자료가 이에 적절한 사례이다.[15)]

天照大御神과 須佐之男命가 서로 다투는 대결이 미륵과 석가의 대결담과 비교될 수 있는 평행창조의 전형적인 사례이다. 이를 흔히 宇氣比(うけひ)라고 하는데 이것을 흔히 『日本書紀』에서는 誓約(うけい)이라고 한다.[16] 이것은 대립된 견해를 세워놓고 어느 쪽이 문제가 생기게 되

---

15) 故 各隨依賜之命 所知看之中 速須佐之男命 不治所命之國而 八拳須至于心前 啼伊佐知伎也.[自伊下四字以音 下效此] 其泣状者 靑山如枯山泣枯 河海者悉泣乾 是以惡神之音 如狹蠅皆滿 萬物之妖悉發. 故 伊邪那岐大御神 詔速須佐之男命 "何由以汝 不治所事依之國而 哭伊佐知流." 爾答白 "僕者欲罷妣國根之堅州國. 故哭." 爾 伊邪那岐大御神大忿怒 詔 "然者 汝不可住此國." 乃 神夜良比爾夜良比賜也.[自夜以下七字以音.] 故 其伊邪那岐大神者 坐淡海之多賀也. 故 於是速須佐之男命言 "然者 請天照大御神 將罷." 乃 參上天時 山川悉動 國土皆震. 爾天照大御神聞驚而 詔 "我那勢命之上來由者 必不善心. 欲奪我國耳." 即解御髮 纏御美豆羅而 乃於左右御美豆羅 亦於御鬘 亦於左右御手各纏持八尺勾璁[扁王旁右總]之五百津之美須麻流之珠而 [自美至流四字以音 下效此] 曾毘良邇者 負千入之靫[訓入云能理 下效此 自曾至邇者 以音] 比良邇者 附五百入之靫 亦所取佩伊都 [此二字以音]之竹鞆而 弓腹振立而 堅庭者 於向股蹈那豆美[三字以音] 如沫雪蹶散而 伊都[二字以音]之男建[訓建 云多祁夫] 蹈建而 待問 "何故上來" 爾 速須佐之男命答白 "僕者無邪心 唯大御神之命以 問賜僕之哭伊佐知流之事. 故 白都良久[三字以音] 僕欲往妣國以哭 爾大御神詔 汝者 不可在此國 而 神夜良比夜良比賜. 故 以爲請將罷往之状 參上耳. 無異心." 爾天照大御神詔 "然者 汝心之淸明何以知." 於是速須佐之男命答白 "各宇氣比而 生子."[自宇以三字以音 下效此] 『古事記』

16) 『日本書紀』卷一第六段一書第二◆一書曰 °素戔嗚尊將昇天時 °有一神 °號羽明玉 °此神奉迎而進以瑞八坂瓊之曲玉 °故素戔嗚尊持其瓊玉而到之於天上也 °是時天照大神疑弟有惡心 °起兵詰問 °素戔嗚尊對曰 °吾所以來者 °實欲與姉相見 °亦欲獻珍寶瑞八坂瓊之曲玉耳 °不敢別有意也 °時天照大神復問曰 °汝言虛實 °將何以爲驗 °對曰 °請吾與姉共立誓約 °誓約之間 °生女爲黑心 °生男爲赤心 °乃掘天眞名井三處相與對立 °是時天照大神謂素戔嗚尊曰 °以吾所帶之劒今當奉汝 °汝以汝所持八坂瓊之曲玉可以授予矣 °如此約束共相換取 °已而天照大神 °則以八坂瓊之曲玉浮寄於天眞名井 °囓斷瓊端而吹出氣噴之中化生神 °號市杵嶋姬命 °是居于遠瀛者也 °又囓斷瓊中而吹出氣噴之中化生神 °號田心姬命 °是居于中瀛者也 °又囓斷瓊尾而吹出氣噴之中化生神 °號湍津姬命 °是居于海濱者也 °凡三女神 °於是素戔嗚尊 °以所持劒 `浮寄於天眞名井 °囓斷劒末而吹出氣噴之中化生神 °號天穗日命 °次正哉吾勝勝速日天忍骨尊 °次天津彦根命 °次活津彦根命 °次熊野櫲日命 °凡五男神 `云爾 °

면 그것이 바로 신의 뜻으로 간주하는 고대의 점복 가운데 하나이다.[17]

일본의 자료는 매우 이례적인 문헌 자료이지만 신 사이에 일어나는 다툼을 핵심적인 주제로 하고 있다는 점에서 이 일본의 자료는 미륵과 석가의 대결 신화소와 궤를 같이 하는 자료라고 하지 않을 수 없다. 세상을 창조하는 신화소에서 평행창조의 신화소가 있는 점이 확인된다.

게다가 이 신화소는 생명 창조의 언약을 통해서 대결을 한다는 점에서 꽃피우기 경쟁의 근본적인 면모가 어디에 있는지 아는데 매우 소중한 전례를 보여 주고 있는 자료이다. 형제 사이에서 꽃피우기를 경쟁하는 우리 신화의 흔적 역시 이러한 각도에서 매우 중요한 시사점을 주는 자료이다.

5) 월남

월남의 자료는 동일한 내용의 이야기가 전하지 않는 것으로 파악되었으나 최근의 두 가지 연구 성과에 의하면 이 지역에서도 동일한 내용의 신화소가 전승되는 것을 확인할 수가 있었다.[18] 월남에서는 <미륵과 석가의 전승>은 발견할 수 없었으나 <미로쿠와 샤카의 꽃피우기 설화>가 寶山奇香이라는 敎團의 경전 <彌勒度世尊經>에서 볼 수 있다는 점이 확인되었다.

이 교단은 승려의 조직도 아니고, 사찰의 기반도 없이 민간신앙 속에서 우러난 집단으로 미륵의 하생 當來가 가까워지는 것을 주장하며, 월남 남부의 對佛세력 중심의 하나였다고 전한다. 이에 대한 주요 경전의 면모

---

17) 노성환, 『譯註古事記』, 민속원, 2009. p.50.

18) Hue-Tam Ho Tai, *Millenarianism and Peasant Politics in Vietnam,* Havard Univesity Press, 1983, p.31
武内房司, 彌勒龍と華會,-中國・ベトナムの民間宗教, 『日中文化研究別冊2-中國長江文明とベトナム』, 勉誠堂, 1996.
菊池章太, 『彌勒信仰のアジア』, 大修館書店, 2003.

는 다음과 같이 되어 있다.

미륵과 석가는 본래 형제였다. 형인 미륵이 먼저 세상에 내려가 인간들을 구원하기로 되었는데, 동생인 석가는 이를 질투하여 어느 쪽이 먼저 세상에 내려갈지, 점으로 결정하자고 우겼다. 그래서 둘은 서로 내기를 하게 되었다. 미륵이 눈을 감고 있는 동안, 미륵의 지팡이에 꽃이 피었다.

석가는 눈을 감는 척하고 급히 자신의 지팡이와 바꿔 놓았다. 그 결과 석가가 먼저 세상에 내려오게 되었다. 미륵은 모든 일을 알고 있었다. 그렇지만 잠자코 있다가 석가에게 경고했다. 이런 눈속임을 했기 때문에 반드시 네 세상은 속임수만이 무성하게 될 것이라고 했다. 그 후 3,000년 후에 미륵은 세상을 구하기 위해 이 세상에 내려오기로 했다. 이 내용은 흔하게 발견되는 것은 아니지만 결과적으로 놓고 본다면 <彌勒度世尊經>은 중국의 寶卷의 部類를 모방하여 제작된 것으로 추정한다.

월남의 신화소에도 동일한 것이 있다고 하는 것은 아주 중요한 발견이다. 월남이 단일한 대승불교권에 묶여 있으므로 이러한 신화소가 지속적인 의의를 가지고 구현되었을 가능성이 있다. 미륵과 석가의 대결을 통해서 이 세상의 주도권을 차지하고 동시에 새로운 세상을 염원하고 있다는 점에서 시사하는 바가 매우 크다.

6) 몽골

몽골의 미륵과 석가의 대결에 관한 신화소는 인접하고 있는 소수민족인 부리야트족을 다루면서 이미 세상에 널리 알려진 바 있다.[19] 태초에 세상이 만들어지고 여러 가지가 함께 만들어졌다. 이렇게 하여 사람이 만들어지고, 그들은 또한 동물을 만들게 되었다. 오치르바니가 차강 슈헤르

19) 가령 초창기 연구 업적에서 이 점이 명시된 바 있다. 그리고 이러한 내용이 본격적으로 후발 연구 주자에 의해서 지적된 바 있다.

트에게 말하기를, "이제 이렇게 만든 사람을 지도할 누군가가 필요하다. 그러나 너는 정말 아무런 생각이 없고 경솔하다."라고 하자, 차강 슈헤르트가 투덜거리면서 말하기를, "내가 없으면 너는 아무 일도 할 수 없다." 라고 하였다.

그리고 둘 사이에 말다툼이 시작되어 급기야는 틀어잡고 싸우기에 이르렀다. 그러자 오치르바니가 이르기를, "자, 이러지 말고 둘이서 그릇에 물을 붓고 각각 바라보고 앉아 있도록 하자. 그리고 누구의 그릇에서 꽃이 자라나는가를 보도록 하자. 그리고 꽃이 자라나는 쪽이 이 세상의 주인이 되도록 하자."라고 하였다.

실은 악마가 이렇게 이 둘 사이를 갈라놓고 불화를 일으켰던 것이다. 그렇게 앉아 있는데, 오치르바니의 그릇에서 먼저 꽃이 자라났다. 차강 슈헤르트가 애꾸눈을 뜨고 이 광경을 보았다. 그리고는 오치르바니의 꽃을 자기의 그릇에 갖다 놓았다. 오치르바니는 모든 것을 알아차리고서, "이 세상 사람들은 서로가 서로를 속이는 사기꾼 거짓말쟁이가 될 것이다."라고 말하고서 하늘로 올라갔다.[20]

몽골신화에서 명칭은 달라졌지만 동일한 내용의 신화가 전승되는 것을 알 수가 있으며, 신화적 내용은 거의 대동소이한 것으로 확인된다. 그릇에 물과 꽃을 함께 키워서 세상의 지배권을 다투는 것이 특별한 변이이기는 해도 거의 대동소이한 면모를 지니고 있다고 지적해도 틀리지 않는다.

7)「미륵과 석가의 대결」신화소의 분포와 변이

이상의 간략한 결과를 검토하게 되면 몇 가지로 중요한 사실이 정리

---

20) 노르브냠, 「한국과 몽골의 창세신화 비교 연구」, 서울대학교 석사학위 논문, 1999, p.14. 이 자료는 포타닌이 파흐라스(Pahras)라는 할흐사람으로부터 채록한 신화이다. 동일한 신화 자료가 『몽골민간신화』에도 번역되어 있다.

된다. 그것은 이 신화소의 분포와 변이라고 하는 용어로 정리될 수 있을 것이다. 이 신화소의 분포는 동아시아 전체에 분포하고 있다. 아울러서 이 신화소는 이중창조 또는 평행창조의 관점에서 본다면, 이란이나 중앙아시아에서 보이는 일정한 신화소 역시 이러한 신화소의 특징을 갖추고 있으므로 이를 묶어서 이해하게 되면 세계적 분포를 보이고 있는 것이다.[21)]

대승불교권을 중심으로 하는 동아시아문명권뿐만 아니라, 중앙아시아와 몽골 등지도 이러한 신화소가 멀리 퍼져 있는 것을 볼 수가 있겠다. 이 점에서 이 신화소의 분포는 동아시아의 문명권을 중심으로 널리 퍼져 있는 것이 확인된다. 그러한 전통적 신화소가 가지고 있는 특징은 대승불교의 전파와 깊은 관련이 있을 것으로 추정되나 단언하기 어려운 부분이 있다.

미륵과 석가의 대결 신화소는 변이가 있다. 이 변이는 크게 본다면 두 가지 변이의 요인이 있다. 하나는 신격의 명칭이고, 다른 하나는 신격의 대결인 꽃피우기 경쟁이 있는 경우와 있지 않는 경우로 양분되고, 꽃피우기의 경쟁에 의한 결과가 어떠한 결과를 낳는가에 따라서 이러한 변이의 요소가 작용한다.

신격의 명칭은 특수한 명칭과 보편적으로 널리 확인되는 명칭으로 가를 수 있다. 특수한 명칭은 우리나라에서 대별왕과 소별왕, 선문이와 후문이 등으로 되어 있으며, 일본에서는 삼귀자인 아마테라스·쯔쿠요미·스사노오 등으로 되어 있으며, 류큐에서는 간혹 아마테라스와 어떤 신 등으로 되어 있기도 하고, 해와 달로 된 경우도 있으며, 몽골에서는 오치르

21) 大林太郎, 「花咲か世競爭モチ-フ」, 『神話の系譜』, 講談社, 1991, pp.137~141. 이 글에서 중앙아시아와 이란의 사례를 상세하게 거론하고 있다. 가령 중앙아시아에서는 執金剛菩薩과 하양 추쿠라이 등이 적절한 사례이고, 이란의 창세신화에서 선신인 아후라 마즈다와 악신인 앙굴라 마이뉴 등에 의해서 세상이 창조되는 것이 적절한 사례이다.

바니와 차강 슈헤르트로 되어 있음이 확인된다. 보편적인 명칭은 모두 미륵과 석가로 되어 있다.

이렇게 정해진 신격이 특별하게 하는 창조의 결과는 여러 가지가 있다. 이를 정리해서 보이면 다음과 같다.[22)]

가) 꽃피우기 내기하기

가)1 속임수로 세상 차지하여 세상에 악이 존재하게 하기

가)2 우주와 문화 창조하기

가)21 해와 달 바꾸게 하기

가)22 해와 달 2개인 것 하나로 하게 하기

가)23 불씨 찾아내기

나) 아이 낳게 하기

가)와 나)는 서로 근본적인 관계가 있다. 꽃을 피우는 것과 아이를 낳는 행위는 생명에 대해 관장하는 것을 핵심으로 한다. 문화적 총체인 이 행위는 농경의 원리를 주술적으로 관장하는 것이다. 생명의 비밀을 알고 고대적인 주술성에 입각해서 이를 지배의 원리로 삼고자 하는 점에서 둘은 다르지 않지만 나)가 고형의 형태일 가능성이 있다.

그러면서도 긴요한 것은 가)1과 가)2가 서로 나누어져 있지만 깊은 관련이 있는 것을 볼 수가 있다. 세상의 사회적 악을 만연하게 하지만 이것

---

22) 이 신화소를 일종의 전통적인 학문 개념으로 에피소드의 관점에서 유기적 구성을 보이는 정리가 필요하다는 지적이 있었는데, 이러한 작업은 이미 필자의 다른 논저에서 지속적으로 시도했던 바이므로 이를 반복하지 않고, 핵심을 드러내기 위해서 이와 같은 핵심적 대결과 결과만을 정리하기로 한다. 유기적 구성에 대한 논의는 다음의 글에서 시도한 바 있다. (김헌선, 「한국과 유구의 창세신화 비교 연구」, 『고전문학연구』제21집, 한국고전문학회, 2002.)

은 신들의 질서를 파괴하고 이 파괴를 통해서 인간에게 근본적인 신의 질서를 일러주는 구실을 하게 된다. 신이 속임수를 써서 이 점을 강조하고 있다.

가)1과 가)2는 서로 깊은 관련이 있으므로 이를 중심으로 하는 문화적 영웅의 면모와 창세신의 면모를 동시에 구현하고 있는 것을 볼 수가 있다. 하늘의 천체를 조정하고 문화의 상징인 불씨를 찾는 행위는 문화적 영웅인 트릭스터의 몫임을 말하고 있는 요소이다. 미륵은 신의 질서를 수호하는 자이고, 석가는 이를 파괴하는 자이다. 인간세상의 지배자가 바로 트릭스터적인 면모를 지니고 있음을 말해 주고 있다.

보다 정밀하게 미세한 변이를 말할 수 있겠지만, 우리는 동아시아 일대에 널리 편만한 자료들이 뚜렷한 공통점과 함께 특정 지역에서는 일정한 변이를 가지고 있는 점을 확인할 수가 있다. 이러한 차이점은 공통적인 전개 속에서 달라졌다고 하는 전파론으로 이 문제를 해소할 수 있을 것 같지만 사리가 그렇게 간단한 것은 아니다. 이 때문에 이를 전파론이 아닌 다른 각도에서 의미와 의의를 논의하는 것이 필요한 작업이다.

3. 미륵과 석가의 대결 신화소의 창세신화적 의미

이 신화소의 의미는 도대체 무엇인가? 이 신화는 지배권을 다투고 있다는 점에서 일견 타당한 측면을 가지고 있다. 그러므로 인세차지 경쟁이라고 하는 명칭은 타당한 용어이다. 그러나 문제는 이 세상을 차지하는 특징이 이러한 대결 방식으로 되었는지에 대한 논란이 좀 더 진행되어야 하고 그러한 논란을 통해서 이 신화소의 의미를 분명하게 해명할 수 있을 것으로 본다.

미륵과 석가의 대결은 특정한 주체에 의해서 이룩되는 이중창조 또는 평행창조가 핵심적인 면모이다. 그런데 이 특정 주체는 별도의 세계관을 반영하고 있는 존재이다. 미륵과 같은 존재는 여러 가지 특징을 구현하고 있다. 가령 혼돈 자체를 존중하고 신들이 만든 세상의 질서를 그대로 보존하려고 하는 쪽이다. 미륵이 살던 시대가 평화로웠으며 아무런 갈등이 없는 무갈등의 시대였다고 하는 것은 이러한 세계관을 반영한 면모를 확인하게 된다.

석가는 주어진 혼돈과 신의 질서를 거부하는 존재이다. 미륵이 신이 준 세상의 질서를 존중하는 존재라고 한다면, 석가는 신이 부여한 질서를 거부하고 인간의 세상을 신의 질서대로 다스리지 않고, 기왕에 창조한 신의 세계를 파괴하고, 신의 질서를 통해서 다스리고자 하는 특징을 지니고 있다. 석가는 신의 질서를 파괴하고 자신의 속임수에 의해서 기존의 신이 부여한 질서를 파괴하는 특징을 구현하고 있다.

우주적 질서와 사회적 질서를 바꾸어 놓는 임무가 석가에게 부여되어 있다. 자신의 욕망을 실현하고 신이 준 질서를 변형하여 자신이 인간세상의 지배자로 군림할 수 있다고 하는 선언이 꽃피우기 경쟁에서 이기는 점을 통해서 보여 주고 있다. 두 주체가 특별하게 다투어서 원래의 신이 부여한 질서를 고수하는 것이 아니라, 이를 거부하고 혼자만의 세상을 만들어가는 것이 이 신화소의 핵심적인 면모이다.

석가는 경계면에 존재하는 특정한 인물인 반신반인의 세계를 오고가는 트릭스터(trickster)적 면모를 지닌 인물이다. 트릭스터는 문화영웅의 면모를 지니고 있는데, 신의 세계에서 인간의 세계로 문화창조를 옮겨오는 존재이다. 가령 인간을 위해서 무엇을 훔쳐온다든지, 우주적 혼돈을 제거한다든지 영원한 생명을 찾아 나선다든지 하는 것은 트릭스터적 면모를 말해 주는 결정적인 증거이다.

유사한 인물형으로 폴리네시아신화의 Maui, 그리스신화의 Prometeus,

일본신화의 스사노오노미코토(須佐之男命), 인디언신화의 코요테와 토끼 등이 전형적인 사례이다. 이 밖에도 트릭스터의 신화적 인물 유형은 매우 다양하게 나타난다. 이 인물 유형은 물리적 열세에도 불구하고 자신의 경계면적 속성에 근거하여 자신의 지혜나 웃음을 근거로 해서 상황을 역전시키고 선과 악의 경계면을 모호하게 하는 특징이 있는 전형적인 형상이다.

석가는 이러한 근거에 입각해서 본다면 자신의 지혜를 이용하여 불리한 상황 속에서 미륵이 주도권을 행사하는 관습을 거부하고 자신의 질서를 수립하는 특징이 있다고 하겠다. 사회적 무질서가 질서로 되고, 우주적 혼돈을 정립하고 현재의 질서로 만드는 것 등이 이러한 측면을 보여주고 있다고 하겠다. 자신만의 질서를 구현하고 세상의 지배자가 된다.

미륵과 석가의 대결 신화소에서 이들이 다투는 양상 역시 각별하게 주목을 요한다. 이들은 다면적인 면모를 지니고 있음이 확인된다. 그런데 이 면모가 다툼의 양상을 통해서 실현된다. 다툼의 내용이 여러 가지이지만 그 다툼은 지혜 겨루기와 꽃피우기 경쟁이 주된 내용을 이룬다. 미륵과 석가의 대결은 신화소가 중요한 특징을 지니고 있는 것은 바로 이 점 때문일 수도 있다.

미륵과 석가의 대결에서 신들 사이의 다툼 가운데 세 가지 기능이 문제로 된다. 조르주 뒤메질의 삼기능체계에 입각해서 이러한 특징을 풀어볼 수 있을 것으로 판단된다.[23] 삼기능체계는 뒤메질이 인도의 서사시와

---

23) Georges Dumézil, *Mythe et épopée Ⅰ, L'idéologie des trois fonctions dans les épopées des peuples indo-européens*, Paris, Gallimard, 1968.
Georges Dumézil, *Mythe et épopée II, Types épiques indo-européens : un héros, un sorcier, un roi*, Paris, Gallimard, 1971.
뒤메질의 저작은 이것이 대표적이지만 현재에도 전량이 완간된 것은 아니고, 대체적인 윤곽만 알 수 있을 따름이다. 뒤메질의 저작 개요를 영어로 요약한 것이 있지만 완전한 소개서가 아니다. 프랑스어로 된 요약본이 있어서 도움이 된다.
C. Scott Littleton, *The new comparative mythology: An anthropological*

신화를 살펴보면서 여러 인물이 행한 중혼의 의미를 해독하는 새로운 길을 제시하였다. 그 중혼의 특징은 여러 기능을 통합적으로 운용하면서 생긴 결과이고, 이 기능은 바로 주권기능, 군사신기능, 생산기능 등을 복합하기 위한 것임을 말하고 있다.

미륵과 석가의 대결은 결국 이 세 가지의 기능을 다투는 것인데, 세 가지 가운데서 특히 주목을 요하는 것이 주권기능과 생산기능의 발현에 있다. 생산기능은 바로 꽃피우기 경쟁에 있으며, 군사기능은 희미하게 나타난다. 그리고 생산기능에 입각해서 주권기능을 구현하는 방식을 선택하였다. 단일한 면모가 나타나지 않고, 여러 면모가 입체적으로 드러난다. 하나의 성격만을 구현하는 것이 아니라 여러 기능을 합쳐짐으로써 이를 구현하는 일이 확인된다.

생산기능이 강조되어 나타나는 점은 이 신화의 본디 의미를 다시 생각하게 한다. 이 신화는 여러 가지 함축된 의미를 지니고 있는 신화소였음을 환기하게 된다. 서로 다른 경계면 속을 차지하게 된 연유를 말하고자 하는 것이 이 신화의 본질적인 특징이고, 이것을 결정하는 것이 바로 꽃피우기 시합을 해서 이룩되는 것을 볼 수가 있다. 경계면이 구분되고 주도권을 장악하게 되는 과정이 생산기능의 차지 여부에 있는 점을 확인할 수가 있다.

주도권을 장악한 뒤에 벌어지는 여러 가지 일이 다변적으로 얽혀 나타난다. 선과 악의 분할에 관한 문제이다. 선악의 문제가 어디에 있는지 심각한 논란이 있을 수 있다. 인간의 잘못인가 신의 잘못인가 하는 점이

---

assessment of the theories of Georges Dumézil(Berkeley and Los Angeles: University of California Press, 1966)

Daniel Dubuisson, *Mythologies du XX siècle : Dumézil, Lévi-Strauss, Eliade*, Presses Universitaires de Lille, 1993.

매우 중요한 문제인데, 이 문제를 신의 잘못으로 보고자 하는 견해가 이 신화소 속에 있다. 신의 잘못으로 말미암아서 인간세상에 문제가 생겼다고 하는 것이 이 신화소의 근본적 해명일 수 있다.

이러한 윤리관의 설정은 다른 신화와 견주어서 보면 더욱 선명하게 파악될 가능성이 있다. 그러한 설정은 바로 수메르신화의 정착으로 판단되는 <창세기>와 같은 자료에서 나타난다. 신이 보장한 에덴을 버린 것은 인간의 잘못이라고 하는 설정이 그것이다. 인간이 선악과를 따먹게 됨으로써 결국 인간의 노동, 분만, 죽음 등을 갖추게 되었다고 하는 것이 이 신화의 내용이다.

<창세기>의 하와신화는 연구에 의하면 릴리스(Lilith, לילית Līlīt; Arabic: ليليث)신화와 일정한 관련을 지니고 있던 것으로 판단되고 근본적인 면모는 남성인 아담에게 여성이 저항하는 특별한 신화적 근거를 가지고 있는 것으로 다시 파악되고 있다. 아담과 이전 아내, 그리고 아담과 나중 아내인 하와 등의 대립적 측면에서 이 신화가 등장하게 된다.

릴리스신화는 이와 달리 다른 자료인 민간전승 가운데 하나인 벤 시라의 입문서(Alphabet of Ben Sira)에서 등장하는데, 릴리스와 같은 존재는 신에게 도전하면서 자신만의 독자적인 신화를 구축하고 새로운 질서인 악을 창출하는 것으로 변형되기도 한다. 서력 8세기와 10세기 사이의 어떤 시점에 쓰인 『Alphabet of Ben Sira』라는 제목의 유대계통의 전승 속에서 이 릴리스 신화의 풍부한 전승이 확인된다.[24)]

인간을 영리한 도둑으로 규정하는 신화도 있는데, 이 입장에서 보면

---

24) Siegmund Hurwitz, *Lilith, die erste Eva: eine Studie uber dunkle Aspekte des Wieblichen*. Zurich: Daimon Verlag, 1980; English tr. *Lilith, the First Eve: Historical and Psychological Aspects of the Dark Feminine*, translated by Gela Jacobson. Einsiedeln, Switzerland: Daimon Verlag, 1992.

인간의 상황과 문화는 기회를 포착한 결과로 간주되며, 이에 적절한 예증이 되는 것으로 프로메테우스와 같은 트릭스터의 이야기로 되는 것이다. 릴리스의 신화적 기원은 매우 오래되었으며, 고대 수메르의 신화에서 비롯된 것으로 해석한다. 하늘을 나는 바람신, 여성신, 여악마의 신 등이 핵심적인 내용으로 되어 있다. 이러한 신화적 기원을 이룬 존재가 정확하게 전승 속에서 이어져 오다가 본격적으로 등장하게 되는 것은 대략 8세기 이후이다.

이 전승 속의 판본에는 릴리스를 가장 유명한 인물 가운데 하나로 만들어 준 신화가 있다. 릴리스는 아담의 첫 아내로 서로 대등하게 하나님이 흙으로 빚어서 만들었다. 그 사실은 릴리스가 이브 이전의 아담의 아내였다고 하는 점이 밝혀진 것이다. 상당히 복잡한 신화소인데도 불구하고 이러한 과정이 구현되는 것을 본다면 이 신화소의 특징과 우리 신화소의 특징을 견주어서 볼 수가 있겠다.

그런데 우리의 신화와 견주어서 본다면, 미륵과 석가의 대결 신화소는 위의 사례에 입각해서 보면 제한적인 운용을 하고 있는 것을 볼 수가 있겠다. 이 점을 환기하기 위해서 몇 가지 항목을 정리할 필요가 있겠다.[25)]

가) 무성생식-남성과 여성의 생식
나) 영원한 생명-삶과 죽음의 구분
다) 낙원에의 보장-농경재배의 기원

우리 신화소에서는 이러한 복잡한 문제가 등장하지 않는다. 가)는 아

25) 이하의 논의는 필자의 다른 논문에서 상세하게 거론한 바 있으므로 이를 통해서 증명하고자 한다(김헌선, 「하이누벨레신화의 세계적 비교」, 『비교민속학회 2010년 춘계발표대회』, 한양여자대학교, 2010년 5월 29일).

예 존재하지 않는다. 수메르신화의 하와신화와 릴리스신화에서 여성이 주도권을 장악하고 있는 것과 전혀 다르다고 할 수가 있겠다. 이 점은 매우 중요한 준별점이라고 할 수가 있겠다. 여성과 남성의 생식에 관한 문제가 거세되어 있다.

에덴의 동산을 거부하고 신의 질서를 파괴하는 것이 가장 중요한 근거이다. 삶과 죽음의 구분이 생기게 되었다. 이 문제를 우리는 일부만을 구현하고 있으며, 신의 잘못으로 인간 사회에 사회적 혼돈이 생겼다고만 하였다. 그러나 이승과 저승으로 나누어진 것을 보면 이 문제가 완전히 사라진 것은 아니다.

낙원에의 보장과 농경재배의 기원은 인간이 경작을 해야 하는 것인데, 이것은 수메르신화가 희미하고, 오히려 우리나라 신화에서 궁극적인 면모를 보이고 있는 것으로 보아야 하겠다. 이 점에서 낙원의 보장과 농경재배는 중요한 변별점이라고 하겠으며, 미륵과 석가의 대결 신화소가 핵심적인 면모를 갖추고 있는 이유라고 하겠다.

미륵과 석가의 대결 신화소는 다층적인 창세신화소임이 분명하고 트릭스터적인 면모를 강조하고, 인간사회의 무질서를 해명하고자 하는 신화임을 이로써 알 수가 있다. 특히 창세신화의 다른 지역유형과 비교하면서 자체의 의미가 명확하게 드러난다고 파악된다. 특히 수메르의 신화와 벤 시라의 릴리스신화는 그러한 의미를 분명하게 하는데 도움을 준다.

4. 미륵과 석가의 대결 신화소의 신화학적 의의

이 신화소에 대한 해석의 타당성 여부를 떠나서 이 신화소의 신화적 특징과 의의에 관한 신화학적 위상이 온전하게 해명되지 않았던 것 같다. 그것은 이 신화소의 이해 방식이 지나치게 자체의 의미 해명으로 편중되고 핵심적인 요소인 꽃이나 식물을 키워서 세상을 차지하는 것이 어떠한 의의가 있는지 신화학적 위상을 고려한 의의를 규명하는 것에 착안하지 않았기 때문으로 판단된다.

더구나 미륵과 석가의 대승불교의 신격 명칭에 대한 해석 역시 쉽사리 납득할 만한 결과를 내놓고 있는 것으로 보기 어렵다. 이 신화소의 세계적 판도와 분포는 결과적으로 대승불교가 영향을 끼친 곳에서 광범위하게 확인되는데, 이 점을 선명하게 해명하는 작업 역시 이 신화소의 신화학적 위상과도 일정한 관련을 가진 것으로 추정된다. 이 두 가지 문제를 집중적으로 해명하기 위해서 신화학적 위상에 착안하여 논의를 전개할 필요가 있다.

이 신화소에서 주목되는 것은 세상을 차지하는 방법에 있음을 우리는 잘 알고 있다. 석가가 꽃을 피우기를 하게 되고 부정한 방법으로 자신의 꽃과 남의 꽃은 바꾸어서 세상을 차지한다고 하는 것이 요점이다. 이 방법을 사용한다는 점에서 이 신화소는 분명하게 문화영웅의 속임수라고 하는 앞의 해석을 인정하게 되며, 석가에게 문화영웅적 면모가 있음이 확인된다.

문화영웅의 속임수가 왜 꽃피우기로 되어 있는가 하는 점을 우리는 주목하지 않을 수 없다. 꽃피우기를 통해서 세상을 차지하고 속임수로 세상 차지의 권능을 발현하는지 다시 생각해야 할 측면이 있다. 종래의 연구에서 이 대목에 대한 해석이 명확하게 이루어지지 않았다고 생각되며 이를 해명하기 위해서 새로운 해석이 필요하다고 하겠다.

꽃은 생명에 대한 권능을 말하는 것이다. 지배자는 생명의 비밀을 알아내고, 꽃을 피워서 인간을 풍요롭게 하는 생산신적 권능을 발휘할 수 있어야만 세상을 차지하는 능력이 구현될 수 있으며, 바로 이 점을 증명할 수 있어야만 바람직한 지배자로 군림할 수 있을 것으로 파악한다. 그런데 석가와 같은 존재는 생명의 비밀을 알아내서 이 비밀을 세상 차지의 수단으로 바꾸는 속임수를 활용한 인물이다.

그렇기 때문에 세상 차지의 속임수와 함께 생명의 비밀을 인간의 세상에 전수하는 임무를 동시에 구현한 것이다. 신들이 창조한 질서를 구현하지 않고 이를 파괴하면서 인간세상으로 전수하는 구실을 석가가 하고 있다. 세상에 악이 만연하게 되었지만 결과적으로 신의 세계와 다른 인간의 세상이 만들어진 이중적인 면모가 필요하였다. 세상창조의 평행창조나 이중창조는 이와 깊은 관련이 있다.

세계신화에서 꽃피우기를 통한 세상 창조 과정을 해명하려는 신화가 미륵과 석가의 대결 신화소로만 되어 있는 것은 아니다. 전혀 다른 맥락에서 인간의 문화적 창조를 해명하려는 신화가 있음을 주목해야만 하고, 이러한 신화로 비슷한 사고를 담은 신화가 있음을 거론해야만 이 신화소의 신화학적 위상을 해명할 수 있을 것으로 본다. 그러한 신화의 적절한 예증을 찾아서 새롭게 해석해야만 한다.

문화적 창조의 결과를 꽃피우기 경쟁에 한정하고, 이것을 거둘 줄 아는 인물로 설정한 점에서 유사한 사례를 찾을 필요가 있다. 인간에게 농경재배의 문화사적 전환을 알리는 신화가 아마도 근사한 사례로 될 것인데, 그러한 사례로 우리는 하이누벨레신화를 거론하는 것이 바람직할 것으로 판단된다. 이 신화는 위에서 살핀 신화와 전혀 다른 것이면서도 동일한 사고를 드러내고 있는 점에서 주목을 요하는 신화이다.

하이누벨레신화는 하이누벨레의 살해를 통해서 농경재배의 방법과 구근류의 기원을 해명하는 특별한 신화이다.[26] 이 신화의 핵심적인 내용을

---

26) Jensen, A.E. and Herman Niggemeyer, *Hainuwele ; Völkserzählungen von der Molukken-Insel Ceram* (Ergebnisse der Frobenius-Expedition vol. I), Frankfurt-am-Main, 1939.

소개하고 이 사실에 근거하여 미륵과 석가의 대결 신화소에 대한 의문을 해소하기로 한다.

코코넛 야자 처녀라고 불리는 하이누벨레는 인도네시아 말루쿠제도에 있는 서세람의 섬 가운데 베말에족에게 전승되는 이야기의 주인공이다. 누누사크 산의 정상 바나나 나무 열매에서 태어난 인간 선조 가운데 아메타(아메타는 어둠이라고 하는 뜻이다)라는 남자가 있었다. 아메타가 개를 데리고 사냥을 갔다가 개에게 쫓긴 멧돼지 한 마리가 연못에 빠져 죽은 것을 보았다. 개가 멧돼지를 연못에서 건지게 되었다. 멧돼지의 어금니에서 지금까지 보지 못했던 열매를 발견하였다. 세람 섬에서 사냥을 하고 다니는 동안에 세람 섬에서 전혀 본 적이 없는 어떤 코코넛을 발견하게 된 것이었다.

아메타는 그것을 집으로 가져왔다. 그날 밤 꿈에 어떠한 사람이 나타나서 그것이 코코넛임을 알려주고 이것을 심을 것을 지시하였다. 아메타가 그렇게 하니 며칠이 지나지 않아서 코코넛이 큰 나무로 자라났으며 온전하게 되었다. 아메타는 나무 위에 기어 올라가서 코코넛 열매를 잘라서 밑으로 내렸으나 그 과정에서 손가락을 베이게 되었으며, 열매에 핏방울이 떨어졌다. 며칠이 지난 뒤에 아메타는 이곳의 열매가 있는 데서 코코넛 가지라는 이름의 뜻인 무루아 하이누벨레라는 여성을 발견하게 되었다.

하이누벨레는 비록 불쾌한 재능에도 불구하고 두드러지는 몇 가지를 가지

Joseph Campbell, *The Masks of God : Primitive Mythology*, 1959; 이진구 옮김, 『신의 가면 1 : 원시신화』, 까치, 2003.

大林太郎,『神話学入門』,中公新書, 1966; 權泰孝·兒玉仁夫飜譯, 『神話學入門』, 새문사, 1990.

하이누벨레신화는 여러 각도에서 거듭 연구되었다. 그 가운데 이 신화의 존재를 중시하고 본격적으로 활용한 연구자들로 캠벨과 엘리아데 등이 있다. 독일어 원전을 통해서 이 자료가 중요한 점을 확인하고 이 자료의 궁극적인 해석이 필요하다고 생각되어 이에 대한 보완을 하면서 논의를 진행하고자 한다.

고 있었다. 그녀는 자연의 소명에 응대할 때에 가치가 있는 여러 가지 항목을 엉덩이로 배설하였다. 아메타가 그것을 불쾌하게 간주하지 않고, 이러한 것들에 감사하면서 아메타는 하이누벨레가 낳아준 것을 통해서 매우 큰 부자가 되었다.

하이누벨레는 9개의 광장이 있는 데서 아홉 겹의 동심원을 중심으로 해서 Malo라는 축제에 차례대로 참가하게 되었다. 하이누벨레는 남자들에게 최고의 것을 축제의 날짜 별로 제공해 주었다. 날마다 이를 제공하게 되자, 공여하는 여자를 위한 전통적인 축제가 아홉 광장에서 9일 동안 매일 춤을 추는 말로(Malo)라는 축제가 있게 되었을 때에 마을에서 하이누벨레와 남자들이 춤을 추고자 하였다. 하이누벨레는 그렇게 응했으며, 남자들이 그녀에게 요청했을 때에 그녀는 그들에게 하이누벨레가 배설할 수 있는 가치가 있는 진귀한 것들을 주었다.

매일 그녀는 점점 크고 더욱 값비싼 것을 주었는데, 가령 황금 귀걸이, 산호, 자기로 된 접시, 칼, 구리로 된 상자, 그리고 영광스러운 징 따위가 이것이었다. 마을 남자들은 마침내 성관계를 하는 대가로 하이누벨레가 거듭 좋은 것을 주자, 이에 대하여 두려움을 느낀 나머지 사악한 존재일 수 있다고 하이누벨레를 결정하고, 그녀를 죽일 것을 작정하였다. 마을 남자들은 춤을 추는 가운데 구덩이를 파고 하이누벨레를 그곳에다 밀어 넣고 그녀를 흙으로 덮었으며 흙을 발로 밟아서 단단하게 다졌다.

아메타는 하이누벨레가 집에 돌아오지 않자 하이누벨레를 보기 위해서 마을 축제를 하는 그곳에 찾아갔다. 아메타가 결국 무슨 일이 있었는지 알 수가 있었으며, 하이누벨레가 살해당했음을 알게 되었다. 그는 그녀의 시체를 파내었으며, 시신을 조각으로 나누어서 마을 주위에다 다시 묻었다. 이 조각들은 자라 다양한 구근이 있는 식물로 자라났다. 오늘날 인도네시아 사람들이 먹고 즐기는 식량의 원리를 일러 주는 원천이 되었다.[27]

하이누벨레신화는 매우 복합적인 신화이고 내용이 간단하지 않다. 특히 식인문화와 농경문화를 근간으로 하는 대립이 있으므로 이를 통한 해석의 타당성을 자체로 규명하는 것은 간단하지 않다. 내용이 길고 복잡해서 간단하게 요약할 수 없는 어려움이 있다. 이 신화는 여기 요약하여 인용한 것만이 전부는 아니다. 길고 복잡하고 일정한 사이클을 이루고 있으므로 그러한 전체 맥락에서 논의하는 것이 바람직할 수도 있다.

하이누벨레신화를 장황하게 논의할 겨를이 없으므로 이 신화의 핵심적인 면모를 들어서 미륵과 석가의 대결 신화소의 위상을 논하는 방식을 선택하고자 한다. 이 신화는 구근류 재배의 기원을 해명하는 신화이다. 사람을 잡아먹고 식인을 하던 단계를 청산하고, 하이누벨레와 성관계를 하고 하이누벨레를 살해하자 그 몸에서 구근류와 같은 것이 나왔다고 하는 것이 본질이다. 구근류의 기원이 하이누벨레를 살해하는 것에 있다고 하는 것이 이 신화의 핵심이라고 하겠다.

이 신화는 하이누벨레를 살해한다는 점에서 조상신의 살해와 깊은 관련이 있는 신화이다. 조상신의 살해는 전대의 사람을 죽여야만 새로운 질서가 수립되고 농경이 시작된다고 하는 관념과 깊은 관련이 있는 발상을 담고 있는 신화이다. 데마여신의 살해가 농경의 기원을 이룩한다는 점에서 인간의 문화적 기원과 농경의 기원이 데마신의 살해와 깊은 관련이 있다.

사람을 살해하면서 사람에게 필요한 농경이나 인류의 번식이 이루어진다고 하는 것은 세계적으로 널리 알려진 신화이다. 이 신화를 獵頭祭(Head-hunting Rite)의 기원으로 보는 것 역시 데마신의 살해와 깊은

---

27) Jensen, A.E. and Herman Niggemeyer, *Hainuwele ; Völkserzählungen von der Molukken-Insel Ceram* (Ergebnisse der Frobenius-Expedition vol. I), Frankfurt-am-Main, 1939, pp.59~65.

관련이 있는 신화이다. 하이누벨레신화는 근본적으로 이러한 의례와 신화의 궤적을 함께 하는 신화이고, 그러한 점에서 서로 깊은 관련이 있는 신화라고 할 수가 있다.

그렇다면 하이누벨레신화와 미륵과 석가의 대결 신화는 상호 무슨 관계가 있으며, 여기에서 주안점으로 삼고자 하는 신화학적 위상과 어떠한 관련을 가지고 있는가 하는 점이 핵심적인 논란거리로 된다. 그 점을 선명하게 하기 위해서 우리는 두 신화를 근본적으로 비교할 필요가 있다.

미륵과 석가의 대결 신화소	하이누벨레신화
창세신의 평행창조 꽃피우기 경쟁 남성 중심	조상신의 살해 시체화생 여성 중심

신화적 설정 자체가 다른 것이지만 전혀 다른 설정 속에 두 가지는 서로 비슷한 점을 가지고 있다. 첫 번째는 세상의 창조에 관한 설정을 전혀 다르게 하고 있는 신화임을 알 수가 있다. 창세신의 평행창조는 신의 세계와 인간의 세계를 가르기 위한 기본적인 설정 자체가 속임수를 통한 방식 때문에 이루어진 것임을 명확하게 하고 있다. 반면에 조상신의 살해는 종래의 세계와 다른 삶을 영위하는 것이 조상신의 살해에 의해서 가능하다는 점을 분명하게 하고 있다.

문화적 창조행위 역시 중요한 수단인데, 한쪽에서는 그것을 둘의 꽃피우기 경쟁으로 해명하고자 하였다. 따라서 이 행위는 문화적 창조의 핵심이 농경재배를 통한 지배 원리를 구현하고자 하는 것이다. 반면에 다른 한쪽에서는 살해된 여성의 몸을 나누어서 심자 그로부터 구근류의 기원을 이룩했다고 하는 점이 핵심적이다. 농경재배의 원리를 통해서 지배권을 획득하는 것과 달리 농경재배의 문화적 기원을 공유하는 것은 분명

다르다.

누가 중심적인 구실을 하는가 역시 긴요한 문제이다. 한편에서는 남성 중심의 창조와 지배권의 다툼이 핵심이다. 평행창조를 강조하기 위해서 형제로 설정된 것이 요긴한 면모이다. 그러나 다른 한 편에서는 여성이 핵심이고 여성의 사체로부터 곡식이 기원을 이루는 것이 요점이다. 여성이 중심으로 되면서 남성과 여성의 성 결합을 핵심적인 문제로 제시하고 있다.

우리는 이 두 신화를 비교하는 과정에서 일정한 관련성을 추론할 수 있는 단서를 찾을 수 있다. 두 신화는 동일한 문화적 전환을 말하는 것이면서도 하나는 일관된 틀 속에서 신의 세계나 질서를 중심으로 생명의 원리를 하나의 과정으로 해명하려는 신화이지만, 다른 하나는 생명 자체의 기원을 조상신의 살해로 보고, 이 여신의 살해로부터 세상의 문화적 전이를 해명하려고 한다는 점에서 매우 중요한 차별성이 있는 것을 읽어낼 수 있다.

신의 창조와 신의 속임수를 문제 삼고 있는 신화가 있는 반면에, 조상신과 단절해야 곡물의 기원을 이룩하면서 새로운 문화를 창조할 수 있다고 하는 점에서 두 신화는 깊은 관련성이 있다. 두 신화는 농경재배의 원리를 핵심적인 공통점으로 하면서도 서로 다른 신화적 좌표에 근거하고 있음이 확인된다.

미륵과 석가의 대결 신화소는 특정한 고대신화의 산물이다. 그러나 이와 다르게 하이누벨레신화는 통일된 지배권이 행사되지 않고 식인과 농경이라는 문제를 다루고 있는 원시신화의 산물일 개연성을 배제할 수 없다. 미륵과 석가의 대결 신화소는 그러한 점에서 많은 부분의 의문을 해소할 수 있는 단서를 제공한다.

미륵과 석가의 대결 신화소라는 것의 시대를 어떻게 확증할 수 있는

지 의문이 있을 수 있으며, 이는 당연한 문제 제기로 판단된다. 그러한 증거로 우리는 일본의 신화를 보완적 방증으로 삼을 만하다. 『日本書紀』의 三貴子神話와 保食神(うけもち)神話가 아주 적절한 사례이다.[28)]

삼귀자신화는 전형적인 평행창조의 신화소이고, 이와 다르게 우케모치신화는 시체화생을 핵심으로 하는 시체화생신화이다. 이 두 가지 이질적인 신화가 병렬되어 있다고 하는 것은 일본신화의 고형적 면모라고 하겠으며, 두 가지가 병렬되었다고 하는 사실 자체가 전혀 이질적인 신화가 하나의 층위로 포섭되었을 개연성을 말해 주는 증거이다. 일본신화의 고형적 단층이 복합적으로 작용하는 것을 본다면 이는 틀린 추론은 아닐 것이다.

결이 다른 신화가 하나의 자리에 병렬되어 있다고 하는 것은 매우 특이한 현상이다. 평행창조와 시체화생신화는 신화적 창조의 시기가 다른 신화이고, 층위가 다른 신화소가 여러 가지 양상으로 복합되기도 하고, 나열되기도 하는 현상을 만날 수가 있다. 이러한 점에서 두 가지 신화적 설정은 대조적인 면모를 가지고 있는 신화이다.

문제는 미륵과 석가의 대결 신화소가 과연 고대적인 신화소인가 하는

---

28) 一書十一曰 伊奘諾尊任三子曰 天照大神者 可以御高天之原也 月夜見尊者 可以配日而知天事也 素戔嗚尊者 可以御滄海之原也 既而天造大神(あまてらすおおみかみ)在於天上曰 聞葦原中國有保食神 宜爾月夜見尊(つきよみのみこと) 就候之 月夜見尊受勅而降 已到于保食神(うけもちのかみ)許 保食神 乃迴首嚮國 則自口出飯 又嚮海 則鰭廣鰭狹亦自口出 又嚮山 則毛麤毛柔亦自口出 夫品物悉備 貯之百机而饗之 是時 月夜見尊 忿然作色曰 穢哉 鄙哉 寧可以口吐之物 敢養我乎 迺拔劒擊殺 然後復命 具言其事 時天造大神 怒甚之曰 汝是惡神 不須相見 乃與月夜見尊 一日一夜隔離而住 是後 天造大神 復牽天態人往看之 是時 保食神實已死矣 唯有其神之頂化爲牛馬 顱上生粟 眉上生蠶 眼中生稗 腹中生稻 陰生麥及大小豆 天態人悉取之去而奉進之 又時 天造大神喜之曰 是物者 則顯見蒼生 可食而活之也 乃以粟稗麥豆爲陸田種子 以稻爲水田種子 又因定天邑君 即以其稻種始殖於天狹田及長田 其秋垂穎 八握莫莫然甚快也 又口裏含繭 便得抽絲 自此始有養蠶之道焉『日本書紀』

의문이 생길 수 있다. 미륵과 석가는 북전불교 또는 대승불교의 전파와 깊은 관련이 있기 때문이다. 실제로 이에 대한 일본인 학자들의 견해가 있으며, 이에 대한 새로운 해석을 중심으로 논의하는 것이 다음으로 해야 할 과제이다.

미륵과 석가의 대결 신화소는 외견상 불교의 전래와 민간신앙화와 깊은 관련이 있어 보인다. 그러나 이를 불교와 관련짓는 것은 편의상의 방식이고, 오히려 더 중요한 문제가 있는 것을 확인할 수가 있다. 동아시아를 중심으로 하는 대승불교의 지역에서 이 점이 우세한 이유는 지배의 권능을 통해서 보여 주고자 하는 왕권신화의 권능을 해체하고자 하는 문제의식 때문으로 파악된다.

미륵의 창조가 석가의 약탈로 이어졌다고 하는 것을 교리나 주도권 다툼으로 해석하는 것이 타당하다. 하지만 다른 각도에서 본다면, 미륵의 온전한 창조가 과거의 전통을 숭앙하는 쪽이라면, 석가의 지배권 장악은 새로운 질서를 수립하고자 하는 창조임을 분명하게 하고 있다.

대승불교에서 신화적으로 이를 제공하고 있지 않음에도 불구하고, 이를 고유한 창세신화소로 해석하면서 다양화를 꾀하는 것은 생명의 생식을 중요하게 여기는 전통이 변화되어 나타난 것을 보여 주는 것이다. 시체화생신화소와 같은 것을 소중하게 이어받으면서 고대신화로 개작하는 데 있어서 이 전통은 무시될 수 없었다. 가령『日本書紀』가 그러한 전통을 보여 준다.

이 신화소를 평행창조의 전통으로 확립하면서 창세신화소로 지속적인 활용을 하는 것은 중세적 불교의 영향을 표면적으로 입었음을 말해 준다. 그런데도 불구하고 본질적인 변화를 거부하면서 신의 세계와 인간의 세계를 다르게 하는 트릭스터로 석가를 활용하는 것은 다른 신화소를 염두에 두고 새로이 개작한 결과임을 확신하게 한다.

원시신화를 거부하고 고대신화를 만들어 내고, 고대신화를 중세화하면서 대승불교와의 충돌과정으로 이를 재해석하는 신화학적 위상이 작용된 결과이다. 여성 중심의 세계관에서 남성 중심의 세계관으로 다시 특정한 교단의 교조와 보살이 다투게 되는 신화사적 변화를 감지할 수가 있다. 여성의 성적 능력이 평가되던 단계에서 다툼을 중시하던 단계로, 교단적 주도권과 이단의 창시자가 서로 갈등하는 양상이 본질일 수 있다.

위의 신화적 단계의 변화를 함축적으로 이해하려면 신화의 세계관적 전환을 준거로 하는 가설 이해가 필요하다. 가령 이러한 이론으로 중요한 전거를 제공하는 것이 있는데 이것이 바로 레오 프로베니우스의 이론이다. 프로베니우스가 말한 부분은 이 점에서 매우 시사적인 측면이 있다.

가령 신화를 몇 가지 단계의 세계관으로 구분한 바 있다. 이를 요약적으로 드러내는 관점이 있다.[29)]

가) 동물신화-토테미즘 또는 동물우화

나) 마니즘-조상숭배

다) 태음신화-태양신화

가)는 동물신화-토테미즘과 또는 동물우화의 단계를 말하는 것으로 이러한 단계의 세계관적 위상이 긴요하다.[30)] 이 단계의 신화는 신화의 가

---

29) Leo Viktor Frobenius, *Die Weltanschauung der Naturvölker*, Emil Felder, Weimar, 1898. 이러한 가설이 절대적인 것은 아니다. 그 후에 신화사의 구분을 시도한 여러 업적이 있지만 대체로 이 범주를 벗어나지 않는다. 죠셉 캠벨이나 카렌 암스트롱 등의 견해도 유용하지만 근본적 성찰이 있는 프로베니우스의 견해를 수용하고자 한다.

30) Leo Viktor Frobenius, 앞의 책, p.394 "Als niederste Stufe der Mythologie musste die Tiermythologie bezeichnet werden. Man mag hier von Animalismus sprechen. Der Hauptcharakterzug der anima-listischen Weltanschauung ist Campbell aufgefallen…… Als Ausläufer des Ani-malismus

장 낮은 단계이고, 저급한 단계의 것이다. 그러한 구체적인 사례로 동물신화를 언급할 수가 있다. 동물신화와 토테미즘, 그리고 동물우화와 같은 것은 중요한 증거이다.

여기에서 애니멀리즘(동물주의)과 같은 사례 역시 언급해도 그렇게 문제가 되지 않는 사례이다. 인간이 지니고 있는 이성적이거나 지적 우월이 문제가 되지 않고, 인간은 자연의 일부이고 자연과 인격적으로 일체감을 지니고 있을 뿐만 아니라, 애니멀리즘에서 떨어져 나)는 마니즘과 조상숭배의 단계이다.[31] 이 단계에서 인간의 이성적 사고가 개화하게 되었으며, 이성적 사고가 세계관의 주요한 부분을 구성하고 있게 된다. 그것이 바로 마니즘의 단계이다. 마니즘은 조상숭배의 단계를 말한다. 조상숭배는 여러 형태로 되어 있지만 데마신 관념도 동일한 사례로 취급할 수 있다.

마니즘의 시대는 저급한 단계이기는 해도 고급신화로 성장하는데 있어서 결정적인 전환의 특징을 지니고 있다. 인격적 합일감을 기초로 하고 있지만, 동물의 정령이나 혼령이 문제되는 것이 아니라 사람과 사람의 관계가 중요한 단계이다. 이 점에 있어서 마니즘의 단계는 고급신화의 단계는 아니다.

다)는 태음신화와 태양신화의 단계를 말한다.[32] 태음신화는 마니즘과

---

sind der Totemismus und die Tierfabel zu nennen."

31) Leo Viktor Frobenius, 앞의 책, p.394 "Die Zeit des Manismus ist die der niederen Mythologie als Vorläuferin der aus ihr erwachsenden hohen Mythologie. In dem ersteren Stadium beachtet der Mensch noch nicht den Wandel der Gestirne, Tag und Nacht; sein Interessenhorizont ragt nicht über das Schicksal des Mitmenschen hinweg, es ist an das Problem des Todes geknüpft."

32) Leo Viktor Frobenius, 앞의 책, pp.394~395. "Im letzteren erblüht die grossartige Sonnenmythologie: die Sonne als Bild des Werdens, des

일정하게 얽혀 있으며, 죽음과 삶이 관련된 부분은 불명료하게 되어 있다. 실제 신화적으로도 이러한 단계의 것은 풍농이나 생산의 기원을 해명하려고 한다는 점에서 태음신화는 중요한 특징을 가지고 있는 것이다.

그러나 이와 함께 죽음의 문제를 벗어나서 태양의 근원과 생명의 원동력에 대한 단일한 태양신화의 흔적을 보여 주고 있는 것이 이 단계 신화의 특징이라고 할 수가 있겠다. 인간의 삶과 창조의 원천으로서 신이 지니는 가능성을 말하면서 이를 찬양하는 노래 등이 가능하게 되는 것이 바로 이 단계의 신화이다.

프로베니우스의 신화적 단계론이 일정한 의의가 있으며, 타당성이 있는 논의라고 판단된다. 이러한 단계로 본다면 미륵과 석가의 대결 신화소를 근간으로 하는 신화와 조상살해의 신화는 어떠한 관계에 있는지 분명하게 드러난다. 두 가지 신화는 신화학적으로도 구분되고 신화사적으로도 다른 것임이 확인된다.

하이누벨레신화는 신화적인 위상이 조상숭배신앙의 단계에서 비롯되었으며, 이러한 단계의 사상이 가지고 있는 특징을 명확하게 보여 주고 있다. 세상을 총체적으로 창조하는 신화적 단계의 산물은 아니고, 인간이 먹이를 마련하고 인간 살해를 멈추면서 새로운 단계의 진전을 꾀하기 전의 산물임을 알 수가 있다.

그에 견주어서 미륵과 석가의 대결 신화소는 다른 단계의 전환을 암시하고 있는 것이다. 창조적인 세계관을 일률적으로 규정하면서 특정한 단계의 산물을 중심으로 하는 것임을 볼 때에 이러한 신화는 다양한 면모

Gedeihens, als Licht- und Lebensspendende wird der Mittelpunkt alles Dichtens und Trachtens. Das Leben des Menschen und das Dasein des All wird an sie geknüpft. Es ist die grossartige Zeit der solaren Weltanschauung erreicht. Der solaren Weltanschauung geht ' die lunar« voraus."

를 가지고 있는 신화임이 분명하다. 태양신화의 단계를 특징적으로 구현하고 있는 것이라는 추론이 가능하다.

5. 마무리

미륵과 석가의 대결 신화소가 지니는 중요성은 거듭 강조해도 지나치지 않는다. 이 논문에서 미륵과 석가의 대결 신화소에 근거한 분포와 변이를 주목하면서 이 논의에 대한 이론적 가치와 의미, 아울러서 신화학적 위상과 신화사적 의의를 말하고자 하였다. 그러한 결과를 요약하고 이 논의에서 미해결된 문제점과 앞으로의 전망을 수립하고자 한다.

첫째, 미륵과 석가의 대결 신화소는 동아시아문명권을 벗어나서 세계적인 분포와 변이를 보이고 있음이 증명되었다. 단순하게 특정 지역에만 한정하지 않고 미륵과 석가라고 하는 불교적인 명칭의 신격을 내세우는 것이 확인되었다. 그러나 우리는 지역적 특징을 지닌 명칭이 있으며, 이것이 적지 않음에 견주어서 이 자료의 특성을 새롭게 해명할 수 있었다. 명칭의 다양성과 통일성이 서로 깊은 관련을 지니고 있다는 점이다.

미륵과 석가가 서로 꽃피우기를 하는 것으로 대결의 요체를 삼게 되는데, 이는 아이 낳기를 해서 서약을 하는 신화소와 깊은 관련이 있으며, 이 신화소가 생명의 원리와 주술적 권능을 중심으로 하는 이야기임을 핵심으로 하고 있다. 미륵과 석가의 이야기가 본질적으로 깊은 저층이 있는데 그것은 불교적인 외피와 관련된 것일 수도 있고, 그렇지 않을 것일 수도 있다는 점이 확인된다.

둘째, 미륵과 석가의 대결은 창세신화적 측면에서 이 신화소는 매우 중요한 의미를 지니고 있다. 미륵과 석가의 대결은 신의 질서를 옹호하는 쪽과 열세에 있는 쪽의 다툼이 본질이고, 저열한 쪽에서 속임수를 통해서 인간에게 문화를 전달하는 트릭스터적 면모가 있음을 증명하였다.

수메르신화의 자료와 견주어서 볼 때에 세 가지 문제인 유성생식·죽음·농경재배 등의 차원을 구현하고자 하는 점이 부각되었다. 대립적인 문제를 통해서 이러한 특성을 다르게 설계한 신화도 있지만 이 신화에서 이러한 사고를 핵심적으로 드러냈다고 하겠다. 이 세 가지 문제는 다른 신화에서 흔하게 등장하는 것이기는 하지만 창세신화의 속성이 왜 긴요한가 하는 문제를 환기하게 하는 요소라고 하겠다.

셋째, 미륵과 석가의 대결 신화소는 창세신의 평행창조는 근본적으로 조상신살해와 대응한다. 조상의 영혼이 새로운 전환을 가져다주는 것과 깊은 관련이 있음이 확인된다. 꽃피우기의 경쟁과 시체화생은 서로 같은 문제이고, 이 문제의 이면에 둘은 생명의 원리를 통해서 구현하고 있는 점이 확인된다. 남성 중심의 신화인가 여성 중심의 신화인가 하는 점도 긴요한 문제이다.

원시신화에서 고대신화로 이동하는 과정에서 원시신화의 대부분은 온전하게 계승되지 않았다. 계승되기보다 부정되었으며 원시신화를 부정하고 고대신화가 이룩되었다고 하는 점을 다시금 환기하게 한다. 그러나 일본의 신화에서는 불가피하게 원시신화와 고대신화를 병렬하고 있어서 다층적인 누적의 결과임이 분명하다.

이상의 논의는 새로운 문제를 더욱 야기하고 있으며, 미해결의 문제가 다음 연구의 전망을 자아낸다. 미해결의 문제는 여러 가지이지만 정작 중요한 미륵과 석가의 대결이 등장한 사정은 풀지 못했다. 그 이유는 이처럼 명백하면서 이처럼 불분명한 문제가 없기 때문이다.

대승불교의 전파와 관련이 있다고 하는 것이 이 신화의 신화적 의미와 신화학적 의의를 말할 수 없었기 때문이다. 이제 문제의 일단이 드러났기 때문에 장차 논의를 확장하는데 이 연구는 일정한 기여를 할 수 있을 것으로 기대된다. 그러므로 대승불교의 영향이라고 하는 문제는 잠시 보류하는 것이 더욱 현명한 일이다.

더구나 더욱 중요한 사실은 미륵과 석가의 대결로 되어 있는 신화소는 세계신화에서 다양하게 분포하고 있다는 점이다. 가령 폴리네시아신화와 남아메리카신화 같은 자료에서 이 점이 널리 확인된다. 마우이형제의 대결과 같은 사례, 그리고 "뽀뽈 부(Popol Vuh)"과 같은 사례, 더 나아가 그리스로마신화와 북유럽신화에서 평행창조의 사례는 널리 확인된다. 트릭스터가 개입하면서 평행창조가 이루어지는 현상에 대한 세계적 비교를 한다면 미륵과 석가의 대결 신화소를 새삼스럽게 재평가할 수 있을 것으로 보인다.

참고문헌

김헌선, 「한국과 유구의 창세신화 비교 연구」, 『고전문학연구』제21집, 한국고전문학회, 2002.

김헌선, 『한국의 창세신화』, 길벗, 1994.

노로브냠, 「한국과 몽골의 창세신화 비교 연구」, 서울대학교 석사학위논문, 1996.

박종성, 『한국창세사시연구』, 월인, 1998.

서대석, 창세시조신화의 유형과 변이, 『구비문학』4집, 한국정신문화연구원 어문연구실, 1980; 『한국신화의 연구』, 집문당, 2001.

정진희, 「류큐 설화의 미륵설화와 민속적 배경」, 『류큐 열도를 통해서 본 동아시아 문화』, 서울대학교 인류학과, 2008년 10월 31일.

체렌소드놈, 이안나 옮김, 『몽골민족의 기원신화』, 울란바타르대학교출판부, 2001; 『몽골의 설화』, 문학과 지성사, 2007.

체렌소드놈, 이평래 옮김, 『몽골민간신화』, 대원사, 2001.

古谷野洋子, 琉球文化圈におるミロク信仰の研究, 『沖縄文化研究』제33호, 法政大學出版部, 2007.

古谷野洋子, ミルク加那志の成立, 『次世代人文社會研究』第二號, 韓日次世代學術FORUM, 2006.

菊池章太, 『彌勒信仰のアジア』, 大修館書店, 2003.

大林太郎, 「花咲かせ競争モチ-フ」, 『神話の系譜』, 講談社, 1991.

大林太郎, ミルクボトケとサクボトケ, 『伊波普猷全集月報』 第九號, 平凡社, 1975.

大林太郎,『神話学入門』(中公新書、1966年); 權泰孝·兒玉仁夫飜譯, 『神話學入門』, 새문사, 1990.

武內房司, 彌勒龍と華會,-中國·ベトナムの民間宗教, 『日中文化研究別冊2-中國長江文明とベトナム』, 勉誠堂, 1996.

山下欣一外, 『日本傳說大系』卷15, みずみ書房, 1992.

王見川·林德萬編, 『明清民間宗教經卷文獻』7, 新文豊出版公司, 1999, pp.137-141. (日本國會圖書館本)

喩松清, 彌勒出西寶卷研究, 『周紹良先生欣開九秩慶壽文集』, 中華書局, 1997, pp.444-460.

依田千百子, 神神の競爭, 『東アジアの創世神話』, 弘文堂, 1999.

張希舜 主編, 『寶卷初集』19, 山西人民出版社, pp.299-426.

田畑博子, ミロク信仰-沖縄と韓國ミロク說話の比較研究, 『沖縄文化研究』第29號, 法政大學出版部, 2003.

酒井卯作, ミロク信仰の流布と機能, 『南島研究』, 南島研究會, 1970.

C. Scott Littleton, *The new comparative mythology: An anthropological assessment of the theories of Georges Dumézil*(Berkeley and Los Angeles: University of California Press, 1966)

Daniel Dubuisson, *Mythologies du XX siècle: Dumézil, Lévi-Strauss, Eliade*, Presses Universitaires de Lille, 1993.

Georges Dumézil, *Mythe et épopée I, L'idéologie des trois fonctions dans les épopées des peuples indo-européens*, Paris, Gallimard, 1968.

Georges Dumézil, *Mythe et épopée II, Types épiques indo-européens : un héros, un sorcier, un roi*, Paris, Gallimard, 1971.

Hue-Tam Ho Tai, *Millenarianism and Peasant Politics in Vietnam,* Havard Univesity Press, 1983, p.31.

Jensen, A.E. and Herman Niggemeyer, *Hainuwele ; Völkserzählungen von der Molukken-Insel Ceram* (Ergebnisse der Frobenius-Expedition vol. I), Frankfurt-am-Main, 1939.

Joseph Campbell, *The Masks of God : Primitive Mythology,* 1959; 이진구역 <<신의 가면 1 : 원시신화>>, 까치, 2003.

Leo Viktor Frobenius, *Die Weltanschauung der Naturvölker*, Emil Felder, Weimar, 1898.

Siegmund Hurwitz, *Lilith, die erste Eva: eine Studie uber dunkle Aspekte des Wieblichen*. Zurich: Daimon Verlag, 1980 ; English tr. *Lilith, the First Eve: Historical and Psychological Aspects of the Dark Feminine*, translated by Gela Jacobson. Einsiedeln, Switzerland: Daimon Verlag, 1992.

Uno Holmberg Harva The creation of man *The Mythology of All Races: Finno-Urgic Siberian. Volume IV,* Cooper Square Publishers, 1964.

비 교

떠다니는 창세의 주역신들
–중·동부 유럽의 선신과 악신, 상호모방과 협연의 창조과 변주[1]

박종성(방통대)

1. 떠다니는 창세신화와 창세의 주역신

창세신화의 다양한 자료들은 창세의 주역신이 유일신이 아니라 선산과 악신이든 지고신과 악마이든 일종의 짝패의 형식으로 설정되어 있음을 말하고 있다. 짝패의 창세신은 어느 신화에서나 동일한 성격과 역할을 감당하는 것이 아니라 예사롭지 않은 상호모방과 협연의 방식으로 다양하게 스펙트럼을 형성한다. 이와 같은 양상은 분명 해당 신화를 전승하는 집단의 특별한 종교적, 역사적 경험과 관련을 맺고 있을 것이지만, 동일

1) 이 글은 필자의 기존 논문인 「중·동부 유럽과 한국의 창세신화 그리고 변주」, 『비교민속학』 제35집, 2008과 선신과 악신의 상호모방과 협연의 창조론과 선악의 문제」, 『통합인문학연구』제1권 2호, 방송대통합인문학연구소, 2009에서 논의한 바를 근간으로 새로운 관점을 덧붙이는 형식으로 집필된다. 아울러 자유롭게 필자의 단상들을 풀어나가는 일종의 정제되지 않은 방식의 글쓰기여서 독자들에게 적지 않은 불편을 주게 될 것이다. 양해를 구한다.

한 문화권역 안에서도 변주를 드러내는 것은 창세의 내력을 다양하게 인식한 결과이기도 할 터이다.

그런데 '다양한 인식의 결과'라고 하는 현상을 단순하게 처리할 것이 아니라, 개념적 층위로 전환하여 신화론의 한 관점을 시론적으로 설정해 보는 작업을 시도하는 것은 어떨까? 변주의 양상들을 공시적으로 각편의 형성이라고 단정하는 태도에서, 일종의 신화의 '떠다님'과 같은 용어로 개념화해서 접근하는 방식으로 전환해 보려는 시도가 유의미한 것인지 거칠게나마 가늠해 보자는 것이다. 이는 곧 '떠다니는 주역신(the floating leading god)'의 성격을 통해 그 주역신들이 어느 한 지점에서 찰나적인 순간, 그 '무엇'과 부딪히면서 예기치 못한 신화의 새로운 변이, 실제로 존재하지 않는 신화형태일 수도 있는 형태로의 변이까지도 드러낼 수 있다는 전제와 관련될 수 있다. 또한 신화의 각편들, 그리고 각 유형들을 형성해 낼 수 있다고 인식하게끔 하는, 굳이 비유하자면 커튼 뒤에 가려진, 그러나 분명 존재한다고 인식되는 이른바 '상징적 신화'를 개별 신화들은 인식하고 있는 것은 아닐까 하는 것이다. 이는 신화에 대한 근원적이면서도 이단적인 질문과도 긴밀하게 연결된다. 과연 창세의 주역신들은 예정된 창세의 섭리를 따라 예정된 창조의 과정과 결과를 우리에게 보여 주는 것일까?

2. 선한 신과 악한 신의 속임수, 그리고 상호모방의 창조론

중·동부 유럽의 창세신화에서 공통적인 양상이 뚜렷하게 확인된다. 인간세상을 창조한 주역이 누구인가 하는 질문에 선신과 악신의 역할이 분명하다. 둘 사이의 대립과 잠을 자는 행위가 관련된 양상 역시 상동적인 요소로 인정된다. 이런 양상은 한국과 몽골, 그리고 오키나와의 창세신화와도 그 성격을 같이 하는 것이어서 창세신화 형성에 있어 하나의 골간을 형성하는 모티프로 이해할 수 있다.

우선 창세신화의 선신과 악신의 관계에 관하여 논의를 펼 수 있다. 또한 선신과 악신의 대립이 '잠을 자는 행위'와 연계되어 있는 점도 거듭 살필 필요가 있다. 이와 연계하여 두 신의 대립의 결과가 어떠한가를 검토할 필요가 있다. 마지막으로 중·동부 유럽의 창세신화와 동아시아의 창세신화 사이의 상동적 측면을 어떻게 설명할 것인가 하는 문제가 중요하다고 생각한다. 이는 신화의 전승과정에 대한 근원적 질문일 수 있어서 그렇다.

중·동부 유럽의 창세신화에서 설정된 선신과 악신의 관계는 이미 기독교 사상에 침윤되어 있다고 볼 수 있다. 선신과 악신은 유일신 하나님과 악마(사탄)의 성격으로 치환되어 둘 사이의 역학관계가 성서와 불편하지 않게 연결되도록 하는 방식을 대부분 취하고 있다. 이런 양상은 전통적인 민간전승의 신화가 보편종교와 어떻게 관련을 맺고 있는가 하는 점에서도 중요한 시사점을 던져준다고 생각한다.

완벽한 속임수의 도구인 '거짓 잠자기'는 그것이 완벽한 속임수임을 감출 수 있는 역설적 의미를 갖는다. 명백한 속임수이면서 속임수 자체를 덮어버리는 행위가 갖는 의미는 두 가지 측면에서 생각해 볼 수 있다. 그 하나는 철저하게 창세의 두 주역신 사이의 관계에서 성립한다는 것이고, 다른 하나는 속임수를 정당화하는 차원이 아니라 그 자체를 완벽하게 제거해버리는 일종의 '은폐된 폭력'으로 파악해 보는 것이다. 한국의 사례는 속임수에 의해 권한을 박탈당한 쪽이 속임수에 의한 것임을 인지한다는 점에서 중·동부 유럽의 사정과 변별적이다.[2] 다음 사례를 보기로 한다.

---

2) 한국의 사례는 이미 여러 연구를 통해 알려진 바여서 제시하지 않는다. 서대석, 創世始祖神話의 의미와 변이, 『口碑文學』 제4집, 한국정신문화연구원, 1980과 김헌선, 『한국의 창세

A. 신과 악마 둘이 함께 작업을 했다. 신은 악마를 바다 맨 밑으로 내려 보내 흙을 가져오게 했다. 그는 바다 밑으로 내려가 바닥에 있는 흙을 한 주먹 쥐었다. 하지만 수면으로 올려오는 동안 흙이 모두 물에 씻겨나가 버렸다. 그는 흙을 가져오지 못했다. 신은 다시 악마를 내려 보냈다. 그는 다시 바다 밑으로 흙을 한 주먹 쥐었지만 이번에도 가지고 올라오지 못했다. 세 번째 내려 보냈지만 이번에도 역시 흙을 가져오지 못했다. 신이 물었다. "흙을 가지고 왔느냐?" "흙을 쥐고 올라오는데 물에 쓸려나갔습니다."라고 말했다.

"좋아. 하지만 넌 흙을 가져왔다. 손톱 밑에 흙이 있을 테니 그것을 긁어 내라"라고 신이 말했다. 악마는 손톱 밑에 붙어 있는 흙을 잘 긁어냈다. 그들은 흙을 반죽했다. 6일 동안 반죽했다. 그러자 한 발로 올라설 만큼의 흙 반죽 양이 되었다. 신은 한 발로 반죽 위에 올라선 후 '쉬자'고 말했다.

신과 악마가 6일을 쉬는 동안 반죽이 계속 불어나기 시작했다. 둘이 눕기에는 공간이 부족해졌다. 밤에 잠을 잘 때 악마가 신을 밀쳐 물속으로 빠뜨리려고 했다. 그러나 악마는 신을 완전히 밀쳐 물속으로 밀어 넣지 못했다. 단지 약간 밀릴 뿐이었다. 신이 밀려난 공간만큼 진흙의 양이 또 불어났다. 진흙의 양은 엄청나게 많이 늘어났다.

아침이 되자 신이 말했다. "너 어제 저녁에 뭘 했지? 밤 내내 날 밀치려 했지?" 라고 물었다.

"잘 쉴 수가 없었습니다. 누울 자리가 없어서 쉬지 못했습니다."라고 악마가 말했다. 그러자 신은 흙이 너무 많은 걸 보고 그걸로 뭔가를 만들어야겠다고 생각하고 말했다.

"뭔가를 만들자."

신화』, 길벗, 1994, 그리고 박종성, 『한국창세서사시연구』, 태학사, 1999에서 관련 논의를 전개했다.

"네가 만들어 보거라."라고 신이 악마에게 말했다. 그러자 악마가 진흙을 조금 떼어내어 발로 찼다. 그러자 진흙이 개구리로 변하여 뛰기 시작했다.

"잘했다. 하지만 사람도 만들어야겠다."라고 신이 말한 후 진흙을 조금 떼어내어 발로 찼다. 그러자 사람이 되어 말하기 시작했다. 이렇게 해서 진흙에서 사람이 나오게 되었다(헝가리).[3]

B. 하나님은 물 위를 돌아 다니셨고, 악마는 하나님이 어디를 가시든 항상 뒤만 졸졸 따라 다녔다. 하나님은 힘들이시지 않고 물 위를 유유히 날아서 다니셨지만, 악마는 안간힘을 쓰며 헤엄쳐서 따라다녀야 했다. 이에 불만이 가득 찬 악마는 딱딱한 곳에 몸을 뉘이고 싶어져서 하나님께 한 가지 제안을 하였다. 그것은 바로 평평하고 딱딱한 땅을 만들자는 것이었다. 먼저 악마는 자신의 능력으로 땅을 만들어 보려고 하였다. 혼돈의 물 위에 생겨난 거품을 모아서 손바닥으로 문질러 물 위에 펼쳐 놓았다. 그러나 악마가 그 위에 누우려고 할 때마다 거품들은 흩어져 버릴 뿐이었다. 보다 못한 하나님은 땅을 만들어 주시기로 하였다. 하나님은 악마에게 "물 속 깊은 곳으로 헤엄쳐 들어가 그 밑에 있는 땅의 씨앗들을 가져오면 땅을 만들어 주겠다."고 말하셨다. 단지 한 가지 잊지 말고 꼭 지킬 것이 있다고 당부하셨다. 땅의 씨앗을 손 안에 담을 때에는 하나님의 이름을 부르고 그 영광을 하나님께 돌려야 한다는 것이었다. 알겠다고 답한 악마는 물 속 깊이 화살처럼 잠수해 들어가 땅의 씨앗을 퍼 올렸다. 어떤 사람은 악마가 입 안에 땅의 씨앗을 담았다고도 한다. 어쨌든 악마는 일은 자신이 하는데 영광은 하나님께 돌려야 된다는 것이 못마땅해 자신의 이름을 힘차게 외치며 땅의 씨앗을 퍼 올렸다. 물 밖으로 나와서 보니 손 안에 있던 땅의 씨앗들이 모두 물살

---

3) Lammel Annamária & Nagy Ilona, A világ teremtése, 2005, pp.15~16.

에 쓸려 손가락 사이로 빠져 나가는 바람에 단 한 알도 남아 있지 않았다. 악마는 다시 한 번 더 물에 들어가서 땅의 씨앗을 퍼서 올라 왔다 이번에는 손아귀의 흙을 잃어버리지 않기 위해 있는 힘껏 꽉 쥐고 올라 왔지만, 하나님의 이름도 안 부르고 영광도 돌리지 않았기에 결과는 첫 번째와 마찬가지일 수밖에 없었다. 세 번째로 물에 들어가서는 억지로 하나님의 이름을 조그맣게 부르고 땅의 씨앗을 손에 퍼 담았다. 물 밖으로 막 나오려는 순간에 아무래도 억울한 생각이 든 악마는 자신의 힘으로 땅의 씨앗을 가져왔다고 크게 소리쳤다. 이번에도 역시 손 안에 든 땅의 씨앗들이 모두 손가락 사이로 빠져나가 버렸다. 이 모습을 본 하나님이 더 이상 어찌할 수 없다고 생각하고, 악마의 긴 손톱 밑에 때처럼 낀 땅의 씨앗을 긁어 내셨다. 악마의 손톱 밑에는 악마가 하나님의 이름을 부른 만큼만 겨우 땅의 씨앗이 끼어 있었던 것이다. 하나님은 이렇게 적은 양의 땅의 씨앗들을 손바닥 안에 올려놓으시고 입김을 부신 다음 양 손바닥을 포개어 그 속에 있는 땅의 씨앗들을 쓰다듬기 시작하셨다. 그러자 땅이 점점 커지더니 물 위로 자리를 잡게 되었다. 어느 정도 땅이 생기자 하나님은 땅을 만드시느라고 피곤하셨던지 자신이 만든 땅 위에 몸을 누이시고 악마에게 "이제 쉴 곳이 생겼으니 같이 쉬자."는 말을 남기시고는 이내 잠이 들어버리셨다. 악마는 하나님께 함께 땅을 축복하자고 했으나 하나님은 그 일은 나중에 잠에서 깨고 나면 하자고 하셨다. 악마는 자신이 세 번이나 물에 들어가 고생을 했는데 땅을 만드는 일은 결국 하나님이 다 해 버린 게 되었다는 사실과 자신을 무시하는 하나님에 대해 불만을 품고는 곤하게 주무시는 하나님을 물에 빠뜨려 없애버리려는 나쁜 마음을 품게 되었다. 하나님이 깊이 잠이 든 것을 확인한 악마는 주무시는 하나님의 등을 물 쪽으로 떠밀어 물속에 빠뜨리려 하였다. 그러나 이게 어찌된 일인지, 하나님이 구르시는 쪽으로 계속 땅이 생겨나 아무리 등을 물 쪽으로 밀어도 하나님은 계속 땅 위에만 계셨다. 악마가 하나님을 미는 만큼 하나님이 누우신 아래쪽으로는 땅이 계속 생겨나 이제는 물이 다 사라지고 세상에는 평평한 땅만 남게 되었다(루마니아).

C. 하나님이 땅도 만드시고, 들과 산과 계곡도 만드셨지만, 아직은 하늘에 빛이 없었다. 하나님은 빛이 없어도 모든 것을 볼 수 있었기에 아무 불편이 없었지만, 악마는 어두워서 아무것도 보이지 않기에 어디를 다닐 때면 항상 이리 부딪치고 저리 부딪치고 넘어지기를 반복할 수밖에 없었다. 늪에서 허우적거리는 장님과 다를 바가 없는 악마는 하나님께 자신도 세상의 창조물들을 보고 싶으니 빛을 만들어 달라고 조르고 또 졸랐다. 그러자 하나님은 악마에게 "세상의 네 방향에서 각각 부싯돌과 금덩어리 한 개씩을 찾아오면 그것들을 가지고 땅을 비춰 줄 태양을 만들어 주겠다."고 약속하셨다. 악마는 세상을 돌아다니며 하나님이 요청하신 물건들을 다 구해서 돌아왔다. 그러나 하나님은 악마가 보는 앞에서 태양을 만드시려 하지 않았다. 혹시 악마가 태양을 만드는 법을 흉내 내다가 자칫 이 세상을 다 불타버리게 할지도 모르기 때문이었다. 하나님은 악마에게 "지금은 피곤하니 한숨 자고 나서 태양을 만들겠다."고 말하고는 곧 잠이 드셨다. 악마도 부싯돌과 금덩어리를 구해 오느라 피곤해서 이내 코를 골며 잠을 자기 시작했다. 악마가 곤히 잠이 든 걸 확인한 하나님은 살며시 일어나서 악마가 구해 온 부싯돌로 불꽃을 일으켜 금덩어리 위에 올려놓았다. 그랬더니 마치 고양이 눈알 같이 동그랗게 반짝이는 불빛 덩어리가 생겨났다. 하나님이 그 작은 불빛에 성스러운 생기를 불어 넣자, 그 불빛은 천천히 창공으로 날아오르면서 점점 커지더니 온 땅에 환한 빛과 따뜻한 열기를 맘껏 줄 수 있는 큰 불빛이 되었다. 하나님은 그 불빛을 '성스러운 태양'이라 이름 지어 주시고 영원히 젊고 아름다운 청년의 모습을 지닌 대천사가 되게 하셨다. 그때부터 태양은 낮 동안 세상을 골고루 밝혀주기 위해서 이쪽 하늘에서 저쪽 하늘로 쉼 없이

달리고 밤에는 쉬기 위해 땅 밑 세상으로 들어가는 일을 반복하게 되었다. 하나님은 태양이 혼자 달리려면 힘이 들 것 같아, 태양의 몸에서 빛을 떼어 내 마차를 만들고 차축과 바퀴를 달아 일곱 마리의 거대하고 힘 센 말들에게 그 마차를 끌게 하셨다(루마니아).[4)]

B의 사례에서 유의할 대목은 선신이 악신이 진흙으로 개구리를 창조하는 행위를 그대로 모방하여 인간을 창조한다는 부분이다. 진흙으로 생명체를 창조한 후 생명을 불어넣는 행위는 그 피조물을 발로 차는 것이다. 악신의 先행위에 이어 선신이 모방행위를 한 사정이 뚜렷하게 확인된다.

루마니아의 두 사례에서 보면, '잠자기'의 제안은 모두 선한 신의 몫이지만 '거짓 잠자기'의 속임수를 실행하는 쪽은 상반되게 드러난다. 선신과 악신이 각기 속임수를 한 차례 시도함으로써 각각의 욕망을 해결하려 하지만 결과는 모두 전자, 즉 선신의 우위로 결판난다. 루마니아의 사례에서 유의할 것은 선신과 악신이 잠을 자는 사이 서로가 상대방을 배제하려는 행위를 한다는 점이다. 잠을 자는 동안 상대편을 먼저 배제한 쪽은 악신인데, 선신이 동일한 행위를 통해 태양을 창조한 것은 선신이 악신의 행위를 모방하였다고 우선 인정할 수 있다.

한국과 몽골 등의 창세신화에서는 잠을 자는 행위가 속임수를 사용하여 부당하게 인간세상을 차지하는 결정적 계기가 되지만, 헝가리와 루마

---

4) B와 C의 자료 서지는 다음과 같다. Olinescu, Marcel, Mitologie Românească, Bucureşti : Ed. Gramar, 2004, pp.38~39; Pamfile, Tudor, Mitologia Poporului Român, Bucureşti : Ed. Vestala, 2006, pp.17~22; Eliade, Mircea, De la Zalmoxis la Genghis-Han, Bucureşti : Ed. EŞŞE, 1980, p.90; Pamfile, Tudor Mitologia Poporului Român, Bucureşti : Ed. Vestala, 2006, pp.30~34에 각편들이 실려 있다. 이들 자료를 포괄적으로 검토하여 서사단락을 정리한 것이다. 이후 루마니아 자료의 서지는 여기에 의거한다.

니아의 사례에서는 선신과 악신 사이의 인세차지 경쟁의 결과가 선명하게 드러나지 않으며, 문맥상 선신이 인간세상의 절대적인 신으로 확정되었다고 볼 수 있게 한다. 두 신의 명칭 역시 신과 하나님, 그리고 악마로 설정되어 둘 사이의 경쟁이 전자의 승리로 귀결될 수밖에 없도록 설정해 놓았다고 생각한다. 그런데 한 가지 흥미로운 사실은 선신의 제안으로 행해진 잠을 자는 행위를 이들 지역의 보편종교인 기독교 혹은 정교의 경전과 연계해 보면 특별한 의미를 구축하고 있음을 생각해 볼 수 있다.

창조의 행위 과정에서 신들의 휴식이 잠을 자는 행위로 설정되는 것은 보편적 양상일 수 있다. 그런데 헝가리의 경우에서 보듯이 6일 동안 창세 행위를 하고 휴식을 취했다고 하는 설정은 성서에서 "하나님은 하시던 일을 엿샛날까지 다 마치시고, 이렛날에는 하시던 모든 일에서 손을 떼고 쉬셨다."[5]라고 한 대목과 특별하게 연결된다. 육지를 창조하기 위한 준비단계로 6일 동안 과업을 행하고 이어 6일 동안 쉬면서 온전한 육지가 갖추어지기 시작했다고 했으니 '6일 동안'이라는 기간은 창조의 행위가 이루어지는 기간을 의미하게 된다.

창조의 기간을 구획하는 標識가 '잠을 자는 행위'인 점도 흥미롭다. 성서에서는 "그래서 주 하나님이 그 남자를 깊이 잠들게 하셨다. 그가 잠든 사이에, 주 하나님이 그 남자의 갈빗대 하나를 뽑고 그 자리를 살로 메우셨다. 주 하나님이 남자에게서 뽑아낸 갈빗대로 여자를 만드시고 여자를 남자에게로 데리고 오셨다."[6]라고 하여, 여성을 창조하기 위한 결정적 계기를 남성이 잠에 들도록 하는 것에서 찾았다. '잠을 자는 동안'에 이루어지는 창조행위는 창조의 원리와 과정이 비밀스럽다고 하는 뜻이라고 이해할 수 있다. 헝가리와 루마니아의 공통적 양상 가운데 선신이 잠

---

5) {표준 새번역판 성서} 창세기 2장 2절.
6) {개역 한글판 성서} 창세기 2장 21~22절.

을 자는 사이 악신이 선신을 땅에서 밀어내려 하자 땅이 계속 넓혀졌다고 하는 설정은 선신이 잠든 사이에 행해진 육지의 창조행위를 의미한다. 물론, 악신이 창조의 비밀스러운 원리를 인식하고 있어서 선신이 잠든 틈을 이용하여 육지를 그런 방식으로 확장시켜 창조했다고 하는 문면적 서술은 보이지 않는다. 그런데 반죽을 해놓은 상태에서 땅을 넓히는 방식은 특정한 매개(밀대)를 활용하여 반죽을 펴는 행위에서 착안한 것이다. 결국 육지를 평평하고 넓게 확장하는 **방식의** 창조 원리는 선신을 매개로 하여 반죽을 펴듯이 땅을 펴나가는 것에 있다는 인식일 터이다. 이렇게 보면, 문면에서 악신이 그 원리를 인지하고 있었다고 하는 서술이 선명하지 않으나 결과적으로 육지를 창조한 주체가 악신이었다고 하는 설명은 가능하다.[7] 그 행위가 선신이 잠을 자는 동안 이루어진 것이어서 비밀스러운 창조의 원리와 과정을 창세신화에서 이렇게 제시해 놓았다고 할 수 있다.

인도에서는 천국과 지옥, 그리고 그 안에 있는 모든 것으로 이루어진 우주는 어느 한 존재가 꾸는 위대한 꿈이며, 그 꿈속의 모든 등장인물도 마찬가지로 꿈을 꾸고 있다고 노래한다. 궁극의 꿈을 꾸는 존재, 비슈누도 잠을 잔다.[8] 꿈꾸는 인도의 神 위에 그의 몸에서 자라난 듯한 연꽃이

---

7) 악마에 의해 땅이 넓어졌다고 하는 설정은 몽골의 <오치르바니 보르항과 차강 슈헤르트>라는 신화와 상동적이다. 내용을 정리하면 이렇다. 1. 태초에는 공기와 물뿐이었다. 2. 창세신인 오치르바니가 차강 슈헤르트를 시켜서 땅을 만들었다. a) 물속에서 흙을 가져다 거북이 위에 놓고 땅을 만들었다. b) 악마가 등장해 그 악마에 의해 땅이 커졌다. 3. 두 창세신이 진흙으로 사람을 창조했다. a) 진흙으로 사람 형상을 만들고 나서 개를 만들고 사람 형상을 지키도록 했다. b) 악마가 와서 사람에게 생명을, 개에게 털을 주었다. 4. 창세신들 사이에 갈등이 생겨서 오치르바니가 내기를 제안하고 이기는 자가 세상을 차지하기로 했다. 5. 두 창세신은 꽃피우기 내기를 하였는데 차강 슈헤르트가 속임수를 써서 이겼다. 6. 오치르바니가 세상 사람들이 서로 속이면서 살 것이라 하고는 하늘로 올라가 버렸다. 노르브냠, 「한국과 몽골의 창세신화 비교연구」, 서울대 석사학위논문, 1999, pp.12~16.

8) 조지프 캠벨, 홍윤희 옮김, 『신화의 이미지』, 살림, 2006, chapter 1 참조.

있고, 그 화관 위에 브라흐마가 앉아 있다. 잠을 잔다는 것은 모든 것이 정지된 상태이지만, 무릎에서 꽃을 피운다는 것은 생장과 창조의 행위이다. 따라서 잠을 자며 꽃을 피우는 不可解한 행위는 정지된 상태이기만 한 것이 아니고 창조의 내밀한 움직임과 이치가 작동하는 상징성을 갖는다고 보면 일단 불편하지 않게 이해될 수 있다.

한국과 몽골의 창세신화에서도 잠을 자는 행위가 공통적으로 설정되어 있다. 중요한 것은 꽃을 피운다고 하는 행위인데, 이는 미륵과 석가라고 하는 각각의 주체가 의식하면서 그런 행위를 한 것이 아니라고 하는 의미를 담고 있다. 꽃으로 상징되는 생명체의 탄생과 성장의 원리가 무엇인지 뚜렷하게 인식하지 못한 상황에서 거짓 잠을 자면서 그 원리와 과정을 인지한 쪽이 승리하는 방식을 공통적으로 설정한 것은, 속임수라는 부당한 행위 이전에 창조의 원리와 과정을 인지한 쪽이 누구인가를 먼저 가려내는 일종의 시험 과정으로 해석할 여지가 있는 것이다. 온전하게 잠을 자는 쪽은 창조의 원리를 인식하지 못하는 반면, 그렇지 않은 쪽은 인식하게 되는 것이다. 선신과 악신의 분별은 창조의 원리와 과정을 인식하는 행위를 속임수라고 하는 윤리적 준거로 재단하기 시작하면서 인간세상의 악의 시원을 함께 해명하는 쪽으로 의미를 형성해 나갔다고 생각한다.

한편으로 인간을 비롯한 생명체의 창조는 악신이 육지를 만들자고 제안한 것에서 비롯한 것이니 창세의 일차적 주체가 악신일 가능성을 전혀 배제하기는 어려울 것으로 생각한다. 루마니아의 인간창조에 관한 신화 각편 하나를 통해 창조의 모방행위가 갖는 의미를 거듭 확인하기로 한다.

세상의 창조를 마친 하나님과 악마가 그 다음에 한 일은 인간을 만드는 일이었다. 그러나 처음부터 지금의 우리들과 같은 인간을 만든 것은 아니었다. 맨 먼저 만들어진 인간은 커프크니(Căpcâni), 커프커우니(Căpcăuni), 커트

커우니(Cătcăuni) 등으로 불리는 종족이었다.

이 세상이 만들어지긴 했는데, 하나님과 악마는 둘이서만 같이 다니다보니 점차 심심해지기 시작했다. 그러던 차에 악마가 먼저 인간을 만들 것을 제안하게 된다. 악마는 자신의 눈에 보이는 하나님의 형상을 따라 인간의 형태를 만들어 보려 하였다.

그러나 하나님은 어떠한 형상을 지닌 것이 아니라 맑고 투명한 빛이었기 때문에 그것을 본떠서 인간의 형태를 만들기가 쉽지 않았다. 그래도 악마는 열심히 만들어서 하나님의 형상에 가까운 인간을 만들고 자신의 생명을 나누어 주었다. 그 모습을 본 하나님도 인간을 만들어 보기로 하고는 앞에 있는 악마의 형상을 본뜬 괴물 같은 인간을 만들어서 생기를 넣어 주었다. 그리고는 하나님과 악마는 서로 처음으로 만든 인간을 하나로 합쳐 버렸다.

그렇게 만들어진 최초의 인간 종족이 바로 커프크니이다. 커프크니는 얼굴의 반은 사람의 모습을 하고 있고 얼굴의 반은 개의 모습을 하고 있다고 한다. 눈은 4개가 달렸다고 하는 사람도 있고 5개가 달렸다고 하는 사람도 있다. 입은 2개고 발은 7개나 달렸다고 한다. 맨 처음 만든 인간 종족인 커프크니는 머리도 나쁘고 탐욕스러운데다가 생긴 것도 너무 보기 흉해서 나중에 만들어진 거인족인 우리아쉬에게 모두 죽임을 당하는 운명을 맞았다고 한다.[9]

창조의 모방행위가 갖는 함의는 선신과 악신의 인간 창조가 서로를 반영한 결과라고 하는 점에서 찾을 수 있다. 악신이 선신의 형상을 따라 창조한 인간이, 선신이 악신을 본 떠 만든 인간보다 선신의 본성을 이어받았다고 하는 결과를 낳았다면 창조의 모방행위가 갖는 逆說이 아닐 수

9) Vulcănescu Romulus, Mitologie Română, Bucureşti : Ed. ARSR, 1985, pp.254~256.

없다. 선신과 악신이 창조한 각각의 인간 유형은 어느 한쪽도 완벽한 피조물이 아니어서 둘을 하나로 합쳐야 했다는 인식은 인간세상과 인간의 창조가 선신과 악신의 공동 창조이며 모방 창조의 결과임을 말하는 것으로 생각한다. 더불어 인간의 본성에 내재해 있는 선과 악이라는 양면성의 원인을 이런 방식으로 해명하려 한 결과이기도 할 것이다.

윤리적 준거가 관여하기 전에는 선신과 악신으로 변별되지 않는 창세의 두 주역신이 있어서 창조의 일정을 함께 했다고 볼 수도 있고, 창세의 절대신 하나가 창조의 과정을 담당한 것으로 볼 수도 있다. 만주의 <우러구처본>의 '아브카허허'가 후자의 사례에 해당하고[10], 석가가 등장하기 이전의 창조행위를 미륵이 전담한 한국의 사례에서 그 근거를 찾을 수 있다. 일차적 창조행위가 마무리되고 난 연후에 등장하는 창세의 또 다른 신은 일차적 창조에 이은 후속 행위를 통해 지금과 같은 자연현상의 질서를 확정하는 노릇을 한다.

여기서 한 가지 의문이 생기는 것은 바로 엘리아데식의 '사라지는 신'의 모습이다.[11] 일반적으로 '사라지는 신'은 절대적 권력을 가진 신이었다가 다음 세대의 신에 의해 밀려나는 양상을 보인다. 그런데 창세의 두 주역신을 '사라지는 신'에 대응시켜 보면 한국과 동아시아, 그리고 중·동부 유럽의 사정이 어긋나고, '사라지는 신'의 속성을 기준으로 살피면, 선신과 악신이 교대로 '사라지는 신'의 자리에 위치하게 됨을 확인할 수 있다.

자료 B의 사례를 다시 음미해 보기로 한다. 둠네제울(Dumnezeul)의 일월 창조에 악마가 보조적 역할을 담당하나, 핵심은 악마의 모방행위에

---

10) 김재용, 이종주, 『왜 우리 신화인가 : 동북아 신화의 뿌리, <천궁대전>과 우리 신화』(개정판), 동아시아, 2004에서 관련 내용을 소개하고 그 의미를 집중적으로 살폈다.

11) M. 엘리아데, 이용주 옮김, 『세계종교사상사』1(3쇄), 이학사, 2008의 곳곳에서 '사라지는 신'을 언급하고 있다.

대응하는 지고신 둠네제울의 방식이다. 둠네제울은 이미 악마가 자신의 행위를 모방할 것임을 인지하고 나름의 방어책을 마련한다는 것이 우리네 미륵과의 결정적 차이점이다.[12] 결국 잠을 자지 않은 쪽이 창조의 주체가 되고 인세를 차지하는 권력을 획득한다는 점을 신화의 문면은 설명하고 있다. 그런데 궁극의 꿈을 꾸는 존재 비슈누의 잠은 창조의 내밀한 원리를 抱持하고 있음을 의미한다고 생각하는데, 이때의 궁극적 잠은 특정 대상과의 대립이나 갈등을 전제로 하지 않는 근원적 상황을 의미한다고 판단된다. 궁극의 꿈을 통한 창조의 내밀한 원리가 구체적인 신의 형상에 의해 실제 행위로 구현되기 위해서는 잠에서 깨어나는 것이 전제되어야 한다. 잠에서 깨어나 창조의 원리를 구현하는 과정에서 그 내밀한 원리가 대립 관계의 신에게 발각되지 않기 위해서는 둠네제울의 대응방식이 요구된다. 반면, 미륵은 잠을 자는 행위와 꽃을 피우는 행위를 더불어 구현함으로써 경쟁과 대립의 신인 석가에게 내밀한 창조의 원리와 실체가 발각되는 결과를 낳았다. 비슈누의 궁극적 잠과 연꽃 피우기, 그리고 둠네제울의 거짓 잠자기와 일월창조라는 두 행위 사이에 미륵과 석가의 대립과 인세차지 경쟁이 자리하고 있음이 인정된다.

미륵은 실패한 창세의 신으로 물러나고 석가가 인간세상의 새로운 절대신으로 좌정했다. 이 지점에서 우리는 '사라지는 신'의 모습을 미륵에게서 발견하게 된다. 우라노스가 크로노스에게, 다시 크로노스가 제우스에게 밀려 '사라지는 신'이 되고, '엘(El)'이 바알(Baal)에게 밀려 '사라지는 신'이 되는 일반적인 신화·종교적 현상을 미륵과 석가의 관계에서 짚어보게 되는 것이다. '사라지는 신'과 '나타나는 신'의 결정적 차이가 원초적 생명력을 구현하는 이전의 신과 문명의 가치를 구현하는 후대의 신

---

12) 박종성, 중·동부 유럽과 한국의 창세신화 그리고 변주, 『비교민속학』제35집, 2008에서 이런 점을 다루었다.

이라는 다소 범박한 개념으로 규정될 수 있다면, 미륵은 전자에 석가는 후자에 견줄 수 있다.[13] 원초적 생명력의 구현은 그 자체로 위대한 것이지만 생명력의 구현에 잇따르는 새로운 문명의 원리, 곧 이식과 경작과 같은 일종의 屈折의 원리가 요청되는 시대에는 전면적인 맞대결에 의한 힘의 우열관계를 확정하지 않고 계략과 지혜, 협잡과 공모와 같은 굴절된 대결을 통해 최종적 승패를 판가름하는 것이 상례임을 제우스, 석가, 바알 등에게서 확인할 수 있다.[14]

그런데 중·동부 유럽의 사정을 살피면, 속임수를 사용하고 人世 창조를 완성하는 선한 신이 '사라지는 신'으로서의 보편성을 지니고 있는가 하는 점을 유의해야 한다. 선한 신이 악마와의 대결에서 승리를 구가한 후 인간세상을 자신의 治所로 확정하고 영속적인 지배를 공식화했다고 신화의 문면에서는 말하고 있는 듯하다. 그러나 분명하게 확정적 진술로 이를 확정하지는 못한다. '창조자는 도시를 갖지 못하는 법'이고 폴리스와 폴리스의 에토스 외부에, 그리고 그것들을 초월해버린 곳에 위치하며, 따라서 어떤 도덕 규칙에도 얽매이지 않는다.[15] 인간세상의 창조를 완성하고 질서를 확정한 창세의 절대신은 창조행위가 종결되는 그 순간, 자신의 창조물과 격리되어야 한다.

이 지역 신화의 문면에서 '사라지는 신'은 선명하지는 않으나 악한 신이거나 악마라는 존재로 보는 것이 우선 자연스럽다. 그렇다면 엘리아데식의 '사라지는 신'의 공통적인 속성에 대응시킬 때, 악한 신이나 악마는

---

13) 여기에 관해서는 서대석, 「創世始祖神話의 의미와 변이」, 『口碑文學』 제4집, 한국정신문화원, 1980; 김헌선, 『한국의 창세신화』, 길벗, 1994와 졸저, 『한국창세서사시연구』, 태학사, 1999에서 고찰한 바 있다.

14) 박종성, 男性神과 父權神, 그리고 父性神에 관한 에세이, 한국고전문학회 동계학술발표회 발표문(미간행), 덕성여대, 2011. 2. 16.

15) 슬라보예 지젝, 이현우 외 옮김, 『폭력이란 무엇인가』, 난장이, 2011, p.109.

인간세상의 실질적 창조주여야 한다는 논리가 성립한다. 이 지역 창세신화의 한 축인 선한 신 혹은 절대신은 그렇다면 석가, 쉬베게니, 차강 슈헤르트와 얽혀지는 존재가 된다. 이런 당착적인 형식논리가 떠오르는 것은 무엇 때문인가? 아래의 진술은 이런 관점에서 음미해 볼만하다.

> 초기 기독교에 보이는 사탄은 이 세상에 군림하는 악마였다. 이런 믿음은 이교도 정권이 유지되는 동안 교회에서 일반적이었다. 그러나 기독교 통치자들이 정권을 잡고 기독교가 로마제국의 국교로 확립되자, 곧 사탄은 점차 세상에 군림하던 통치자의 권좌에서 물러나는 대신, 이번에는 하나님이 다시 인간세상을 지배하는 권좌에 오르게 된다.[16]

신을 모방하는 쪽은 대개가 악신이었다고 하는 인식이 일반적인 신화의 논리이다. 미트라교의 성찬의식이 기독교의 그것과 놀랄 만큼 일치하는 현상을 놓고 "사탄이 하나님의 성사를 모방한다."고 순진하게 선언할 수 있지만, 실상은 페르시아의 하오마 성찬식이나 영생을 얻기 위하여 죽은 사람을 기념하는 성찬을 먹는 것 등 이교도의 신앙의식이라 칭해지던 것들이 기독교보다 오래된 것임을 환기할 필요가 있다.[17] 인간세상을 차지한 최초의 신으로서 사탄의 존재가 선악의 질서를 혼란스럽게 하는 요인일 수 있으나 구약성서에서 사탄은 유일신 야훼의 적이 아니라 인간의 적일 따름이며, 그곳에서 사탄은 신의 종이며 충직한 하인이라는 인식을 인지하게 되면 이해의 틈이 보이기 시작한다.[18]

창조의 役事 이후에 인간세상을 맡아 다스리기 위한 경쟁과 투쟁이

---

16) 폴 카루스, 이지연 옮김, 『악마의 역사』, 더불어책, 2003, p.223.

17) 위와 같음.

18) 위의 책, pp.99~102 참조.

이 지역 창세신화에 선명하게 드러나지 않는다는 점에 유의한다. 창조하고 점유하는 것이 곧 지배를 의미하지는 않는다고 하는 인식이 이 지역 신화의 바탕을 형성한다. 점유하는 것이 그 공간에 거처해야 한다는 논리가 통용되지 않는다는 의미이다. 그런 까닭에 천상의 권좌가 투쟁의 핵심이고 인간세상은 부수적인 것으로 설정된다. <띠베리아드海의 전설>이라는 보고밀의 畏敬文學에서는 하나님과 사탄이 함께 천지를 창조했다고 하는 설정을 해 놓았다. 특별한 발상이 아닐 수 없으나 헝가리와 루마니아 창세신화에서 공통적으로 설정한 신화소여서 이들 신화의 전승력을 짐작하게 한다. 바다의 밑바닥에 들어가 창조의 과업을 시작하는 것 역시 흡사하다. 대강의 내용은 이렇다.

천지창조는 위와 아래로 이루어진 태초의 세상을 배경으로 이루어진다. 위의 세상은 "공허한 세상"로 그곳에는 하나님이 거하고 있다. 아래의 세상은 바다로 띠베리아드해(海)라고 불려진다. 아래 세상에도 사타나일이라고 하는 "신"이 있는데 농병아리의 모습으로 띠베리아드海에 거주한다. 그 이후의 세상은 사타나일의 협조를 받아 하나님이 창조한다. 먼저 하나님이 농병아리 사타나일의 천사를 짓는 장면이 이어진다. 사타나일이 다시 바다의 밑바닥에서 가지고 나온 부싯돌의 불꽃으로 하나님이 먼저 10명의 천사를 짓는데 사타나일이 하나님의 본을 따라 또 1명의 천사를 짓는다. (중략) 사타나일은 하나님의 영광을 시기하여 하나님과 동등한 자리에 앉으려고 한다. 이에 하나님이 그를 하늘에서 내친다. 사탄과의 투쟁에서 커다란 역할을 수행하는 이가 천사장 미하일이다. 하나님이 그를 보내 사타나일을 하늘에서 내던지려고 할 때, 사타나일이 불로 그의 몸을 태운다. 그러자 하나님이 미하일의 몸에서 털을 깎고 이전의 이름인 미헤를 미하일로 바꿔 부르고, 사타나일의 이름에서 성스러움을 뜻하는 '일(ил)'을 박탈하고 사탄이라 부르게 한다. 이름을 바꾼 뒤 천사장 미하일은 사타나일을 하늘에

서 내치는데 성공한다.[19)]

이야기는 아담과 하와의 창조에 관한 신화로 이어진다. 보고밀의 창세관과는 달리 여기에서는 인간이 하나님의 피조물로 나온다.

> 그리고 난 뒤 하나님이 동쪽에 낙원을 만드시고 최초의 인간인 아담을 지으시기로 하였다. 그는 일곱 부분으로 아담의 몸을 만드셨으니 땅으로 육(肉)을, 돌로 뼈를, 바다로 피를, 해로 눈을, 구름으로 생각을, 바람으로 숨결을, 불로 체온을 만드셨다. 하나님은 사타나일을 대신할 목적으로 아담을 창조한다. 그리고 인간을 사이에 두고 하나님과 사탄의 투쟁이 계속된다. 사탄은 하나님이 없을 때 아담의 몸에 구멍을 뚫는다. 하나님은 아담의 몸에 난 상처를 메우고 성령을 불어넣어 소생하게 한 뒤 에덴동산으로 데려간다. 여기에서 하와를 지어 그의 반려자로 삼는다.[20)]

인간을 사이에 두고 투쟁을 벌이는 것은 '인세차지 경쟁'의 전형적 패턴이다. 천상에서의 투쟁의 결과 우열관계가 확정되자 인간을 사이에 두고 거듭 대결이 벌어졌다고 하는 설정이다. 하나님이 없을 때 사탄이 인간의 몸에 특별한 표식을 해두는 것은 몽골의 창세신화에서 확인되는 바이다[21)]. 악신에 의하여 인간의 육체에 특별한 문제가 생겨나자 이를 시정하는 역할을 선신이 하는 설정 자체가 다르지 않다. 인간은 선한 신의 피조물이기도 하고 악한 신의 대체자로서의 역할도 감당해야 한다는 것, 따

---

19) 위의 논문, p.186.

20) 위의 논문, pp.186~187.

21) 노르브냠, 「한국과 몽골의 창세신화 비교연구」, 서울대 석사학위논문, 1999와 박종성, 『구비문학, 분석과 해석의 실제』도서출판 월인, 2003에서 관련 논의를 폈다.

라서 선과 악을 분별하는 능력도 가졌다는 논리일 수 있겠다. 인간은 악한 신의 피조물이기도 해야 창세의 두 주역신이 떠다니는 존재임이 인정될 수 있다.

3. 상호모방과 떠다니는 두 주역신

중·동부 유럽의 창세신화에서 선신과 악신의 관계는 기독교 경전인 성서의 양상을 투영하면서 재편의 과정을 거친 것으로 판단된다. 중·동부 유럽 지역에서 창세신화의 재편 과정을 가늠해 볼 수 있는 매개적 자료로 중세 보고밀 사상과 창세기의 양상을 들 수 있다.[22] 물질계를 사탄이 창조하였기 때문에 침례나 성상, 성찬, 십자가, 성당 등 물질과 관련된 一切를 배제하고 절제와 화해를 중심으로 한 정신적 삶의 추구를 궁극적 가치로 삼는다. 여기에서 주목할 것이 사탄 곧 악신이 인간세상을 창조했다고 하는 인식이다. 인간의 눈에 보이는 세계는 악의 원리가 맺은 결실이기 때문에 불완전할 뿐 아니라, 숭고한 것을 창조한 창조주에게 의식적으로 대립하는 세계가 되는 셈이다. 그러니 그 안에 있는 모든 것은 비천하고 불결하며, 인간 세계는 죄악으로 가득하다는 것이다.[23]

이러한 인식은 불가리아 보고밀 사상의 이른바 <창세기> 관련 전승에 구체적인 서사로 나타난다. 기독교 僞經 가운데 하나인 <秘書>에서는 사

22) 보고밀 운동은 중세유럽에서 발생한 사회·종교 운동의 하나로서 10세기경 불가리아에서 형성되었다. 이 운동은 비잔틴, 세르비아, 보스니아 등 인근의 발칸제국을 거쳐 12세기경에 서방에까지 알려져 이탈이아 북부, 프랑스 남부, 네덜란드에 그 교리가 전파되었다. 이에 관해서는 신윤곤, 「보고밀사상과 불가리아문학Ⅰ」, 『노어노문학』14권 2호, 한국노어노문학회, 2002, pp.161~196을 참조한다. 창세신화의 재편의 한 과정을 추론할 수 있는 데에 긴요한 자료라고 생각한다. 이후 관련 내용은 이 논문에서 인용한다.

23) 위의 논문, p.170 참조.

탄이 지상의 모든 것을 건설했다고 한다. 이때 사탄은 '아버지의 모방자'에 불과하며 이는 그가 창조한 모든 것에 결점이 있음을 암시하는 것이기도 하다.[24] 성서와 달리 사탄의 세계 창조는 '말(Logos)'이 아니라 '행위'로 인식된다. 궁창에 앉아 있던 사탄이 공기 위에 있던 천사와 물 위에 있던 천사를 불러 물에서 땅을 들어 올리라고 명하자 땅이 마른다. 그런 연후에 두 번째 천사의 冠을 잡아 그 반으로 달빛을 만들고 나머지 반으로 별빛을 만들었다 한다. 그리고 그 관의 조각들로 하늘의 군대와 별들을 만들었다. 이어 번개와 우박, 눈을 만들고 땅에 명하여 모든 종류의 깃털 있는 것과 땅을 기는 것, 모든 종류의 나무와 풀을 생산하라고 하고 바다에 명하여 물고기와 하늘을 나는 새를 생산하라고 한다. 이어 인간의 조상을 위한 에덴동산도 만든다. 인간은 사탄의 피조물이며 그의 형상을 닮았으나 진흙으로 빚은 몸에 천사를 가두어 놓아 천상의 영혼을 갖고 있다고 했다. 이렇게 창조된 인간의 삶은 어떤 저주처럼 진행되며, 사탄의 毒과 肉慾이 맺은 과실로 인식되는 것이다. 이 대목에서 우리는 한국과 몽골의 창세신화에서 속임수를 써서 인간세상을 차지한 석가 혹은 삭즈무니로 인하여 인간세상에 죄악이 생겨나게 되었다고 하는 인식과 상통하는 측면을 확인하게 된다.[25]

또 다른 僞書의 하나인 <예수 그리스도와 마귀의 언쟁>에서도 특별한 점이 확인된다. 마귀는 예수에게 하늘의 주인인 예수는 하늘로 돌아가고 땅의 주인인 자신이 땅에 남게 하라고 하는 대목이 있다. 둘은 상대방

---

24) 위와 같음.

25) 물론 인간을 창조한 주역신이 누구인가에 관해서는 차이가 있다. <김쌍돌이본>에서는 하늘에 축수하여 금벌레와 은벌레가 내려와 인간으로 화했다고 했으니 미륵과 석가 중 누구도 인간을 직접적으로 창조했다고 하기는 어렵다고 할 것이다. 다만 인간의 출현 이후에 인간세상의 죄악의 시작이 창세의 신에게 있다고 하는 점에서 보면 近似한 점이 인정된다고 할 것이다.

을 이기기 위하여 자신의 권능을 과시하면서 상대방에게 으름장을 놓으며, 사람에 관해서도 논쟁을 벌인다. 이후 둘 사이의 대결에서 예수가 승리하여 마귀를 제압하나 마귀의 간청으로 그를 풀어준다. 그러나 풀려난 마귀는 다시 예수에게 대항하면서 논쟁을 벌인다고 했다.[26)]

보고밀의 위경과 외경문학에서 확인되는 창세신화의 편린들은 그 이전의 창세신화의 전승을 인정할 수 있게 하는 긴요한 자료이다. 이 과정에서 헝가리와 루마니아의 사례처럼, 한쪽으로는 기독교의 聖書와 크게 어긋나지 않는 방식으로 재편되고 또 다른 한편으로는 불가리아의 보고밀의 사례와 같이, 僞經의 옷을 입고 재편되는 양상을 보인 것이다. 이렇게 정리해 보자.

① 선한 신의 속임수(거짓 잠자기)가 의한 우열관계의 확정을 끌어내다.
② 선한 신이 악한 신의 행위를 모방하다.
③ 선한 신과 악한 신이 상호모방의 행위를 하다.
④ 악한 신이 선한 신의 행위를 모방하다.
⑤ 창조의 과업을 종결하고 완수한 선한 신이 '사라지는 신'이 되다.
⑥ 창조의 과업을 공동으로 완수한 악한 신이 '사라지는 신'이 되다.
⑦ 인간은 선한 신이 창조하다.
⑧ 인간은 악한 신이 창조하다.

이 지역 신화에서 ④의 사례는 <띠베리아드海의 전설>이라는 보고밀의 畏敬文學에서 확인된다. 현상을 놓고 결론적으로 말하면, 이 지역 창

26) 신윤곤, 앞의 논문, p.185 참조. 이 대목은 마치 한국과 몽골의 창세신화에서 미륵과 석가가 대립하면서 석가가 미륵에게 미륵의 세월이 다 지났고 자신의 시절이 도래했다고 하는 대목과 흡사하다. 인간세상을 차지하기 위하여 논쟁을 벌이는 장면은 대별왕과 소별왕의 지혜문답과 상통하는 측면이 있다. 둘의 양상이 세상사의 이치를 특별한 방식으로 드러내는 것이라 이해하면 둘 사이의 큰 차이를 발견하기 어렵다.

세산화에 등장하는 두 주역신은 어느 한쪽의 속성을 지속시키는 것이 아니라 쌍방의 속성을 치환하는 방식으로 전승된다. 결국 이 두 주역신은 변별적이고 독립적인 별개의 신이 아니라 '쌍둥이-짝패'의 속성을 抱持하고 있다는 잠정적 결론에 이를 수 있다. 짝패의 속성을 지닌 두 주역신은 아이러니하게도 두 주역신이 개별적 속성을 가진 존재가 아니라 어떠한 속성도 갖지 못한 존재로 볼 개연성을 높여준다. 속성을 갖지 못한 채 이리저리 떠다니는 창세의 주역신 둘이 어떤 특정 지점, 이른바 '누빔점' 같은 것을 형성하는 그 바로 그 지점에서 선한 신의 역할이 악한 신에게 넘어간 것이 아닐까? 그 역도 마찬가지일 터이다. 루마니아의 앞의 신화를 상기해 보자. 둠네제울(Dumnezeul)의 일월 창조에 악마가 보조적 역할을 담당하나, 핵심은 악마의 모방행위에 대응하는 지고신 둠네제울의 방식이다. 둠네제울은 이미 악마가 자신의 행위를 모방할 것임을 인지하고 나름의 방어책을 마련한다는 것이 이 지역 다른 창세신화와의 변별점이다[27]. 둠네제울과 악마와의 관계를 아래의 자료를 확인해 보자.

그 덩어리 속에서 어디서 생겨났는지 알 수 없는 날개 접힌 나비 한 마리와 애벌레 한 마리가 각각 꿈틀거리며 올라 왔다. 곧이어 나비가 날개를 활짝 펴더니 팔랑거리며 혼돈의 물 위를 유유히 날아다니기 시작했다. 거대한 거품 덩어리 위로 돌아온 나비는 기지개를 켜듯 날개를 활짝 펴더니 이내 젊고 멋진 남자(다른 지방에서는 손에 지팡이를 들고 있으며, 얼굴에는 흰 수염이 난 노인으로 이야기되기도 한다)로 변하는 것이었다. 그와 동시에, 혼돈의 암흑 속에서 눈부시게 밝은 빛이 피어오르고 주변으로 빠르게 퍼져 나갔다. 나비가 변한 젊은이는 바로 '둠네제울(Dumnezeul : 신들의 왕)'로

---

27) 루마니아의 창세신화에서 선신과 악마의 모방행위에 관해서는 졸고, 앞의 논문, 2008에서 다루었다.

불리는 창세신이었다.

나중에 애벌레도 사람의 모습과 비슷하게 변했는데, 빛은 보이지 않았다. 애벌레가 변해서 생긴 존재는 '드락(Drac)', '디아볼(Diavol)', '사탄(Satan)', '네쿠라툴(Necuratul: 깨끗하지 않은 자)' 등으로 불리는 악마가 되었다. 한동안은 우주며, 땅이며, 생명이며 아무도 없는 혼돈의 검은 물 위에서 오직 이 둘만이 있었으므로, 둘은 서로를 이해하며 친하게 잘 지냈다.

악마는 자신이 '둠네제울'과 같은 위치에 있고 같은 힘을 지니고 있는 것으로 착각을 하고는 '둠네제울'을 '프르타트(Fârtat)'라 불렀다. '프르타트'는 루마니아말로 의형제라는 뜻이다. 그러나 '둠네제울'은 악마의 이러한 태도를 못마땅해 했으며 악마를 그냥 '네프르타트(Nefârtat)'라 불렀다. '네프르타트'는 우리말로 옮기면 '형제가 아닌 자'를 뜻하며, 그냥 몸종 정도 되는 위치에 있는 사람을 가리키는 말이다.[28)]

둠네제울은 신들의 왕이란 의미를 지니는데, 루마니아 창세신의 역할을 담당하는 신이다. 악마는 스스로 둠네제울과 대등한 위치에 있다고 호언하며 둠네제울을 '프르타트(Fârtat)'라 칭하는데, 이는 '義兄弟'라는 뜻이다. 신화의 전승에서 둠네제울이 나비가 변한 청년의 형상으로 설정되고 악마는 애벌레가 사람의 형상 비슷하게 변한 형상으로 설정된 것이 둘 사이의 관계를 '의형제'로 설정할 수 있도록 하는 근거로 작용한다. 김쌍돌이본 <창세가>에서 금벌레와 은벌레가 각각 최초의 인간 남녀가 되었다고 하는 설정과 상동적인 측면이 인정되는 부분이다. 아울러 인간세상을 창조하는 과정에서 대립되는 두 주역신이 미륵과 석가에서 대별왕과 소별왕이라는 형제관계로 변천을 보이는 한국의 사정과 견주어 볼

---

28) 권혁재 외, 앞의 책, pp.78~79.

때, 두 전승 사이의 상동성도 확인할 수 있다.[29] 선한 신과 악한 신은 형제였다는 논리가 하나 성립한다.

그런데 특별하게 우리의 주목을 끄는 대목은 악마의 모방행위를 방어하는 방식이 '거짓 잠자기'라고 하는 것이다. 동북아시아 창세신화의 보편적이면서 핵심적인 신화소 가운데 하나가 여기에서는 특별한 방식으로 신화의 의미를 개별화한 셈이다. '거짓 잠자기'가 인간세상을 차지하기 위한 속임수(동북아시아)인 점이 '모방'이라는 일종의 속임수를 방어하기 위한 행위로서 기능하는 것은 선한 신의 속임수가 악한 신의 부당한 속임수를 사전에 차단하는 행위로 의미가 중첩되어, 거짓 잠자기의 속임수로써 모방의 속임수를 무력화하는 긍정적 의미를 획득하게 한다. '미래의 어느 시기에 이미 악한 신에 의해 구현된 모방의 속임수가 인간세상의 질서를 어긋나게 작동시키고 있었다.'라고 하는 미래완료형의 신화적 인식은 모방의 속임수가 초래할 부정적 결과를 끊임없이 의식한 결과이며, 이 점이 동일 유형의 동북아시아 창세신화와 변별성을 갖는 지점이다.

애초에 선한 신과 악한 신은 없었다. 인간세상은 창조의 주역을 담당하는 두 존재가 있어서 각각의 역할 분담을 통해 창조된 것이라 하고, 비유컨대 커튼 뒤에 가려진 채로 엄존하고 있다고 인식되는 창세신화의 논리가 있었다고 하면 어떨까? 두 신이 창세신화의 바다를 각기 떠다니다가 부딪힐 때, 그 지점에서 다채로운 창세신화의 모습들이 등장하는 것은 아닐까? '미래에 이미 존재하고 있었던' 미래완료형의 결과를 두고 현실의 지금 양상이 미래에까지 지속될 것이라고 하는 점을 인정하면서 열세에 놓인 쪽의 속임수가 승리하는 것으로 종결짓는 방식이 형성되어 전승되고, 그렇지 않은 경우에는 열세에 놓인 쪽이 행하는 모방의 속임수가

29) 변천의 양상에 관해서는 박종성, 『한국창세서사시연구』, 태학사, 1999와 박종성, 앞의 논문, 2008에서 다루었다.

우위에 있는 쪽의 속임수에 의해 실현되지 못하는 방식으로 형성되는 것이라 판단된다. 결국, 선한 신의 속임수는 모방의 속임수를 무력화시키는 정당한 부정적 행위여서 속임수 자체를 통해 속임수를 완벽하게 덮어버리는 역설적 기능을 수행하는 것이라 할 수 있다. 속임수라는 동일한 방식을 긍정과 부정, 선과 악의 이분법적 인식으로 갈라놓는 것은 속임수가 일종의 폭력이고 그 폭력을 교묘하게 은폐하는 효과적인 장치, 그 자체이다. 이는 모방의 속임수가 그 자체로 멈추어 서지 못하고 모방의 주체가 모방의 대상이 된 존재를 거듭 모방함으로써 대등해지려고 하는 결과가 예측된다면 이는 엄격하게 제어되어야 한다는 논리와도 이어진다. <띠베리아드海의 전설>에서 사타나일이 하나님의 행위를 모방하고 이어 하나님을 모방함으로써 투쟁이 시작되는 사정이 이에 해당한다.

그런데 선한 신이 모방의 속임수를 차단하는 신화적 논리에 착종의 양상을 보이는 것이 있다. 악마가 흙을 떼어내어 발로 차자 개구리가 생겨나는 것을 본 신이 이를 모방하여 인간을 창조했다고 하는 헝가리 신화의 자료가 그것이다. 신이 악마에게 무엇인가를 창조하라고 한 명령의 결과가 중간에 설정되어 있어 신과 악마의 상하관계는 변하지 않도록 하는 장치를 마련하고 있지만, 신의 모방행위는 더 이상의 신화적 서사를 통한 해명을 시도하지 않는다. 밤새 악마의 부당한 의도로 인하여 늘어난 육지의 잉여분을 처리하는 효과적 방식으로 인간세상의 피조물을 창조하는 것임을 신은 알지 못했고 악마는 이미 알고 있었다고 하는 이 신화의 논리는 신과 악마의 倒錯的 운명을 짐작하게 하는 것일 수도 있다. 신과 악마의 우열 관계가 신화의 문면에서 확정한 만큼 신화의 서사 문맥이 보장해 주지는 못한다. 신과 악마는 창세의 바다를 떠다니는 두 존재일 따름이다. 둠네제울과 악마가 형제인가 아닌가를 두고 命名의 대립각을 세우는 루마니아의 사례를 놓고 보면 선과 악의 분별은 형제인 자와 형제가 아닌 자의 분별과 그대로 이어진다고 하는 신화적 논리가 성립하게 되는 지점이다. 그런 이유가 있다면, 창조의 비밀스러운 원리를 선한 쪽이 지니든 악한 쪽이 지니든 간에 창조의 그 결과에 대한 우열의 판단이 존재하지 않는다는 해석은 꽤나 당연하게 받아들여질 수 있는 것이겠다. 이미 제시한 루마니아의 다른 자료에서는 상호모방의 창조 방식이 뚜렷하게 설정되어 있다. 악마가 먼저 인간 창조를 하나님에게 제안하고 하나님의 형상을 본 따 인간을 먼저 만들었다고 했다. 하나님이 악마의 행위를 모방하여 후속 인간을 만들었는데 악마의 형상을 본떴다고 했다. 악마의 형상을 한 괴물과 같은 인간은 하나님의 피조물이요 하나님의 형상을 한 인간은 악마의 피조물이라는 것이다. 이 둘을 합쳐 하나로 만들어 낸 것이 최초의 거인 종족이라 하고는 역시 그 형상이 인간과 개의 모습을 섞어놓은 것이라 했다. 이제 어느 한쪽이 창조의 절대적 권한과 행위를 행사했다고 말할 수 없게 되었다. "어느 쪽이 진정한 창조주인가?"라는 근본적 물음에 다시 직면하게 되는 지점이 아닐 수 없다.

상호모방과 선과 악의 분별, 그리고 창조행위의 先行과 後行, 인간 창조의 원리를 알아차리는 쪽과 그렇지 않은 쪽으로 변별하는 인식은 창세의 두 주역신이 개별적 속성을 가진 전혀 별개의 존재가 아니라 쌍둥이-짝패의 성격을 지닌 존재로 인식한 결과로 보아야 하지 않을까 생각한다. 한국의 경우, <시루말>이나 <천지왕본풀이>류에서 확인되는 부모의 혈통이 신화의 변천을 거듭한 결과이지만, 그 다음 세대에 선문이와 후문이, 대별왕과 소별왕이라는 쌍둥이-짝패의 형제가 다시 전면에 등장하는 것은 창세의 두 주역신이 갖는 신화적 논리의 보편성을 그 바탕에 둔 결과일 것으로 생각한다.

진정한 창조주의 확정이 모호한 지점을 지나면 우열관계가 명확하고 선과 악의 분별이 더욱 확정되는 신화적 논리가 등장하기 마련이다. 다른 자료들에서 쌍둥이-짝패의 두 주역신의 속성이 아래의 신화에서 다음과 같은 변이를 보이기도 한다.

아주 오래전, 아직 이 세상이 존재하기도 이전, 신은 악마에게 바다 속 가장 깊은 곳에 들어가 모래를 가져오라는 명령을 내렸다. 후에 아주 심술궂고 욕심 많으며 약삭빠른 성격으로 변하게 된 악마는 신과 닮고 싶은 욕심에 자신의 입 속에 몇 개의 모래알갱이를 숨기고 나머지만을 신에게 가져다 주었다. 악마에게서 모래알갱이들을 받아든 최고의 신 스바룬(Svarun)은 자신의 주변에 모래알갱이들을 흩뿌리며 소리쳤다. "지구여, 자라나라! 그리고 넓게 퍼져라!" 그러자 신 스바룬이 던진 모래알갱이들이 정말로 지구모양으로 변했고, 점점 더 커지면서 지구의 모습을 갖춰가며 넓어지기 시작했다. 하지만 그와 동시에 악마 또한 불행하게도 자신의 입 속에 있던 모래알갱이들이 점점 커지고 있다는 사실을 깨닫게 되었다. 입 속에서 점점 더 커지는 모래알갱이들 때문에 턱이 아파오는 것을 느낀 악마는 결국 신의 영험한 능력에 겁을 먹게 되었고, 입 안에 있던 그 모래알갱이들을 뱉어낼 수밖에 없었다. 그렇게 악마가 뱉어낸 모래알갱이들이 물웅덩이로 변했고, 늪이 되었으며, 황무지와 쓸모없는 돌투성이의 땅이 되었다. 그렇게 악마는 다시 한 번 자신의 능력이 신의 능력에 훨씬 미치지 못한다는 사실을 깨닫게 되었다.(세르보-크로아티아Serbo-Croatia)[30]

악마는 최고의 신과 닮고 싶은 욕망을 가졌다고 했다. 본디 악한 것이 아니라 '후에 아주 심술궂고 욕심이 많으며 약삭빠른 성격'으로 변했다고 했다. 절대신 스바룬의 창조행위를 모방하려다가 중단한 연유가 신의 창

30) 권혁재 외, 『동유럽의 신화』, 한국외대출판부, 2008, pp.15~16.

조 방식을 미처 알아채지 못한 결과라 하고 악마를 매개로 해서 창조된 인간세상의 지형지물은 쓸모없는 것일 따름이라는 것이다. 유럽 전역에 고루 퍼져 있는 민간의 전승에서 기이한 암석이나 바위, 쓸모없는 특별한 지형이 거인 혹은 악마의 장난이나 심술에 의해 형성된 것이라고 인식하는 것과 같은 논리이다. 우열이 확정되고 선과 악의 이분법에 확정적으로 얽매이는 지점에서 창조의 한 주역신은 악마가 되고 심술궂은 거인이 되고 마고할미가 된다.[31)]

4. 왜 둘인가? : 창조를 위한 속임수와 점유를 위한 속임수

창세신화의 다양한 전승은 창조의 내력을 다채롭게 인식한 결과이다. 적지 않은 유형 가운데 창세의 주역신 둘이 나타나 경쟁하고 대립하고 상호모방의 과정을 거쳐 세상을 창조한 내력이 지리적, 민족적, 문화적 간극을 넘어서서 하나의 유형으로 전승되고 있다는 사실은 창세의 과정에 두 주역신이 필연적으로 등장해야 하는 연유가 있음을 의미한다. 그런 까닭에 창세의 주역신은 '왜 둘인가?' 하는 물음은 당연히 제기될 수 있다.

창세의 과정에 의해 혼돈의 물이 생기고 궁창과 육지, 낮과 밤이 분별된다고 말할 수 있다. 이분법적 논리는 선과 악, 선신과 악신과 같은 관념적이고 상대적인 개념에 대해 가치와 의미를 부여하는 곳으로 나아간다.

선신과 악신이 生來的으로 규정된 상태로 창세신화에 등장하는가의 문제는 창세신화의 원론적 성격을 논하는 데에 있어 매우 중요한 요소이

31) 창세의 위대한 여신이 麻姑가 됨으로써 부정적인 신 혹은 이에 버금가는 존재로 전락하여 제치의 대상이 되어 패배를 경험하고, 단군에게 패퇴하여 항복하는 존재가 되었다. 스스로 바위가 되기도 하고, 교간하는 요물로 둔갑하기도 했다. 심지어는 마고가 둘 나타나 경쟁하며 힘자랑하는 존재가 되기도 했다. 박종성, 비교신화의 관점에서 본 설문대할망, 『口碑文學硏究』 제31집, 한국구비문학회, 2010. 12에서 관련 내용을 다룬 바 있다.

다. 선신과 악신의 구별 짓기는 인간의 선악과도 직결되어 있기 때문에 선악을 인식하는 본질적 문제를 거듭 다루어야 하는, 결코 녹록한 논제가 아니다. 우월한 신의 속임수와 열등한 신의 속임수가 선한 신의 속임수와 악한 신의 속임수로 그 의미를 중첩시키고 있는 중·동유럽 창세신화의 인식을 우선 지적할 수 있다. 우월함은 善이고 열등함은 惡이라고 하는 二分法的 思考方式이 동유럽 창세신화의 문면에서 확인되지만 한국의 경우에는 명확하게 드러나지 않는다. 몽골의 동일유형 신화에서도 선과 악의 분별이 드러난 자료들이 전승되고 있어 한국의 사례는 개별적이라 할 수 있다.

몽골 창세신화에서 쉬베게니 보르항은 열등한 신이면서 동시에 속임수를 썼다는 점에서 악신적인 성격을 지닌 존재로 설정되었다고 할 수 있으나, 이후 악마와의 관계를 이야기하는 부분에서 보면 악마의 대응적 존재인 善神의 형상을 오롯하게 지니게 된다. 동유럽의 사례와 견주어 보면 몽골의 사례는 속임수를 쓴 쪽이 악신으로 확정될 수 있겠지만, 악마와의 관계에서 다시 선신의 성격을 획득하게 되는 쉬베게니 보르항의 행적을 고려하면 한국의 사례와 같이 석가님이 선과 악의 어느 한쪽에 서 있는 신으로 규정되지 않는 사정과 긴밀하게 연결된다. 地域的 隔離에 따른 창세신화의 現象的인 差異는 응당 당연한 것으로 간주할 수 있으나 적극적인 해석을 시도함으로써 현상의 차이를 해명할 수 있는 蓋然的인 관점을 제시할 필요가 있다.

천상과 지상에 있어서 신과 악마의 권력투쟁은 중세 이래 유럽세계의 중요한 삶의 도덕적 기준으로 작용했다. 선과 악의 양극단은 중간적 매개를 허용하지 않는 중세 유럽사회의 현실이었다고 할 수 있다.[32] 유일신에

32) 쟈크 르 고프, 유희수 옮김, 『서양중세문명』(3쇄), 문학과 지성사, 1995, pp.190~195에서 관련되는 내용을 언급하고 있다.

의한 천지창조가 중세보편종교의 경전을 통하여 불가침의 원리로 확정되었다 하더라도, 창세의 두 주역신이 인간세상을 상호모방과 협연의 방식 등으로 창조했다고 하는 다른 방식의 신화적 인식이 사라지지는 않아서 악신 혹은 악신의 성격을 지닌 존재가 인간세상을 창조하는 과정에서 응당 요구할 수 있는 인간세상에 대한 정당한 권리가 엄연히 존재할 수 있다고 하는 신화적 혹은 민간 신앙적 인식을 우리는 배제하기 어렵다고 생각한다.[33)]

악마가 맡아 다스리는 치소는 이승도 저승도 아닌 지하세계, 곧 동양적 관점으로는 부정적 異界 정도에 해당할 것이다. 창세의 선한 신은 인간세상의 唯一神이면서 동시에 천국과 같은 저승의 主宰神인 셈이다. 악마의 영역은 인간세상과 단절되어 있지 아니하고 끊임없이 인간들의 삶의 영역에 관여하면서 절대적이고 선한 신과 대결을 감행하고 있는 존재로 인식된다.

한편으로 한국의 경우는 사정이 같지 않다. 악마의 개념이 등장하는 신이 확정적으로 악마의 영역을 다스린다고 하는 인식이 배제되고 저승과 이승이라는 두 영역을 맡아 다스리는 미륵과 석가, 대별왕과 소별왕이 있을 따름이다. 더욱이 속임수로 인간세상을 차지한 소별왕이 인간세상에 선악의 분별을 마련하고 인간세상의 이치를 확정하는 제주지역의 창세신화에서, 우리는 소별왕의 속임수가 동유럽의 善神이 악마를 속이는 행위와 동궤의 의미선상에 존재한다고 판단할 수 있다. 결국 한국의 창세신화에서 속임수를 사용한 쪽이 부정적 의미를 완전하게 걷어내지는 못

---

33) 당시 異端으로 烙印찍혀 큰 반향을 불러일으킨 마니교 따위가 관련되는 현상일 수 있겠다. 민속신앙과 관련하여 악마 혹은 악마적 존재에 대한 신앙에 대한 동유럽의 사례 가운데 하나는 Anna Brzozowska-Krajka, *Polish Traditional Folkore - The Magic of Time*, Translated by Wiesław Krajka, N.Y.:Columbia Univ. Press, 1998에서 확인할 수 있다.

하지만, 결과론적으로 인간세상의 이치를 확정하는 노릇을 하는 신으로 좌정하기 때문에 동유럽 쪽의 악마와는 전혀 다른 성격의 신으로 거듭난 것이라고 할 수 있다. 또한 동유럽 창세신화에서 선한 신은 인간세상뿐만 아니라 천국과 같은 저승을 아울러 맡아 다스리기에 한국의 미륵과 석가, 대별왕과 소별왕의 성격을 포괄하고 있다고 인정할 만하다.

11세기 즈음에 중세 유럽세계에서 악마의 존재가 구체화되고 명료해진 사정은 이들 지역 창세신화의 전승에 적지 않은 변천을 가져왔다고 생각한다.[34] 구체화된 악마의 존재는 창세신화에서 비교적 자신의 역할과 능력을 열등한 입장에서라도 확보하게 되었을 터이다. 한국의 경우에 선과 악의 분별과 선신과 악신의 분별이 확정적이지 않다는 사실과, 저승과 이승의 분별이 선과 악의 분별이 아니라 인간세상과 단절되어 있지 않은 포괄적인 인간세상의 영역에 자리 잡고 있다는 사실이 주목할 만한 개별성이라 생각한다. 그런 까닭에 複數의 日月을 除去하지 않고 인간세상에서 떼어낸 각각의 일월을 저승과 같은 또 다른 세계에 걸어둔다든지[35], 아니면 다른 星辰으로 만들어 인간세상의 이치를 확정하는 매개로 삼았음에 유의할 필요가 있다. 제거를 택하지 않고 調定의 방식을 택한 것이다. 이와 같은 신화적 인식은 이승과 저승, 혹은 이승과 다른 어떤 이계가 인간세상과 단절되어 별개로 존재하는 것이 아니라 인간세상의 포괄적인 영역에 속해 있다고 하는 관념의 결과로 이해 가능할 것이다.[36]

인간세상과 저승 혹은 이계의 경계를 설정하면서도 인간세상의 영역에 두 영역을 포괄하려는 인식과, 선과 악의 분별을 창세의 두 주역신에

---

34) 여기에 관해서는 쟈크 르 고프, 앞의 책, 같은 곳에서 간략하게 다루고 있다.
35) 경기도 오산지역의 창세신화인 <시루말> 및 다른 자료들에서 이런 점이 확인된다.
36) 우리 민요에서도 사람이 죽어 가는 곳을 북망이라 하고 그 북망을 대문 밖이 곧 북망이라고 하는 인식을 드러낸다. 삶과 죽음의 경계가 분명하지만 결코 단절되어 있지 않고 양자를 삶의 영역 속에 연계시켜 놓은 점이 특별하다고 생각한다.

게 대응시켜 확정하지 않으려는 인식은 신화적 문면과 문맥에서 저승의 개입이나 이계의 개입을 허용하지 않는 아이러니를 드러낸다. 반면 동유럽의 경우, 천국과 이승, 지옥, 혹은 부정적 관념의 異界가 인간세상의 선과 악의 분별과 직결되어 있으면서 지속적으로 영향력을 행사하려는 갈등 양상은 한국과는 사뭇 다른 양상을 보인다.

폴란드를 비롯하여 동유럽 민속신앙에서 낮과 밤 신과 악마의 대응 양상을 간략하게 제시하면 아래와 같다.[37)]

Day ∷ God ∷ Wake up ∷ Light ⇔ Night ∷ Devil ∷ Sleep ∷ Darkness

이 지역 창세신화에서 선한 신은 우선적으로 '깨어 있는 존재'여야 한다. 그래서 잠자기를 제안하고 '거짓 잠자기'를 통하여 악마의 계략을 깨뜨리고 자신의 의지대로 깨어 있으면서 세상을 창조한다. 이 지역의 다른 신화들에서는 선한 신이 잠을 자는 동안 악마에 의해 무엇인가 창조의 행위가 행해지기도 한다. 또한 잠자기의 제안이 선한 신에 의해서 행해진다는 설정은, 악마의 계략을 넘어서는 방식이 악마의 속성인 잠자기를 활용한 것이라는 점과 관련이 있을 수 있다.

루마니아의 사례에서 보듯, 어떤 경우이든 잠자기의 제안과 거짓 잠자기의 실행은 본질적으로 '암흑과 밤' 그리고 '광명과 낮'이라고 하는 분별을 뚜렷하게 제시하고 있다. 선한 신에 의한 잠자기의 제안과 선한 신의 '온 잠자기'는 '거짓 잠자기'를 하지 않는 쪽이 광명과 낮을 담당하는 신이라고 하는 의미를 갖지만, 그 역의 경우는 해명이 필요하다. 우선,

---

37) Anna Brzozowska-Krajka, *op.cit.*, pp.56~59 참고. 박종성, 선신과 악신의 상호모방과 협연의 창조론과 선악의 문제, 『통합인문학연구』제1권 2호, 방송대통합인문학연구소, 2009에서 논의한 바를 그대로 가져온다.

자료 B와 C의 서사를 연계하면 거짓 잠자기를 통해 결과적으로 육지의 창조행위가 악마에 의해 이루어졌음을 알아차린 선한 신이 태양의 창조를 스스로의 행위로 이루어내기 위하여 악마의 거짓 잠자기라는 행위를 모방한 것이라 할 수 있다. 그런데 다른 한편으로, 선한 신의 '거짓 잠자기'의 결과는 바로 '성스러운 태양'의 창조임을 명확히 하고 있다는 점(자료 C)은 신화의 논리가 선한 신의 상반된 행위가 갖는 동일한 의미를 놓치지 않고 있음을 보여 주는 것이다. 선한 신의 '온 잠자기'의 결과가 육지가 평평하게 되었다고 하는 점(자료 B)과 견주어 보면, '거짓 잠자기'를 하지 않는다는 신화적 의미는 일관된 논리의 선상에 있다고 판단된다. 잠자기를 통해 평평한 육지가 창조되고 깨어 있음을 통하여 태양이 창조된다고 하는 인식이 그것이겠다. 평평한 육지가 악마의 주도적 행위에 의해 창조되었다고 하는 설정은 선한 신에 의해 창조된 육지가 구릉이나 산악과 같은 지형이었다고 하는 추론을 가능하게 한다. 유럽의 전승들에서 이와 같은 지형을 창조한 존재가 거인이나 심술궂은 초월적 존재인 점을 연계해보면 선한 신의 뭍의 창조행위가 떠다니는 중에 부딪힌 어느 한 지점에서 형성되었을 가능성을 생각해 보게 한다.

중·동유럽의 창세신화에서 '거짓 잠자기'를 하지 못해 패배한 쪽은 악마라고 낙인이 찍히게 되는데 이는 곧 인간이 끊임없이 창세의 시절을 회고하면서 패배한 쪽을 인간 세계에 관여하는 부정적 존재로 거듭나도록 만들었다고 생각한다. 이는 선과 악의 구별 짓기에 희생되지 않은 채 인간세상과 다른 이계 혹은 저승을 맡아 다스리면서 총체적인 인간 세계의 영역 내에 자리하는 존재로 남아있게 되었다고 하는 한국과 몽골의 설정과 변별적인 지점이 있음을 알 수 있다.

이렇게 보면, 선신이 악신이 되기도 하고 악신이 선신과 밀접한 관련을 맺기도 하면서 악신의 성격을 넘어서기도 한다는 점이 창세신화의 다양한 사례들을 고찰하면서 확인된 셈이다. 다음 진술은 이러한 관점에서 음미할 만하다.

> 폴란드와 슬라브 민족의 이원적인 창조론에서 세계의 상징적 이분법은 한 쌍의 대조적인(대립적인) 천상과 지하의 조물주의 투쟁에 의하여 강화된다. : 세계(세계가 황제의 불과 황후의 물에서부터 생겨났다고 말하고 있는 러시아 민속은 창세신화의 가장 짧은 각편으로 추정된다.)를 함께 창조하는 絶代神(태양과 천상의 본질적 속성으로서의 불을 상징)과 악마(세계의 물을 상징). 각각의 슬라브 창세신화는 이 같은 두 가지 본질적 힘의 뚜렷한 내재적 반작용을 드러낸다. In Polish and Slavic dualistic cosmogony, the symbolic dichotomy of the universe is intensified by the struggle of the pair of antithetical uranian-chthonian demiurges: God (representing the fire as the essential attribute of the sun and the heaven) and the Devil (representing the cosmic waters) who jointly create the universe (the Russian folk saying that the universe was born from the tsar-fire and the tsarina-water is assumed to be the shortest version of the cosmogonic myth)[38)]

악마로 규정된 존재가 세계 창조의 두 가지 본질적 요소 가운데 하나라는 사실은 악마라고 하는 부정적 속성을 지닌 존재가 다분히 後代的 설정일 가능성을 뒷받침한다. 폴란드 크라쿠프(Kraków) 지역에서 세계의 기원을 전하는 이야기는 다음과 같이 설정되어 있다.

---

38) *Ibid.*, p.32.

> 그것(세상의 기원신화)은 유대-기독교적 창조론을 반영한다. : 오랜 세월 光明의 신이 다스렸던 천상이 처음이었고, 그 아래에 신의 왼쪽 편에 광명의 신(the God of light)에 종속되어 있는 암흑의 왕자(the prince of dakkness)가 있었다. which resembles the Judeo-Christian cosmogony: "there was first the heaven in which the God of light had ruled for centuries; lower, on his left side, there was the prince of darkness who was subordinated to the God of light"[39]

창세의 두 주역신의 관계가 기독교의 야훼와 예수의 그것과 近似하게 설정되어 있음이 개연적으로 인정되는 부분이다. 앞서 루마니아의 창세신화에서 둠네제울과 악마가 형제의 관계로 설정되는 과정에서 논란이 있었다고 하는 점이 확인되었는데, 우리가 상정할 수 있는 창세신화의 원형에 가까운 양상이 있다면 아마도 '친연성 있는 두 주역신'에 의한 세계창조라고 하는 전제를 설정할 수 있을 것으로 판단된다. 앞서 폴란드를 비롯한 슬라브 민족 그리고 동유럽 민족들 사이에 선과 악, 유일신과 악마, 깨어 있음과 잠듦이라는 양가적 의미는 창세의 시절에 두 주역신이 각기 담당했던 역할과 영역의 후대적 변천의 결과로 인정된다. 더욱이 'The God'과 'The prince'의 관계는 유일신과 악마의 관계가 본질적으로 혹은 원초적인 신화적 사유에서는 창세의 두 주역신이 부자관계 혹은 그에 버금가는 친연적 관계임을 반증하는 것으로 이해될 수 있는 것이다. 아래의 사례도 이에 관한 근거가 될 만하다.

이와 관련하여 인간 세계에 낮과 밤이 어떤 과정을 통해 형성되었는지에 관한 폴란드의 다음 사례는 유의할 필요가 있다.

---

39) *Loc. cit.*.

두 兄弟가 있었다. : 흰 것과 검은 것. 그들이 만날 때라도 먼저 어두워지고 그 다음에 밝아지기 때문에, 그들은 각각의 길을 움직이면서 결코 서로를 바라보지는 못한다. There are two brothers : a white one and a black one. When they meet they make way for each other and never look at each other, because the first would get dark and the second would get white.[40]

밤과 낮의 先後를 말하고 둘 사이의 관계를 兄弟라 하였으니 '거짓 잠자기'의 두 주역신과의 연계성을 가늠할 수 있는 매개적 자료로 활용될 수 있다. 선과 악의 윤리적 잣대를 거두어들인 지점에서, 우리는 창세신화가 인간세상을 창조한 내력을 다채로운 양상으로 지속적으로 전승하기도 하고 변천을 경험하게 하기도 하는 것임을 간파할 수 있게 되는 것이다. 유일신과 왕자는 왕(父神)과 왕자(아들)로 치환될 수 있는 변이의 형태로 인정되고 '형제인 자'와 '형제가 아닌 자'로 대립하는 루마니아의 둠네제울과 악마의 사례에서 둘 사이의 태생적 동질성을 짐작할 수도 있다. 폴란드의 흑과 백이라는 두 대립적 자질이 기실은 밤과 낮의 운행 원리를 드러내는 것이면서 동시에 형과 동생이라는 친연적 관계로 인식되는 사례는 창세의 두 주역신이 선신과 악신, 유일신과 악마라고 하는 이분법적 사고에 의한 후대적 변천일 가능성도 제시해 두고 있다.

창세의 시절에 바람직한 결과만 나타났다고 확정하는 것은 중세보편종교의 유일신을 대상으로 할 때 그렇다. 온전히 바람직한 결과가 있었는데 인간의 잘못으로 선과 악이 공존할 수밖에 없었다고 하는 논리는 유한한 인간을 신의 절대적 영향력 아래 두는 최상의 방책이다. 그렇지 아니

---

40) *Ibid.*, p.32.

하고 창세의 시절에서부터 선과 악의 대립과 모방, 협연의 다층적 과정이 연계되어 있다고 하는 신화적 인식은, 인간이 인식하는 선과 악에 대한 상대적 인식의 결과일 터이다. 상대적 인식이란 선과 악의 존재를 동시에 인식하는 것이면서 동시에 선신과 악신이 모두 인간의 삶에 끊임없이 개입한다고 인식하는 것이다. 인간의 삶 자체를 이렇게 인식할 때, 선신과 악신의 존재는 윤리적 기준을 넘어서서 인간이 의식하지 않을 수 없는 존재로 기능한다.

지금 현재 우리가 접하는 창세신화의 다양한 전승들은 창세의 내력을 전하는 서사 속에, 그리고 바다 속에 떠다니는 주역신들의 표류의 내력이다. 특정 민족이든, 지리적 환경이든, 신앙의 흐름이든 그 어느 지점에서 그들이 부딪혀 만나는 순간에 선신은 악신의 행위를 모방하고 그 역의 상황도 일어난다. 이는 주역신들의 표류이면서 창세의 논리를 신화적 서사로 인식하려는 인간 의식의 '떠다니는 내력'이기도 할 것이다. 시간이 順次的으로 진행되거나 可逆的으로 흐르는 것을 시간의 '떠돌아다님'으로 인식하는 방식, 혹은 실제로 시간의 이런 속성을 말하는 것과 같은 이치일 수 있다.

5. 마무리에 대신하여 : 왜 '잠자기'인가?

태초에 인간을 창조한 신들은 노동에서 해방되고 싶은 강렬한 욕망을 가졌다. 바빌로니아 아트라하시스(Atrahasis) 서사시는 신들이 자신들의 노동을 덜기 위해 인간을 창조했다고 노래한다.[41] 노동에서의 해방은 오

41) 아카드어로 기록된 아트라하시스 서사시의 주인공으로 대홍수 속에서 살아남아 인류와 지상의 동식물을 보존한 존재로 묘사된다. 서사시의 내용에 따르면, 신들이 자신들의 노동을 덜기 위해서 인간을 창조했는데, 그 숫자가 늘어나면서 시끄러운 소리 때문에 괴로워하게

늘날의 '게으름'이 신의 특권임을 알게 한다. 신은 일하지 않고 게으름을 피우며 신의 권위를 확정한다. 헤시오도스의 [일과 나날들]의 序에서 인간이 제대로 살기 위해서는 노동을 필요로 한다는 것을 노래한 이면에 신과 인간의 게으름과 노동이라는 신화적 인식이 깔려 있는 것은 이러한 이유에서이다. 노동은 인간의 숙명이요 속성이다. 게으름은 신의 특권이다. 신이 잠자기를 통해서 무엇인가를 창조하는 신화적 서사는 인간의 노동을 은폐한 신화적 논리에 연결될 수 있다. 또한 '게으름'의 특권을 신화적 서사로 드러내는 가장 효과적인 방식은 '잠자기'이다. 비슈누의 '잠자기를 통한 꽃피우기'가 어찌 보면 이런 맥락에서 이해할 개연성이 있다. '잠자기'는 신의 특권이다. '잠자기'를 제안하는 쪽은 신의 특권을 오롯하게 확정하는 특별한 존재임을 스스로 드러내는 하나의 방식일 수 있다. 신들의 노동을 대신하게 하기 위하여 창조한 인간을 신들이 다시 제거하려고 계략을 꾸민다. 이유는 자명하다. 인간들의 소란스러움 때문이다. 인간들의 '소란스러움', 이 행위는 신들의 특권인 '잠자기'와 '게으름'의 향락을 깨뜨리는 결정적 방해 요소이기 때문이다.

되었다. 이에 신들의 왕인 엘릴(Ellil, 수메르 신화의 엔릴Enlil)은 인간의 역병과 가뭄을 통해 인간의 숫자를 줄이려 한다. 하지만 인간에게 동조적인 신 에아(Ea, 수메르 신화의 엔키Enki)가 지혜로운 왕 아트라하시스에게 대처 방법을 알려주어 모두 실패했다. 세 번째로 엘릴은 대홍수를 일으켜 인간들을 없애고자 하였다. 하지만 이번에도 에아는 대홍수 계획을 알려주고, 살아남기 위해 방주를 건조하도록 지시한다. 아트라하시스는 에아 신의 조언에 따라 지붕이 있고, 내부가 2층으로 나뉘어 있으며, 가로 세로 길이가 같은 배를 건조하고, 온갖 짐승과 식물의 씨앗을 함께 싣고, 대홍수에서 살아남는다. 대홍수 뒤 에아 신은 문제가 되었던 인구증가를 억제하기 위해 불임과 유아사망, 그리고 여제사장직을 통한 독신 인구 증가 등의 대책을 강구한다. 아트라하시스(Atrahasis)는 수메르 홍수 이야기에 나오는 지우수드라(Ziusudra), 길가메시 서사시에 등장하는 우트나피쉬팀(Utnapishtim)과 동일 인물이다. 길가메시 서사시에서는 우트나피쉬팀의 별명으로 아트라하시스라는 이름이 직접 언급된다. [네이버 백과사전]

'노동'과 '잠자기'는 인간과 신의 변별적 요소의 핵심이다. 그 가운데 '거짓 잠자기'가 존재한다. '거짓 잠자기'는 '깨어 있지 않음'과 '잠자지 않음'의 '교집합'이면서 동시에 '깨어 있음'과 '잠자기'의 '여집합'이다. 곧 인간과 신의 속성을 공유한 행위이면서 신과 인간 어느 쪽에도 교집합을 갖지 못한 행위이다. 잠자기를 제안하면서 '거짓 잠자기'에 속한 선한 신은 신의 특권을 통해 인간의 숙명을 스스로 체현한 인간세상의 신으로서 그 성격을 포지하고 있다.

신은 노동하지 않는다. 인간을 활용할 뿐이다. 인간을 창조하기 이전의 창세과정에서, 노동하는 인간을 활용하지 못하는 상황에서 가장 효과적인 방식은 말로써 그 무엇인가를 창조하는 것이다. 행위(노동)를 하지 않으면서 직접 창조하는 방식, 그것은 바로 '거짓 잠자기'의 또 다른 표현이다. 이것이 바로 인간과 신의 원초적 속성에 연계되지 않는 여집합인 셈이다.[42] '거짓 잠자기'를 통해 인간세상을 차지한 신은 그런 까닭에 지고의 신이요 인간세상의 절실한 신이 되는 다음 단계의 존재이다. 신과 인간의 통합이 아니라 둘 사이의 차이를 그대로 드러내면서 둘 사이를 포괄하는 존재야말로 신의 덕성이라고 하는 신화적 인식은 바로 이 지점에서 형성되는 것이겠다.

신은 인간이 아니어야 하고 인간은 신이 아니어야 한다. 이 명제를 충족시키기 위해서 신화적 논리는 행위의 신화에서 개념의 신화로 전환된다. 신이면서 인간이기도 한 속성을 아울러야 인간의 신이 될 수 있기 때문에 행위가 아닌 개념이 필요했다. 인간을 배제한 신은 존재할 수 없는 법이어서 그랬다고 본다. 창세의 주역신은 이 지점에서부터 떠다니기 시작한다. 양쪽을 포괄하지도 못하고 어느 쪽에도 서지 못하는 일군의 창

---

42) 원초적 속성이란 표현은 중세보편종교로 성립하기 이전 단계의 신앙이나 종교가 갖고 있었던 신에 대한 속성을 지칭하는 잠정적 용어이다.

세의 주역신은 끊임없이 떠다닌다. 말이 행위를 넘어서는 창조의 방식이 보편 신앙의 핵심으로 확정되는 중·동부 유럽의 신화적 논리는 행위를 우선시하는 존재가 선한 신이든 악한 신이든 말로써 창조의 과정을 마무리한 신에 비해 열등한 존재로 전락하지 않을 수 없다. 그런 까닭에 선하고 악한 두 신들의 속성과 역할의 倒錯을 신화적 논리로 해명하려는 곳으로 나아가려 한다. 선한 신의 '거짓 잠자기'가 광명과 빛의 신임을 거듭 확정하려는 루마니아의 경우가 그 단적인 사례가 되는 것은 이런 까닭에서이겠다.

창세의 주역신은 애초에 '잠자는 신'이어서 행위를 하지 않는 '非행위'의 창조를 보여 준다. 잠을 자면서 무릎에 꽃을 피우는 미륵의 행위나 잠자는 비슈누의 꽃이 이런 사정을 암시한다. '비행위'의 '잠자는 창세신'이 행위의 주역신으로 전환하기 위한 과정에 '거짓 잠자기'가 있어 '비행위'의 모방을 매개로 행위의 창조를 겨냥한다. '비행위'이면서 '행위'라고 하는 창조의 방식은 신이면서 인간이기도 한 속성을 드러내는 데에 효과적이어서 선택되었다고 생각한다. '거짓 잠자기'의 이중적 속성은 '말'에 의한 창조라는 특별한 방식으로 전환되기도 하는데, 보편종교의 경전이 성서가 이런 사정을 간직하고 있다. '말'은 행위이면서 행위가 아닌 것에 해당하는 까닭에 '거짓 잠자기'의 속성을 계승한 후대적 변용의 결과로 보는 편이 자연스럽다고 생각한다. '거짓 잠자기'는 윤리적·도덕적 준거가 적용되는 시점부터 부정적 영역에 들어앉게 되었다. 따라서 윤리적·도덕적 준거에서 자유로우며 부정적 영역을 벗어나면서도 '거짓 잠자기'의 속성을 지속시킬 수 있는 새로운 방식의 창조방식이 필요했다고 생각한다. 그런데 온전하게 '말'에 의한 창조가 인간의 신으로 자리 잡기에 부족한 점이 있다고 인식되면서 인간은 행위를 통하여 창조했다. 인간이 있어야 신이 존재할 수 있다는 관점에 서면 인간의 신이 되기 위한 요건으로 인간의 속성인 행위(노동)가 완전히 배제되기는 어려웠다고 생각한다. '잠자기'라고 하는 '비행위'의 창조에서 '거짓 잠자기'라는 '비행위'를 모방한 '행위'의 창조로, 다시 '말'에 의한 창조라는 행위이면서 행위가 아닌 관념의 창조가 창세신화의 바다를 이룬다.

행위의 신은 인간과 가까워야만 한다. 관념의 신은 그 반대여야 한다. 중·동부 유럽의 다양한 사례들 가운데 이 점이 고려되어야 개별적 신화 전승들의 다채로운 변이양상들을 포괄하는 틀이 만들어질 수 있다. 창세의 주역신들이 떠다니는 바람에 신화의 전승은 다채로울 수밖에 없게 되었다. 선한 신이든 악한 신이든 신과 인간의 영역을 떠다니면서 두 영역을 포괄하고 둘 사이의 차별을 공식화해야 하는 강박증에 시달릴 수밖에 없게 되었다. 그런 까닭에 인간세상의 모든 物像은 선신과 악신의 행한 창조의 결과가 아니라, 누구였다 하더라도 상관없는 (상호)모방과 속임수의 결과물일 따름이다. 창세의 주역신들이 예정한 창조의 과정과 결과로서 인간세상의 모든 물상을 인식하는 것은 창세신화의 논리가 아니다. 창조의 과정과 결과에 따른 창세신화적 인식과 논리는, 그 모든 창조물이 전적으로 주역신 스스로 인식한 결핍과 의무에 의해 등장한 것이 아니라는 점이다. 이는 타자의 욕망을 자신의 욕망으로 인식하는 인간의 욕망이 신화적 서사로 구체화된 것이라는 관점도 고려할 필요가 있다고 생각한다. 선신인가 악신인가와 같은 분별적 논리로 욕망을 실현한 주체가 누구인가를 거듭 따지는 것을 넘어서서, 그렇게 욕망을 실현하게끔 한 창세신화 속의 타자가 누구인가 하는 점이 중요하다는 의미일 수 있다. 누가 창세의 주역신들을 (상호)모방하게 하고 속임수를 쓰게 하고 속임수를 통하여 속임수를 무화시키도록 하였는가 하는 점을 아울러 인식할 필요가 있다는 것이다. 선신과 악신, 절대권능을 지닌 지고신과 악마는 철저하게 자신들이 예정했던 창조의 행위를 수행한 것이 아니라 인간들의 욕망에 의해 좌충우돌하며 선과 악, 상위와 하위의 분별을 넘어서는 행위를 우리에게 보여줄 뿐이다. 결국 창세의 주역신들은 인간들이 만들어놓은, 창세의 바다를 떠다니는 방주에 실려 이동할 따름이어서 자신들의 최종 정착지를 알지 못한 채 어딘지조차 알지 못하는 지점에 下船하여, 그 지점에서 역할을 바꿔가며 창세의 행위를 수행하는 존재인 셈이다. 그러니 창세의 주역신들은 창세의 노정기, 그 자체이면서 인간 역망의 노정기 그 자체이기도 할 터이다.

창세신화는 인간세상의 창조의 과정만큼이나 선악의 분별과 선신과 악신의 문제를 원론적 관점에서 다루려고 하는 경향성을 지닌다. 그런 까닭에 창세신화를 단순하게 상상력을 발휘한 재미있는 이야기라고 하며 넘어가기에는 전승집단이나 민족들의 예사롭지 않은 원초적 사고와 신앙적 태도가 엄연히 개재해 있다고 보아야 한다. 밤과 낮의 교체가 유일신의 사탄의 힘에 대한 승리이고 죽음을 극복하는 삶이며, 惡을 넘어서는 善이라고 하는 이분법적인 기독교적 종교 관념이 창세신화의 다양한 변천을 가능하게 했다고 보는 것이 우선은 자연스럽다. 밤이라고 하는 현상을 잠재적인 것, 형상이 없는 것, 혼돈, 죽음, 이계, 파괴 등으로 규정하고 이를 '惡魔의 都城(Civitas Diaboli)'으로 확정해버린 지난 역사를 유럽세계에서 확인할 수 있기 때문이다.[43)]

창세의 주역신들 사이에 능력의 우열관계가 확정된 경우와 그렇지 않은 경우, 그리고 두 주역신 사이에 협연의 창조행위와 모방의 창조행위,

---

43) *Ibid.*, p.52 참고. 이와 관련하여 "초기 기독교에 보이는 사탄은 이 세상에 군림하는 악마였다. 이런 믿음은 이교도 정권이 유지되는 동안 교회에서 일반적이었다. 그러나 기독교 통치자들이 정권을 잡고 기독교가 로마제국의 국교로 확립되자, 곧 사탄은 점차 세상에 군림하던 통치자의 권좌에서 물러나는 대신, 이번에는 하나님이 다시 인간세상을 지배하는 권좌에 오르게 된다."고 하는 폴 카루스의 진술은 음미할 만하다고 생각한다. 폴 카루스, 『악마의 역사』, 이지연 옮김, 더불어책, 2003, p.223.

그리고 대립과 갈등의 창조행위 등은 창세신화의 다채로운 양상을 형성하는 중요한 자질이 된다. '거짓 잠자기'와 같은 방식을 활용하여 능력의 우열관계를 지속시키는 경우와 역전시키는 경우, 그리고 선과 악의 분별이 확정적인 경우와 이에 관한 판단을 유보한 채로 전승을 거듭하는 경우 등을 다면적으로 고찰하고 신화적 사유의 방식과 함의를 경전이나 신앙과 연계하여 정치하게 짚어내는 과제를 더욱 적극적으로 감당해야 할 과제가 우리 앞에 놓여 있다. 이 점을 거듭 확인한 것이 이 논의의 성과가 아닐 수 없다.

석가와 미륵의 경쟁담

인 쇄 2013년 5월 20일
발 행 2013년 5월 27일

편 저 심재관
펴 낸 이 김성배
펴 낸 곳 도서출판 씨아이알

책임편집 길선균
디 자 인 송성용, 이효진
제작책임 윤석진

등록번호 제2-3285호
등 록 일 2001년 3월 19일
주 소 100-250 서울특별시 중구 예장동 1-151
전화번호 02-2275-8603(대표) 팩스번호 02-2275-8604
홈페이지 www.circom.co.kr

ISBN 978-89-97776-77-1 [93220]
정 가 20,000원